VARIÉTÉS
HISTORIQUES
ET LITTÉRAIRES.

Paris. Impr. Guiraudet et Jouaust, 338, rue S.-Honoré.

VARIÉTÉS
HISTORIQUES
ET LITTÉRAIRES

Recueil de pièces volantes rares et curieuses
en prose et en vers

Revues et annotées

PAR

M. ÉDOUARD FOURNIER

Tome III

A PARIS
Chez P. Jannet, Libraire

MDCCLV

*Placet des amants au Roy contre les voleurs
de nuit et les filoux*[1].

Prince, le plus aimable et le plus grand des rois,
Nous venons implorer le secours de vos loix.
Tous les tendres amants vous adressent leurs
[plaintes:
Vous seul pouvez calmer nos soucys et nos craintes;
Par vous seul nostre sort peut devenir plus doux;
L'amour même ne peut nous rendre heureux sans vous.
La nuit, si favorable aux ames amoureuses,
A beau nous preparer ses faveurs precieuses,
Sans respecter ce dieu, les voleurs indiscrets[2]
Troublent impunement ses mystères secrets;
Chaque jour leur audace augmente davantage.
On ne va plus la nuit sans souffrir quelque outrage.

1. Nous n'avons trouvé ce curieux placet et la réponse qui le suivit que dans le Recueil de quelques pièces nouvelles et galantes tant en prose qu'en vers, nouvelle édition, à Cologne, chez P. du Marteau, MDCLXXXIV, 2ᵉ partie, p. 125-128.

2. La police étoit alors fort mal faite. Le guet, à peu près désorganisé, étoit impuissant à garder la ville contre les voleurs, dont tous les jours le nombre augmentoit. (V. *Corresp. admin. de Louis XIV*, t. 2, p. 605, 691.) L'établissement des lanternes

On trompe d'un jaloux les regards curieux,
Mais du filou caché l'on ne fuit point les yeux.
Comme on n'ose marcher sans avoir une escorte
On ne peut se glisser par une fausse porte,
Et, seul au rendez-vous si l'on veut se trouver,
On est deshabillé devant que d'arriver.
La nuit, dont le retour ramenoit les delices
Des paisibles moments à l'amour si propices,
Destinez seulement à ses tendres plaisirs,
Ne peut plus s'employer qu'à pousser des soupirs.
Les maris rassurez, les mères sans allarmes,
Dans un si grand desordre ont sceu trouver des charmes.
La nuit n'est plus à craindre à leurs esprits jaloux :
Ils dorment en repos sur la foy des filoux ;
Ils aiment le peril qui nous tient en contrainte,
Et la frayeur publique a dissipé leur crainte.
O vous qui dans la paix faites couler nos jours,
Conservez dans la nuit le repos des amours !
Que du guet surveillant la nombreuse cohorte
Nous serve à l'avenir d'une fidelle escorte ;
Qu'il sauve des voleurs tous les amants heureux,
Et souffre seulement les larcins amoureux ;
Qu'il nous oste la crainte, et qu'en toute assurance
Nous goûtions les plaisirs à l'ombre du silence ;
En faveur de l'amour finissez nostre ennuy
Vous n'avez pas sujet de vous plaindre de luy.

publiques pour l'éclairage de Paris devoit tarder trois ans encore. (V. notre brochure *les Lanternes, histoire de l'ancien éclairage de Paris*, Jannet, 1854, in-8, p. 24.) Enfin tout ce qu'entreprit M. de La Reynie, à partir de 1667, pour la sûreté de la ville, étoit on ne peut plus nécessaire.

AU ROY.

Ce dieu, don le pouvoir domine tous les autres,
En vous donnant ses loix semble avoir pris les vostres,
Et garde pour vous seul ce qu'il a de plus doux ;
Il commande partout et n'obeit qu'à vous ;
Il separe de vous l'eclat et les couronnes;
Il fait qu'on aime en vous vostre sainte personne :
Plaisir que rarement les rois peuvent goûter,
Et duquel toutefois vous ne pouvez douter.

1664. B. [1].

Reponse des filoux au Placet des amants au Roy.

Prince dont le seul nom fait trembler tous les [rois,
Suspendez un moment la rigueur de vos loix ;
Souffrez que des voleurs vous demandent jus- [tice
Contre de faux amants tout remplis d'artifices.
Si l'on croit leur placet, ils sont fort maltraittez :
Nous nous opposons seuls à leur felicitez ;
Nous troublons leur plaisir; les nuits les plus obscures
N'ont plus pour leur amour de douces aventures.
Où sont-ils, les amants que nous avons volez ?
Commandez qu'on les nomme, et qu'ils soient enrôlez.

---

1. Cette initiale doit certainement désigner l'abbé Bétoulaud, l'un des beaux-esprits des samedis de Mlle de Scudéry. Tout ce qu'il écrivit donne raison à notre opinion. Nous ne connoissons, en effet, de lui, que des vers adressés à Mlle de Scudéry :

Helas ! depuis dix ans que nous courons sans cesse,
Nous n'avons seu trouver ni galant ni maîtresse,
Et, pour notre malheur, nous n'avons jamais pris
Ni portrait precieux ni bracelet de prix.
En vain, sans respecter plumes, soutane et crosses,
Nous savons arrester et chaises et carrosses,
Nous ne trouvons, partout où s'adressent nos pas,
Que plaideurs, que joueurs, qu'escroqueurs [1] de repas,
Que courtisans chagrins, qu'escroqueurs de fortune,
Dont la foule, grand Roy, souvent vous importune ;
Mais de tendres amants, vrais esclaves d'amour,
On en trouve la nuit aussi peu que le jour.
C'estoit au temps jadis que les amants fidelles,
Pour tromper les argus, montoient par des eschelles,
Que l'on voloit sans peine au premier point du jour,
Et qu'ils cachoient leur vol autant que leur amour.
Sous vostre grand ayeul, d'amoureuse memoire,
Les filous nos ayeuls, celèbres dans l'histoire,
Ne passoient pas de nuit sans prendre à des amants
Des portraits enrichis d'or et de diamants,

Epistre à Mlle *de Scudéri sur la mort de Pellisson ; le Parnasse, la Victoire, l'Anneau d'Horace,* pièces adressées à Mlle de Scudéri, par M. Bétoulaud, avec les *Réponses de M*^{lle} *de Scudéri auxdites pièces,* in-4. Il fit aussi sur le *Caméléon* de la nouvelle Sapho un poème en 4 chants, inséré presque en entier dans la *Bibliothèque poétique.* « On sait à peu près la date de la mort du *Caméléon,* mais on ignore complétement celle de la naissance et de la mort de l'abbé Bétoulaud. » (*Annales poétiques,* t. 27, p. 154.)

1. Ce mot commençoit à avoir cours, témoin le conte de La Fontaine : *A femme avare galant escroc.* On disoit aussi *croc.* (*Journal* de Barbier, t. 2, p. 209.)

Et chacun, sans placet, sans tant de doléance,
Rachettoit son portrait et payoit le silence.
C'est ainsi qu'on aimoit en un siècle si doux,
Sous un prince charmant qu'on voit revivre en vous ;
Mais aujourd'huy qu'amour daigne suivre la mode,
Que le moindre respect passe pour incommode,
Nous trouvons tout au plus quelques fameux coquets [1]
Qui n'ont jamais sur eux que des madrigalets,
Qui courent nuit et jour, se tourmentent sans cesse,
Sans enrichir jamais ni voleur ni maîtresse ;
Qu'ils marchent hardiment : ils font peu de jaloux,
Et n'ont à redouter ni maris ni filoux ;
Pour tous leurs rendez-vous ils peuvent prendre escorte,
Sans besoin de la nuit et de la fausse porte.
Mais la licence règne avec un tel excès,
Qu'ils osent bien se plaindre et donner des placets.
Ne les ecoutez pas, ils sont pleins d'artifice ;
Prononcez cet arrest tout remply de justice :

    Un amant qui craint les voleurs
    Ne merite point de faveurs.

        1664. Mlle DE SCUDÉRY.

---

[1]. Mot alors assez nouveau dans la langue. Il ne remontoit pas plus loin que le temps de Catherine de Médicis, de l'aveu de Mlle de Scudéry elle-même. (*Nouvelles conversations de morale*, t. 2, p. 755 ; *Hist. de la coquetterie.*)

Recit veritable de l'attentat fait sur le precieux corps de Nostre Seigneur Jesus-Christ, entre les mains du Prestre disant la messe, le lendemain de la Pentecoste, 24° may de cette presente année 1649, commis en l'eglise du village de Sannois, à une petite demy-lieüe d'Argenteuil, par un grand laquais agé de 26 à 27 ans.

A Paris.

M.DC.XLIX. In-4° de 7 pages[1].

Entre les passions qui agitent nos esprits et transportent nos ames, il semble que la curiosité et la religion en soient les fleaux plus poignants et plus violents, dont l'un nous esmeut et conduit autant ardamment à nous porter aux recherches et connoissances des choses incomprehensibles que l'autre nous defend de presomptueusement vouloir penetrer ce dont la clarté

---

1. Cette pièce, fort rare, nous a été communiquée par notre ami P. Chéron, de la Bibliothèque impériale, qui l'avoit acquise à la vente Coste.

nous peut esbloüir, d'autant que la première, par la science, ne veut autre guide que la raison et l'experience pour se rendre du tout sensible, et l'autre nous sousmet à la foy, laquelle que plus nous voulons examiner et penetrer, il semble que nous interpellons l'obscurité pour les tenèbres, et que nous entreprenons sur la Divinité, et qu'avec les aisles de cette folle de temerité et ambition nous nous elevons avec Lucifer pour nous abismer et precipiter dans les peines éternelles.

C'est ce qui a donné sujet d'un scandale public au jour second ou lendemain de la Pentecoste, vingt-quatriesme may de cette presente année mil six cens quarante-neuf, au village de Sanois[1], distant d'une demye-lieüe d'Argenteüil, commis et perpetré par un grand laquais d'un bourgeois de Paris[2], agé

---

1. Gui Patin parle de ce sacrilége dans sa lettre à Spon du 11 juin 1649 : « Un jeune père de l'Oratoire, qui est de la maison depuis huit jours, s'est aujourd'hui jetté sur celui qui disoit la messe, et lui a voulu arracher l'hostie. Le prestre s'est deffendu, mais l'autre a été le plus fort, l'a fait choir et lui a cassé les dents. L'hostie cheute, grand désordre dans l'église, etc. On dit que ce jeune homme est fol : je le crois ainsi. Un laquais fit autant, il y a quinze jours, au curé de Sannois, village près de Saint-Denis, le jour de la Pentecoste. Il a été condamné à avoir le poing coupé, être pendu, etranglé et brûlé, par le bailli de Montmorency. Il est encore à la Conciergerie par appel. » Gui Patin devoit être bien renseigné. Il avoit à Cormeille, près de Sannois, une maison qu'il tenoit de sa mère, et dont il ne reste plus qu'une allée de tilleuls.

2. Ce bourgeois avoit une maison de campagne à Cor-

de 26 à 27 ans, et qui a demeuré quatorze ou quinze ans au service de son maistre sans qu'il ait jamais donné soubçon d'heresie ou impieté aucune. Lorsqu'il assistoit à la messe (son maistre ayant une maison proche de là) vers les sept heures du matin, et que le prestre qui celebroit, après la consecration, vint à elever le très sainct et très auguste corps de Nostre Seigneur Jesus-Christ, ce laquais, qui estoit à genoux, se leva, et, avec une main sacrilége, vint au point de l'elevation à arracher la saincte hostie des mains du prestre qui celebroit, et les assistants, y accourans, l'ont retirée de ses mains sans qu'elle soit rompuë ny pliée; et, pour si horrible et detestable action, fust aussitost apprehendé. Pendant ce temps, le prestre, qui estoit ravy d'un estonnement qui le rendoit insensible, comme en extase pour un si abominable attentat, revenant à soy, reprit le precieux Corps de Nostre Seigneur, en fit sa communion et acheva sa messe. Le sainct sacrifice parachevé, l'on mit ordre à faire conduire cet abominable à Paris, dans un carrosse, accompagné du curé et de son vicaire et d'autres paroissiens, et est en coffre dans les prisons avant qu'il y ait esté consigné. Lorsque, comme par compassion, il fut interrogé de quelques uns de sa connoissance comment, de qui et pourquoy il avoit esté induit et poussé à commettre cest autant horrible qu'abominable crime; il a respondu que c'estoit la curiosité de sçavoir et de reconnoistre si celuy que monstroit

---

meille. Nous tenons ce fait de M. Chéron, qui prépare une histoire de la commune de Sannois.

le prestre en l'autel estoit le Roy des rois ; et, par tel attentat, il le tentoit à ce qu'il se fist paroistre.

Ce qui a frappé d'un second estonnement ceux qui ont connu ledit laquais est qu'ils l'avoient tousjours cy-devant reconnu pour bon et devot catholique en apparence, et l'avoient vu frequenter la sainte communion, et regulierement les premiers dimanches des mois.

Les plus judicieux, qui fondent toutes les considerations qui peuvent eschoir sur ce sujet avec le dioptre de la raison et perspicacité de leur jugement, avoüent qu'il faudroit avoir fait vœu d'ignorance pour ne connoistre cette verité, que la raison fait evidemment juger aux capables qu'il n'y a pas de plus notable folie au monde que de ramener les choses de la foy à la mesure de nostre capacité.

Puis que ce sont des abismes que nos esprits ne sçauroient sonder, mais demeurent si fort estonnez dès l'entrée, qu'ils chancellent et s'esgarent ainsi que les yeux de ceux qui sont sur le bord d'un precipice ou abisme effroyable, dont nous devons estimer le presomptueux qui croira penetrer ces hauts mystères estre enveloppé dans une ignorance invincible plustost qu'esclairé du flambeau d'une deuē connoissance, puis qu'il croit reduire cette infinie grandeur à sa petite portée. Que si quelqu'un, après avoir admiré la toute-puissance de l'autheur des choses admirables, sent des rayons esclatter dessus ses esprits pour y penetrer plus avant que le commun, il faut croire que c'est un pur effet de la grace de celuy qui est le père de lumière, dont on ne peut rien voir qu'en luy et par luy.

DE N. S. JESUS-CHRIST.

Quel effort donc d'imagination vaine, penetrant dans les folies humaines, peut-on appercevoir plus grand que celuy de ce laquais et de ses semblables qui cherchent quelque chose de grossier et de palpable en cest haut et incomprehensible mystère du très auguste sacrement de l'autel, par une temeraire presomption de vouloir sçavoir jusques où s'estend la Puissance divine, puis qu'au bout de la speculation qu'il poursuit, la pointe de sa curiosité s'esmousse dans les merveilles et demeure esbloüy dans l'esclat de sa majesté!

Pour arriver aux raisons accomodantes et necessaires à nostre salut, mettons-nous à l'abry des preceptes de l'apostre, de nous rendre sçavans jusques à la sobriété, et de nous sousmettre au joug de la foy pour elever nos pensées et considerer à travers de quels nuages et dans quelles obscuritez de l'ignorance humaine nous croyons acquerir l'avantage d'avoir dans la teste les bornes et les limites de la volonté et de la puissance de Dieu.

C'est une pierre d'achoppement et une taye et glaucome d'aveuglement, voire une grande stupidité, de chercher des raisons et experiences ès choses de la foy, d'autant que les lumières qu'ils y cherchent sont des estincelles d'un grand embrasement.

Ce qui nous oblige de juger avec plus de reverence des saincts Sacremens où mystères admirables, et d'avoir proportionnement plus d'aprehension d'y estre trompez pour ne connoistre les embuscades que nous y dressent nostre ignorance et nostre foiblesse, et nous sousmettons aux saincts decrets et volonté de la saincte Eglise, puisque ce n'est pas à nous d'establir la part que nous luy devons d'obeissance et d'admiration aux œuvres de son espoux.

Ce qui fait voir et reconnoistre avec admiration que, comme catholiques et apostoliques romains, nos affections et pensées nous unissent en union de sentimens, qu'aussi nos intentions et desseins nous transportent avec devotion à la vraye science et connoissance de la foy qui nous unit à Dieu, à l'honneur et gloire duquel tout se rapporte.

Histoire prodigieuse du fantôme cavalier solliciteur, qui s'est battu en duel le 27 janvier 1615, près Paris[1].

Il est probable que les duels et les combats estoient frequents et ordinaires en ces premiers siècles que les hommes vivoient dispersés çà et là par les campagnes et dans les deserts, sans conduitte, sans loix et sans frein, errants et vagabonds comme chevaux eschappez ; la raison cedoit à la force, le pouvoir estoit la seule règle du devoir et la cupidité avoit toutes choses à l'abandon, si bien que la bravade et l'usurpation estoient les seuls tiltres d'honneur et de valleur.

Mais depuis que les hommes, unis et assemblez, ont fondé des villes et des loix pour se defendre de leurs ennemis et d'eux-mesmes, ils ont commencé de cultiver leur pays et leurs mœurs ; ils ont inventé les sciences et les arts et se sont adonnez à la vertu ;

---

1. Cette pièce est très rare « ou même inconnue », lisonsnous dans le *Catalogue d'une curieuse collection de livres... concernant l'histoire de Paris... composant la bibliothèque de M. F...* Paris, Delion, 1853, in-8, p. 107, n° 763.

mesme les nobles, c'est-à-dire ceux quy en font profession, desirant s'acquerir quelque perfection par dessus le vulgaire, ont preferé la demeure des champs à celle des villes et des citez, comme plus tranquille et plus propre pour exercer esgallement leurs corps aux travaux et leurs esprits aux sciences et à la contemplation. Mais comme le naturel des hommes se glisse facilement du bien au mal, plusieurs d'entre eux ont degeneré de ce genereux projet et n'ont embrassé que des exercices d'excès et des contemplations d'un honneur imaginaire, quy les porte à ceste première barbarie et cruauté quy divisoit les hommes quand ils estoient divisez, comme si, en retournant en cette mesme solitude d'où les premiers hommes sont partis, ils avoient peu reprendre ce premier naturel insipide et inhumain quy rendoit autrefois les humains capables et coulpables de la mesme brutalité, si ce n'est que les dœmons, se communiquant plus volontiers en plaine campagne dans les deserts et lieux solitaires, leur eussent causé ces furieuses impressions de s'entretuer et coupper la gorge les uns aux autres, jusque là que quelque fantosme ait servy ces jours passez de second à un gentilhomme quy s'est battu en duel contre deux siens ennemis, les noms desquels ne sont que trop cogneus par leurs propres misères et calamitez.

Le faict est estrange et neantmoins veritable, qu'un gentilhomme ayant deux querelles differentes et autant d'ennemis, et ayant accepté de chacun d'eux en particulier le cartel de deffy, se rendist, il y a fort peu de temps (comme chacun sçait), au lieu

assigné où l'un de ses adversaires se devoit trouver ;
de quoy l'autre, quy estoit à Paris, estant adverty,
fut merveillement indigné contre l'ennemy de son
ennemy de ce qu'il le prenoit au combat et le frus-
troit du fruict de la victoire qu'il esperoit remporter
luy-mesme; si bien que, montant à cheval et courant
à bride abattue au lieu où ils estoient, les ayant ren-
contrez en la première posture que font les combattans quy commencent à en venir aux mains, il leur
feit le holà, et, adressant incontinent la parole à
celuy quy concuroit en haine avec luy, n'ayant qu'un
mesme ennemy, luy dist avec quelque leger blasphè-
me qu'il ne luy appartenoit pas de vider sa querelle
auparavant la sienne, soit qu'il fust le premier en
date, soit que sa querelle fust de plus grande
consequence, soit que, le sort du combat venant à
tomber sur leur ennemy commun, il luy despleut de
n'avoir plus qu'à combattre les masnes du deffunct;
l'autre, au contraire, desjà tout eschauffé, tout ardent au combat encommencé, n'estimant pas bien
sceant de quitter la place à ce dernier venu, ne
manquoit pas de vives raisons pour monstrer qu'il
se devoit battre le premier, avec une ferme resolution d'empescher son dessein au cas qu'il eust voulu
entreprendre sur son marché : de sorte que peu s'en
fallut que ces deux champions ne fissent une eternelle paix avec leur ennemy, s'entretenant l'un l'autre sur leurs differends quy survinrent entre eux,
pour ce à quy seroit de se battre le premier. Mais
quoy! le courage ne manquoit pas au troisième pour
les empescher de se battre, parcequ'il les avoit desjà
devoué tous deux (l'un après l'autre toutesfois) à sa

dextre. C'est pourquoy il les prioit de se reserver au sacrifice qu'il en vouloit faire.

Enfin, après de grandes altercations, il fut resolust qu'il s'en iroient tous trois sur le grand chemin passant quy conduit au Bourg-la-Reine[1], peu esloigné du lieu où ils estoient, et que le premier gentilhomme quy se presenteroit à leurs yeux seroit conjuré par eux d'assister celuy quy estoit seul.

Ils n'attendirent pas long-temps qu'ils aperceurent un cavalier à eux incogneu quy venoit à Paris, et auquel l'un d'eux luy demanda s'il estoit gentilhomme; à quoy ayant fait responce que vraiment il l'estoit, et d'ancienne extraction, ils luy expliquèrent aussy tost que, puisqu'il estoit tel, il ne les refuseroit pas d'une prière qu'ils luy vouloient faire, quy estoit de se battre entre eux et servir de second à ce gentilhomme duquel ils estoient ennemis. Ceste prière sembla de prime abord deplaire à ce cavalier, quy s'excusa d'estre de la partie sur ce qu'il disoit estre pressé d'achever son voyage et venir à Paris pour un procez de consequence, son procureur et advocat luy ayant mandé que sa personne y estoit requise; mesme il leur monstroit les armes dont il se devoit battre en ce conflict judiciaire, quy

---

[1]. Ce lieu, ainsi que le carrefour de la Croix-de-Berny, qui en est proche, fut souvent choisi pour les duels. Son nom lui viendroit même, selon quelques auteurs, d'un combat livré entre deux princes, et dont la main d'une reine à obtenir auroit été la cause et le prix. (P. Villiers, *Manuel du voyageur aux environs de Paris*, 1804, in-12, t. 1er, p. 127.)

ny estoit plus expedient que le diabolique auquel on le vouloit faire entrer. Mais, voyant sa noblesse et son courage estre revoqués en doute par ces deux jaloux aventuriers d'honneur, il se sentist vivement piqué de cette pointille de mespris, et leur dict assez froidement (non toutesfois sans jurer et comme par manière d'acquit) : Pourquoy m'importunez-vous tant ? vous voyez qu'il ne m'en prie pas. A peine eut-il lasché cette parolle, que de la bouche de ce gentilhomme quy avoit besoin de luy sortirent des prières et supplications, avec protestations de luy en avoir toute sa vie (s'il en rechappoit) des ressentiments et obligations infiniment grandes, quy eussent peu emouvoir un diable mesme à se battre, eust-il esté aussy poltron que celuy de Rabelais[1].

Ce cavalier presta donc son consentement à ceste

---

1. « Au temps que j'estudiois à l'escole de Tolette, dit Panurge, le reverend père en diable Picatris, recteur de la faculté diabologique, nous disoit que naturellement les diables craignent la splendeur des espées aussi bien que la lueur du soleil. De faict Hercules, descendant en enfer à touts les diables, ne leur feit tant de paour, ayant seullement sa peau de lion et sa massue, comme après feit Eneas estant couvert d'un harnois resplendissant et guarny de son bragmard bien appoinct, fourby et desrouillé à l'ayde et conseil de la sibylle Cumane. C'estoit peult-estre la cause pourquoy le seigneur Jean-Jacques Trivolse, mourant à Chartres, demanda son espée et mourut l'espée nue au poing, s'escrimant tout autour du lict, comme vaillant et chevalereux, et par ceste escrime mettant en fuitte tous les diables qui le guettoient au passage de la mort. » *Pantagruel*, liv. 3, ch. 23.

prière, et ne luy sembla hors de propos de vuider cest incident auparavant que de faire juger son procez, accompagne ces trois gentilhommes jusques au lieu assigné, et là ces deux valeureux couples de combattants commencèrent avec celuy que chacun d'eux avoit en teste un furieux combat. Le cavalier incogneu (que les courtisans appellent aujourd'huy le soliciteur de procez) renverse son homme du premier coup et le tue, et se joinct en mesme temps avec celuy auquel il servoit de second pour en faire autant de celuy quy restoit, et en vint à bout aussy facilement et promptement comme du premier, sans aucun retardement de procedures. Ce second victorieux, sans vouloir escoutter les remerciements de celuy pour lequel il s'estoit exposé, moins encore descouvrir quy il estoit, remonte à cheval, advertissant ce gentilhomme qu'il eust à soigner à ses affaires et obtenir graces pour luy et son compaignon, et, quant à luy, qu'il alloit faire les siennes; et, disant cela, pique son cheval vers Paris, laissant ce gentilhomme autant estonné de la rencontre d'un si brave second comme il estoit content de voir ses ennemis terrassez.

> Tepidumque recenti
> Cæde locum...

L'incertitude rend les hommes plus diligents à rechercher la vertu. Le siècle present n'est pas steril en curieux quy se peuvent enquerir quel est ce cavalier Solliciteur (ainsy l'appelle-t-on par risée). La curiosité n'a rien servy jusqu'à présent; son nom, sa demeure, sa retraicte, sont du tout incogneus;

on ne rencontre personne quy luy ressemble de visage, de parole, ni d'habit. Mais ceux approchent plus près de la verité quy croient qu'il est un dœmon quy a pris la figure d'un cavalier, comme il a pu faire, puisque les diables se transforment quelques fois en anges de lumière. C'est donc ce mesme cavalier quy monta autrefois sur le dos de saint Hilarion, et qui lui apparoissoit quelques fois en forme de gladiateur avec autres combattans à outrance, comme recite sainct Hierosme :

Psallenti gladiatorum pugnæ spectaculum prebit[1].

Car, si les demons se delectent à representer entre eux tels combats de gladiateurs pour tenter les gens de bien, quy doute qu'ils ne se plaisent beaucoup de venir aux mains avec les hommes pour les precipiter à la mort? Il est souvent advenu que les desesperez et ceux quy tentent Dieu, tels que sont ceux quy vont se battre en duel, ont veu le diable en forme humaine quy les a incitez à se desfaire, quy d'une façon, quy d'une autre; et quand ce sont personnes quy se plaisent à manier les armes, il leur persuade de s'exercer au combat avec luy, comme il advint, il y a quinze ou seize ans, à un pauvre miserable desesperé quy avoit perdu quelque notable somme au jeu. Le diable etant apparu à luy en la forme d'un soldat de sa cognoissance, le suivist en sa maison, où estant, il luy persuada de tirer des armes avec luy, comme par manière de passe-temps et pour se

---

1. V. *Sancti Hieronymi opera*, Paris, 1706, in-fol., t. 4, 2ᵉ partie, col. 76, *Vita S. Hilarionis Eremitæ*.

divertir, et s'exercèrent à l'espée nue longtemps, teste à teste, en une chambre, sans que le diable luy peust faire aucun mal, Dieu ne le permettant ainsy, jusqu'à ce que ce vieux singe, mettant les armes bas, se mit à faire mille tours de souplesse, et, feignant de luy en vouloir apprendre quelqu'un, luy fit meltre le col dans un lacs attaché au plancher, dont il eust esté estranglé sans le secours d'autres personnes de la mesme maison quy survinrent à ce dangereux spectacle. Il n'en est pas ainsy advenu à ces pauvres miserables quy se sont battus avec ce cavalier, vrayment solliciteur, puisque bien souvent, pour je ne sçay quelle frivolle imagination qu'il insinue dans les esprits de cette courageuse noblesse, il la sollicite et la porte à un evident et certain desespoir.

Chacun sçait le conte de ces deux seigneurs quy estoient prets de s'entrecoupper la gorge parcequ'ils portoient les mesmes armes (à sçavoir la teste d'un toreau), si le prudent et plaisant jugement d'un roy d'Angleterre ne fust intervenu, par lequel il ordonna que l'un porteroit pour ses armes la teste d'un taureau, et l'autre d'une vache, et, par ce moyen, les rendit differends. Et quy sçait si ces deux grandes querelles, sur le subjet desquelles ces deux vaillants cavaliers sont demeurez sur la place, ne provenoient point ou de ce que l'ombre de l'un d'eux s'estoit meslée avec celle de son adversaire[1], et ce par la

---

1. Au temps des raffinés, il n'en falloit pas davantage pour qu'un duel s'ensuivît. Ecoutez ce que dit, par exemple, Mercutio à Benvolio : « Tu ressembles à ces hommes qui,

faute de l'un ou de l'autre, ou de ce qu'ils avoient songé en dormant des songes desavantageux et qui touchoient respectivement leur honneur, ou de quelque autre semblable contention? C'est ainsy qu'il se faut tenir au point d'honneur et ne prodiguer sa vie et son sang que pour des offres grandes et signalées.

Courage, vertueuse noblesse! vos armes ont passé par tous les coins du monde; le reste des hommes ensemble ne peut pas resister à la pointe trenchante de vos espées. Volontiers, que, ne pouvant trouver ailleurs au monde de plus braves et courageux guerriers que vous-mesmes, vous prenez un singulier plaisir, et ce vous est une insigne gloire de vous esprouver les uns contre les autres; vous l'avez faict et le faictes encore tous les jours, mais vous voyez à present que les demons veulent estre de la partie; en voicy un quy a faict paroistre son courage en ce dernier combat, et a faict acte de gentilhomme.

en entrant dans une taverne, prennent leur épée et la posent sur la table en disant : « Dieu me fasse la grâce de « n'avoir pas aujourd'hui besoin de toi! » Et bientôt, au second verre de vin qu'ils avalent, les voilà aux prises avec le premier venu, sans motif et sans nécessité... Tu te prendrois de querelle avec un homme pour un poil de plus ou de moins que toi au menton, ou parcequ'il casseroit des noix et que tu as les yeux couleur de noisette. N'as-tu pas cherché querelle à un homme parce qu'il toussoit dans la rue, et que cela éveilloit ton chien, qui dormoit au soleil? à un artisan, parcequ'il portoit son habit neuf avant les fêtes de Pâques? à un autre encore, parcequ'il nouoit d'un vieux ruban ses souliers neufs? » (Shakspeare, *Roméo et Juliette*, acte 3, scène 1re.)

Souvenez-vous donc, desormais, que vous n'avez plus des hommes à combattre, mais des diables,

Nunc etiam manes hæc intentata manebat
Sors rerum...

et que vous vous devez proposer la conqueste des enfers, et non pas seulement empescher que l'enfer n'entreprenne sur la France.

La Chasse au vieil grognard de l'antiquité.

1622. In-8.

C'est trop nous reprocher l'antiquité : nous ne faisons, n'operons, ne disons aucune chose que l'on ne nous mette devant les yeux : « J'ay veu le temps... Nos anciens faisoyent... » Comme s'ils avoyent esté plus sages, plus sçavans, plus vaillans, plus modestes, plus riches et mieux morigenez que nous! Ces reproches ne nous ont pas tant attristé qu'ils ont esté le subject de nous faire estudier, songer, anquester, lire, pour faire la comparaison du vieux temps au nostre; et tant plus j'ay vouleu penetrer avant pour en cognoistre la verité, tant plus j'ay eu du subject de me resjouir, recognoissant le contraire de ses reproches.

Pour ce faire, j'ay commencé par les rois, quy est la chose la plus haulte, et suis descendu aux actions des peuples mesmes de plus basse condition dont j'ay eu la cognoissance, soit par la lecture des livres, ou par la frequentation des vieux, où j'ay trouvé et appris que l'antiquité estoit une valeur sans conduitte, une simplicité ignorante, un default de pouvoir, une chetreuse richesse, une resjouissance mesquine et un contentement vil.

Je ne parle pas ny des Grecs, ny des Latins romains, que nous sçavons estre venus au periode de vertu, de richesse, de pompe, de magnificence, de science, de sagesse et de toutes autres sortes de contentemens.

Je parle du royaume de France, des bonnes villes, et speciallement de Paris, quy a acquis et est parvenuë, soubs le reigne de ce monarque Loys XIII, à ce hault degré de perfection, pour estre à present puissant en tout, florissant en doctrine, en hardiesse, en commoditez, en sagesse et en toutes autres vertus, et en laquelle l'estranger s'admire, quittant son pays pour y faire sa retraite, son trafic, ses estudes, son exercice, comme en un lieu de delices et un paradis du monde.

Je voy desjà un vieux grognart quy n'a pas la patience de lire le reste, quy dit : Tu t'abuses, c'est un royaume plain d'inegalitez, de vices, de peschez, où toutes sortes de gens mal vivans abondent, où l'injustice reigne, où les loix ne sont point observées, où la superfluité est en abondance? Quelle louange y peut-on apporter?

Bon homme de l'antiquité, quy avez l'esprit morozc, avant que de me reprendre, monstrez-moy que l'antiquité *caruit vitio*, puis vous desclarerez tout à vostre ayse et direz que j'ay manty; mais si la vertu des hommes quy sont à present au respect du temps passé couvrent le vice, pourquoy m'empescheras-tu de louer le temps, la grandeur, les richesses, la science, la magnificence et le pouvoir d'un royaume si riche et si abondant que nous le voyons à present? Est-ce pas raisonnable que la posterité sçache plusieurs particularitez que l'histoire ne decrit point?

Or escoute doncques, et aye patience.

Quelle comparaison peut-on faire à present de nos anciens rois avec celuy quy reigne, quoy en grandeur, en conqueste? Sçache que sa face, à l'aage de dix-huict ans[1], a plus espouvanté de villes rebelles dedans son royaume, a plus affermy son estat contre la rage et la furie d'un peuple mutiné, plus difficile à dompter que n'eussent faict 4 royaumes à conquester, tels que le Portugal, la Naple et la Cicille.

Nous ne deliberons pas de trouver sa vertu au detriment de la valeur de nos roys anciens : ce n'est pas nostre subject; nous ne voulons montrer sinon que la grandeur de nostre temps et que les actions des anciens estoient en tout pueriles au respect des nostres.

Quand je contemple l'histoire, leurs richesses, leurs bastimens, leur plaisir à la chasse, leurs revenus, leurs mariages, leurs ordonnances; et pour les peuples, leurs vestemens, leurs banquets, leurs mariages, leur science, leur pouvoir, leurs jeux, leurs discours, c'est un vray miroir pour mepriser l'antiquité.

---

1. Louis XIII, né le 27 septembre 1601, avoit vingt-un ans, et non dix-huit ans, en 1622, ce qui prouveroit que l'édition reproduite ici n'est pas la première qui eût paru de ce livret, mais qu'une autre, dont celle-ci est la copie textuelle, l'avoit précédée de trois ans.

Des Rois et de la Noblesse.

Je n'oserois mettre par escript ce quy se void par ces anciens comptes de la maison des rois, de leur argenterie, du miroitement de leurs vestemens, de leur despense pour la bouche et de leurs dons et liberalitez, car on ne le pourroit croire; il seroit pourtant necessaire pour faire ma preuve. Non, je le tairay : je ne veux reciter que ce que l'histoire m'enseigne.

Par l'histoire comme est decrite, je contemple ces vieux gentilhommes gauloys, armés de toutes pièces, leurs chevaux chargez de caparaçons, le tout à l'espreuve de toutes armes offensives, quy, avec le petit braquemart [1] à leurs costés, s'en alloient affronter quelque païs estranger où les peuples, timides de voir tant d'hommes de fer, fuyoient leur presence. C'est ce que je trouve avoir été le plus grand subject d'acquerir et de faire parler les histoires.

Tout au contraire en nostre temps nous avons une noblesse allègre, hardie, combattant à la mode, la picque ou l'espée au poing, legerement vestus, sans autre couverture que leur habit ordinaire ; mal-

---

[1]. Tout le monde sait ce qu'étoit cette sorte d'épée courte et à large lame, dont le nom, selon Fauchet, n'est que les mots grecs βραχεῖα μαχαιρν francisé ; mais ce qu'on sait moins, c'est que le diminutif du mot *braquemart* étoit *braquet*, que nous trouvons dans *Francion*, 1673, in-8, p. 299,
qui, sauf une très légère altération, est encore le nom donné au sabre de nos soldats d'infanterie.

gré la mort, passer victorieux la barricadde, le retranchement, le boulevert, quoyque munis d'hommes furieux quy devroient plus tost enjandrer la craincte que la hardiesse. Aussy est-ce nécessaire d'effacer de l'histoire ceste qualité donnée à Loys unze, duquel on dit avoir mis les roys hors de page, et la transférer à Louis XIII, quy, sans user d'astuce et de finesse comme jadis Loys unze, *sed cum manu potenti et brachio excelso*, a remis en son obeissance six provinces [1] dans son royaume en deux ans, possedées de force par les rebelles de la religion, par une authorité suprême et contre l'advis de la plus part des peuples, qui croyoient qu'il estoit impossible d'executer telle entreprise.

Des Batimens des roys.

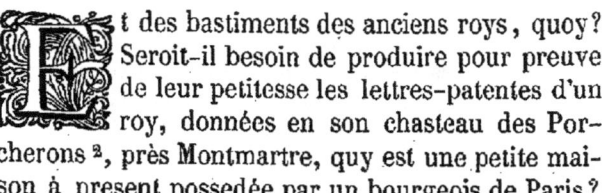t des bastiments des anciens roys, quoy? Seroit-il besoin de produire pour preuve de leur petitesse les lettres-patentes d'un roy, données en son chasteau des Porcherons [2], près Montmartre, quy est une petite maison à present possedée par un bourgeois de Paris?

---

1. Ces six provinces plus ou moins revenues à l'obéissance du roi sont la Guienne, le Languedoc, le Poitou, la Saintonge, qui s'étoient soulevées pour cause de religion, puis l'Anjou ainsi que l'Angoumois, où la disgrâce de la reine-mère avoit excité des troubles.

2. Le château du *Coq* ou des *Porcherons* ne fut jamais une résidence royale. Les rois s'y arrêtoient seulement, comme

cette maison royalle de Sainct-Ouyn, près Sainc-Denys [1], le chasteau de Bisaistre[2], près Gentilly, et le chasteau de Vauvert [3], possedé par les Chartreux de Paris, toutes anciennes maisons royalles de Paris?

Sans nous amuser à descrire les bastimens de nos roys d'à present, leur grandeur et leur magnificence, prenons le plus bas et considerons le bastiment de la maison de l'hostel de Luxambourg [4],

---

fit Louis XI avant son entrée à Paris le 15 août 1461.(*Chron. de Jehan de Troyes*, coll. Petitot, 1re série, t. 13, p. 260.) — C'est lors d'une halte semblable que furent sans doute signées les lettres-patentes dont il est parlé ici, et que nous n'avons pu retrouver.

1. Saint-Ouen, en effet, se trouvoit, dès l'époque mérovingienne, un château royal, qu'au moyen âge on appeloit la *Noble-Maison*. Les *chevaliers de l'Etoile*, dont l'ordre y fut institué en 1351 par le roi Jean, se nommoient pour cela *chevaliers de l'Etoile de la Noble-Maison*.

2. Le château de l'évêque de *Wincester*, dont le nom n'est guère reconnoissable dans celui qu'il a conservé, appartint, il est vrai, à un fils de France, Jean, duc de Berry, mais ne fut jamais pourtant une résidence royale.

3. Le château du *Val-Vert* ou *Vauvert*, dont le séjour de Philippe-Auguste, après son excommunication, avoit fait un lieu maudit et voué aux démons, fut donné aux Chartreux, en 1257, par saint Louis, qui pensoit ainsi le désensorceler. (Du Breul, *le Théâtre des antiq. de Paris*, Paris, 1639, in-4, p. 345.) Le souvenir diabolique a toutefois tenu bon : il se retrouve dans le nom de la rue d'Enfer, voisine du manoir damné, et le *diable Vauvert* est encore fameux.

4. C'étoit alors l'admiration de tout le monde. On parloit partout du « magnifique palais » de Marie de Médicis, le-

faict par une royne, de laquelle la conduite et les fontaines des canaux ont plus cousté que toute la despence et le revenu de six de nos autres roys.

De la Chasse.

Et bien! le plaisir de la chasse de nos anciens, quel? De s'egarer dans les forêts, à la course d'un cerf mal accompagné, faire retraite à la cabane d'un charbonnier, et avec luy se contenter d'un morceau de lard mal appresté, la nuict se coucher sur la paille pour dormir, non sans danger des voleurs et malveillans, comme un François premier[1] ;

Ou bien d'aller chasser vers la plaine de Chelles avec deux pages, comme Cilperic, et en chemin estre assassiné par un Landry ; d'aller au sanglier avec six gentilshommes comme Charles le sixième, y

---

quel, « commencé dès l'an 1612, est, dit Du Breul (*Id.*, *Suppl.*, p. 43), l'un des plus beaux hôtels de Paris, contenant entre le carré de ses grands bastiments un grand jardin, bois, allées, parterres, *fontaines*, cabinets et reposoirs. » V. l'éloge qu'en fait aussi J. Du Lorens dans sa 3ᵉ satire, Paris, 1624, in-8, p. 17.

1. On connoît l'aventure à laquelle il est fait allusion ici, et qui a donné lieu au proverbe : *Charbonnier est maître chez lui*. Nous nous contenterons donc de renvoyer au livre 7 des *Commentaires* de Blaise de Montluc, où elle se trouve pour la première fois racontée.

avoir eu de la frayeur, quy depuis a faict troubler l'esprit. Ce sont de belles grandeurs !

A present nostre roy y va en monarque, un capitaine et trente chevaux casaqués [1], l'oiseau sur le poing, cents gentilshommes à sa suite, cents chevaux-legers à la teste et pareil nombre à l'arrièregarde.

Le Revenu.

Et le revenu du royaume, de leur temps, quel! Je ne veux pas parler de deux et trois cents ans, car cela est admirable en chetiveté, je veux parler de nostre temps ; de l'an 526 seulement, où il appert par un compte de l'espargne [2] que tout le revenu de la France ne montoit qu'à quatre millions deux cents vingt-huict

---

1. Gardes du corps, ainsi appelés parcequ'ils portoient les *casaques* les plus riches en broderies. Il n'étoit pas rare que les soldats dussent le nom par lequel on les désignoit à quelque partie de leur équipement ou de leurs armes. Ainsi les soldats bourguignons étoient appelés *Bourguignons salés*, à cause de la *salade bourguignotte* ou du *morion salé*, comme dit Rabelais (liv. 4, ch. 29), dont ils étoient coiffés.

2. C'est d'un des premiers comptes de l'épargne qu'il est parlé ici, puisque la création de ce « trésor central, où les receveurs devoient verser, dans le délai d'un mois, les deniers perçus sur chaque province », date seulement de cette époque. (Cheruel, *Hist. de l'administr. monarch. en France*, Paris, 1855, in-8, t. 1er, p. 156.)

mille livres [1], et à present, du reigne de nostre grand Louys XIII, en 616, trente-quatre millions; en 617, trente huict millions[2]; en 618, quarante-quatre millions [3].

Ce n'est pas à moy à descrire ces dons et liberalitez [4], car chacun le peut recognoistre par la mesme espargne; suffit seullement de dire qu'ils sont plus grands en une année envers la noblesse que n'a esté le revenu de six rois en tout du temps passé.

1. Ceci est une erreur évidente, si, comme il faut le croire, l'auteur entend par « revenu de la France » toutes les sommes que produisoient les divers impôts. Pour la *taille* seule, sous François Ier, on percevoit neuf millions. (Cheruel, *ibid.*, p. 154.)

2. Cette date, qui semble être vraiment celle du livret, donne raison à l'une de nos précédentes notes.

3. Ce chiffre doit être exact. Dans le *Sommaire traicté du revenu et despence des finances de France...* par Nicolas Remond, Paris, 1622, in-8, nous trouvons indiqués, pour les revenus de l'Etat en l'année 1620, d'une part, 36,926,638 livres, et, d'autre part, pour « la *creüe extraordinaire*, autrement dite *grande creüe des garnisons* », 4,400,000 livres, ce qui forme un total assez bien d'accord avec les sommes indiquées ici comme formant le revenu de l'année 1618.

4. Le détail de ces *dons* et *liberalitez* se trouve dans la brochure de Nicolas Remond citée tout à l'heure.

Du Peuple.

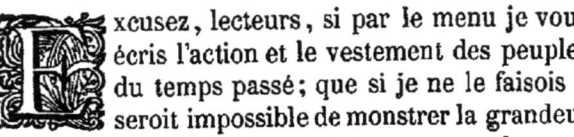xcusez, lecteurs, si par le menu je vous écris l'action et le vestement des peuples du temps passé; que si je ne le faisois il seroit impossible de monstrer la grandeur de nostre temps. Conjecturez doncques que le marchant estoit facile à cognoistre : son habit estoit un petit bonnet de manton, faict à la coquarde [1], un petit saye [2] de drap quy ne passoit pas la brayette, une ceinture d'une grosse lisière, un haut de chausse à prestre avec une brayette [3] quy passoit le saye de demy-pied; une gibecière pendante à costé; des

---

1. Bonnet s'attachant sous le menton, comme les béguins, et ayant la *plume de coq* plantée sur le côté, où l'on mit plus tard la *cocarde*. Les *coquarts* ou *coquardeaux*, comme ils sont appelés dans *le Blazon des faulces amours*, avoient été les jeunes gens à la mode de la fin du XVe siècle. V., sur le premier de ces mots, *Biblioth. de l'école des chartes*, 2e série, t. 1er, p. 369. — Les *bonnets a la coquarde* nommés par Rabelais (liv. 4, ch. 30) étoient fort pesants. Dans le rebras doublé de frise qui se trouvoit derrière, il entroit jusqu'à une demi-aune de drap. Louis Guyon (*Div. leçons*, liv. 2, ch. 6) dit qu'il en vit un à Paris qui pesoit quatre livres dix onces.

2. C'étoit le justaucorps ou *hoqueton*, comme on disoit à l'armée.

3. Tout le monde connoît, par les images et les tableaux du temps et par la description qu'a faite Rabelais de la magnifique *braguette* de Panurge, ce qu'étoit cette partie saillante du haut de chausses.

souliers qui n'avoient du cuir que par le bout [1]. Et ainsy vestu, avec la barbe raze, paroissoit un antique en figure.

Sa femme, grande et maigre, un long nez, n'ayant aucune dent de devant, avec un grand chaperon detroussé par derrière jusques à la ceinture [2], une robbe de drap sceau [3] bordée d'un petit bord de veloux, une cotte de cramoisi [4] rouge et collets jusqu'aux mamelles, et des souliers pareils à son ma-

---

1. Ce sont ces *souliers échancrés*, fort à la mode du temps de François Ier et de Henri II, dont Calvin fit proscrire l'usage à Genève en 1555.

2. Pour ces « grands chaperons destroussés à la mode ancienne », dont les bourgeoises gardèrent l'usage jusqu'au temps de Louis XIII, et que les dames nobles du XVIIe siècle portoient encore pendant le deuil de leur mari, V. une note de notre édition des *Caquets de l'Accouchée*, p. 21.

3. Pour drap *d'Usseau*, petit village de Languedoc près de Carcassonne, où un certain de Varennes en avoit établi les premières manufactures. On disoit ordinairement drap *du sceau*, comme fait Regnard dans *le Joueur* (acte 1er, sc. 1re). Ménage lui-même admit cette mauvaise orthographe, pensant qu'on appeloit ainsi ce drap grossier à cause du sceau royal qu'on y apposoit autrefois. Furetière rétablit la vérité dans son *Dictionnaire* (art. *Draps*), et, ayant lui-même à employer le mot dans sa satire *les Marchands*, il ne manqua pas d'écrire :

On se vêt aussi bien avec du drap d'*Usseau* ..

4. Le *cremesin*, dont le nom francisé est devenu notre mot *cramoisi*, étoit une étoffe italienne, rouge d'ordinaire, qui avoit eu une grande réputation en France à la fin du XVe et pendant la plus grande partie du XVIe siècle. V. le *Vasari* de M. Le Monnier, Florence, 1852, in-12, t. 8, p. 73, note.

ry, un demy-cint[1] d'argent, trente-deux clés pendantes et une bource où dedans il y avoit toujours du pain benit[2] de la messe de minuict, trois tournois fricassés[3], une eguille avec son fil, deux dents qu'elle ou ses ayeuls s'estoient fait arracher, la moitié d'une muscade, un clou de girofle et un billet de charlatan pour pendre au col pour guarir la fièvre.

Si c'estoit un financier, il portoit une calotte à deux oreilles[4], un bonnet de manton, des chausses à prestres, un manteau à manches, les bras passés, la clé de son coffre à la cinture et un trebuchet[5] en sa pochette, et si la monnoie du temps estoit des douzains et pièces de six blancs.

Sa femme coiffée sans cheveux, son chaperon de

1. V. sur ce demi-ceint d'argent, qui resta l'une des parures les plus enviées des chambrières, une note de notre tome 1er, p. 317.

2. Le pain bénit étoit un merveilleux talisman, surtout pour empêcher les chiens de devenir enragés. (*Les Evangiles des Quenouilles*, édit. Jannet, p. 75.) Celui de la messe de minuit avoit encore d'autres vertus. Dans quelques provinces, il est encore d'usage de garder dans un tiroir les morceaux de pain bénit donnés à la messe le dimanche.

3. C'est-à-dire ébréchés et polis par le frottement, *fricassé*, dans ce sens, venant du latin *frixus*.

4. C'est-à-dire avec deux bandes pendantes sur le côté, comme les portoit Henry Estienne, dont il est dit dans le *Scaligerana* : « *erat vestitus à la parisienne* avec des bandes de velours pendantes. »

5. « C'étoit une petite balance fort juste et fort délicate, que le moindre poids faisoit *trébucher*. » De là l'expression de pistoles bien *trébuchantes* employée par Molière.

veloux, une robbe de mieustade [1] à double quëue, un cotillon violet de drap, des souliers à boucles, une vertugalle [2], de longues patenotes blanches faites comme des petites ruelles de raves [3], avec des grantz poignez fourrez quy empeschoient qu'ils ne pouvoient mettre la main au plat.

Pour le mariage de leurs filles, il ne faut que voir les minutes de *ita est*, on lira un contract portant un douaire de deux cens couronnes d'or quy valoient trente-cinq sols pièces, encore c'estoit à la charge que le marié donneroit aux père et mère de la future chacun une robbe neufve.

Et leurs ceremonies, je n'oserois presque les descrire, pour ce qu'ils apprestent à rire. L'on voyoit un père avec son vestement cy-dessus, un moucheoir et des gants jaunes à la main, roides comme s'ils avoient esté gelez, un bouquet trouvé, estoffé de lavande, conduire sa fille au moutier, les fluttes et grands cornetz marchants devant l'espousée, vestue comme la pucelle Sainct-Georges [4], la

---

1. Je crois qu'il faut lire ici *mustabe* ou *mistabe*. C'étoit une sorte d'étoffe de laine dont le nom étoit arabe, et qui se fabriquoit en Espagne et dans le midi de la France. Elle fut surtout en usage au moyen âge. (Fr. Michel, *Recherches sur le commerce... des étoffes de soie*, t. 1er, p. 258, 259.)

2. Elles avoient cessé d'être à la mode vers 1563. V. une note de notre tome 2, p. 190.

3. Chapelet à grains plats.

4. « Pour ce qui est de Mademoiselle sa femme, lisons-nous dans un passage de *Francion* excellent à rapprocher de celui-ci, elle avoit une juppe de satin jaune toute grasse et une robbe à l'ange si bien mise et un collet si bien monté,

veüe baissée, une escarboucle sur le front[1] quy luy battoit jusqu'à sur le nez; la mère et toutes les autres parentes suivantes, avec leurs grandes vertugalles en cloche et leur poignez fourrez, quy paroissoient comme poules quy traisnent l'aisle.

Au reste, les filles de l'âge de vingt-cinq ans estoient des innocentes quy jamais n'avoient rien veu ny mesme communiqué avec personne; je vous laisse à penser quels discours amoureux ils faisoyent!

Pour les garçons, ils avoyent l'esprit si grossier que rien plus; ils ne portoyent de haults de chausse qu'ils n'eussent quinze ans; ils n'avoient fait leur estude qu'à trente-six ans, et n'estoient mariez qu'à quarante-cinq ans, encore n'estoyent-ils pas très subtilz.

---

que je ne la puis mieux comparer qu'à la pucelle sainct George qui est dans les églises, ou à ces poupées que les atourneresses ont à leurs portes. » (*La Vraye histoire comique de Francion*, etc., 1673, in-8, p. 248.) — Cette *Pucelle Saint Georges* ne seroit-elle pas la figure de la Cappadoce qui se trouve dans toutes les représentations de saint Georges combattant le dragon? La province de l'Asie Mineure y est toujours personnifiée sous les traits d'une jeune fille richement parée.

1. C'est l'ornement qui doit de s'appeler encore une *ferronnière* à la croyance où l'on a été long-temps que le portrait peint par Léonard de Vinci, aujourd'hui au Musée du Louvre, représentoit la maîtresse de François Ier connue sous le nom de *la belle Ferronnière*. On sait maintenant que cette figure, qui porte en effet au front un joyau semblable à celui dont on parle ici, est celle de Lucrezia Crivelli.

Et leurs plus grandes desbauches, c'estoit que le jour du caresme prenant ils mettoyent une chemise breneuse avec une bosse devant et derrière, un masque de papier, du son à la main pour jeter à tous venants.

Chetiveté miserable, de laquelle on se mocque, pour ce que l'on vit plus honorablement cent fois à present.

Qu'est-ce qu'un marchand à present? Se voit-il rien de plus honorable? Il n'est plus reconnu que par ses grands biens. Vestu d'un habit de soye, manteau de pluche[2], communicquant sur la place de grandes affaires avec toutes sortes d'estrangers, traficquant en parlant et devisant d'un trafic secret, plein de gain, d'industrie et de hazard inconnu à l'antiquité, et quy se rendra commun à la posterité.

Et du bourgeois de Paris, qu'en peut-on dire? Quand l'Ecriture parle de l'excellence de l'homme, elle dict qu'il est creé un peu moindre que les anges; et moy je dis du bourgeois qu'il n'est que un peu moindre que la noblesse, et si je disois egal, je ne sçay si je faillerois, veu que la noblesse, à present, se joint et s'annexe par alliance avec luy, en telle sorte que ce n'est qu'un corps, une paranté, une bource, une alliance, une consanguinité quy fait perdre ceste qualité de bourgeois pour la changer en noble.

Et leurs femmes, en quelle comparaison les peut-

1. V., sur cette mode des *manteaux de pluche* au commencement du XVIIe siècle, *Francion*, p. 219.

on mettre, au respect de l'antiquité. Premièrement il n'y a rien de mieux vestu, de plus propre, de plus honneste, si bien avenantes que la plus part pourroient plus tost estre recogneus nobles ès compagnies, pour estre agreables dans leurs discours et entretiens, que bourgeoises et marchandes ; que outre que leurs grands biens sont cause qu'elles sont suivies de leurs filles, quy portent habit d'attente de noblesse, et quy n'espèrent rien moins pour leurs actions et leur gravité. Cela leur est commun, à aucunes la diversité des langues, presque à toutes la sagesse et le bon maintien.

Pour les mariages, ils sont tous autres que l'antiquité, soit pour le douaire ou la ceremonie. A present un simple marchand donne cent mille livres; tel bourgeois cinquante mille escuz, tel financier deux cens mille escuz[1], ce quy est cause d'une suitte admirable en despence extraordinaire, en chevaux, carrosses, serviteurs, et pour les assemblées. Lors que les mariages se font, ce n'est que pompeux vestements, chaînes de diamant et toutes sortes de dorures, non empruntées ny louées comme à l'antiquité,

---

1. Il n'y a rien ici d'exagéré ; aussi les gens de cour s'accommodoient fort bien, à ce prix, des filles de financiers. « Le comte de Lude, gouverneur de la personne de Gaston, duc d'Orléans, étant blâmé d'avoir épousé une Feydeau, qui lui avoit apporté cent mille pistoles : « Je ne pouvois pas mieux faire, disoit-il ; poursuivi nuit et jour par mes créanciers, je me suis sauvé dans une boutique pour n'être pas traîné à l'hôpital. » (Amelot de La Houssaye, *Mémoires hist.*, t. 3, p. 8.) — V., sur ce même mariage, notre t. 2, p. 140.

mais à eux appartenans en toute proprieté; et n'y a qu'une chose fascheuse en cela : c'est que les honneurs changent les meurs en ceste grande vogue; ils meprisent le limestre[1], et partant leur paranté. Mais quoy! c'est la grandeur du temps.

Il faut que tout s'entresuive : la manificence des banquets à six services[2], à quatre et six pistoles[3] par teste. Je croy que la France est à sa dernière periode pour sa splendeur, et ne crois pas que cela ogmente, mais plustot diminue.

Je vous defens pourtant, bonhomme de l'antiquité, d'en discourir mal à propos, et de dire que ces gran-

---

1. Le *limestre* étoit une sorte de serge drapée qui se fabriquoit à Rouen et à Darnetal. Selon quelques uns, entre autres Furetière, cette serge fut ainsi appelée du nom de celui qui en fabriqua le premier; mais Brossette et Le Duchat y voient une altération de *Licestre* ou *Leicester*, comté d'Angleterre, d'où venoient en effet de bonnes serges, « ces *balles de Lucestre* » dont parle Rabelais, liv. 2, chap. 12. Regnier (sat. 13, v. 114) dit dans le même sens qu'ici :

Combien, pour avoir mis leur honneur en sequestre,
Ont-elles en velours eschangé leur *limestre!*

2. Ce luxe gastronomique avoit commencé sous le règne de Henri III : « On ne se contente plus, à un dîner ordinaire, de trois services, consistant en bouilli, rôti et fruit; il faut, d'une viande, en avoir de cinq ou six façons: des hachis, pâtisserie, salmigondis. Chacun veut aller dîner chez le Môre, chez Samson, chez Innocent, chez Havart. » Pièce citée par De Mayer, *Galerie philosophique du XVIe siècle*, in-8, t. 2, p. 362.

3. V., sur ces écots si coûteux, une note de notre édit. des *Caquets de l'Accouchée*, p. 28, et notre t. 2, p. 202.

deurs et braveries ne font qu'enjandrer le vice, et que la modeste ancienne valoit mieux. Il n'y a nulle comparaison. L'antiquité estoit un deffault de pouvoir et une innocente sagesse pour le monstrer.

Nos anciens, pour estre pauvres et mal accommodés, laissoient-ils d'estre vicieux et debauchez, d'une desbauche publique et mesquine. Il me souvient de deux rues quy sont encore à Paris : l'une près de Saint-Nicolas, appelé le Huleu[1], l'autre près Sainct-Victor, appelé le Champ gaillart[2], où impunement le vice estoit permis avec les femmes desbauchées, et qui plus est, quand on avoit quelque

---

[1]. Le *Huleu*, dont le nom altéré se retrouve dans celui des rues du *Grand* et du *Petit-Hurleur*, venoit déboucher, en effet, rue Saint-Martin, assez près de Saint-Nicolas-des-Champs. — Un arrêt du 15 février 1565, rendu « sur la remontrance d'aucuns voisins habitant aux rues voisines de *Huleu*, à Paris, fit vuider le bordeau accoutumé de tenir en laditte rue. » (Isambert, *Recueil de Lois*, t. 14, p. 176.)

[2]. Cette rue du *Champgaillard*, qui se trouvoit en dehors de l'enceinte de Philippe-Auguste, alloit de la rue *Saint-Victor* à la rue des *Fossés* du même nom. La partie voisine de Saint-Victor s'appeloit rue d'Arras, nom qui lui venoit du collége d'Arras, et qu'elle a gardé; l'autre partie s'appeloit, comme aujourd'hui encore, rue *Clopin*, à cause de la grande maison Clopin, qui y avoit été construite au milieu du XIIIe siècle. — Le *Huleu* et le *Champgaillard* sont nommés par Rabelais, entre autres mauvais lieux (liv. 2, chap. 6), dans les *Après-disnées du seigneur de Cholières* (Paris, 1588, in-12, fol. 43, recto); le second est nommé *Champgaillard des bordeleries*. — En se trouvant placés, comme nous venons de le voir, l'un près de Saint-Nicolas, l'autre près de Saint-Victor, le *Huleu* et le *Champgaillard* contre-

procez ou querelle contre quelqu'un, en sollicitant
ces femmes desbauchées, ils venoient impudemment
au son du tambour faire accroire à une honneste
femme bourgeoise qu'elle estoit vicieuse, et qu'elles
la vouloient emmener de force[1] au lieu destiné pour
les garces[2], ce qui apportoit un scandale public[3].

venoient à l'ordonnance de décembre 1254, par laquelle
saint Louis avoit déclaré (art. 11) que les filles de joie ne
pourroient se loger que « loin des lieux saints et des cime-
tières. » *Ordonn. des roys de France de la troisième race*,
t. 1, p. 79, 105.

1. On trouve racontée, dans le *Ménagier de Paris*, t. 3,
p. 116, et *Additions et corrections*, p. 75, une affaire de
ce genre.

2. Peu à peu les priviléges de ces lieux infâmes furent
abolis. (Sauval, *Antiq. de Paris*, t. 2, p. 108.) Une ordonnance de 1697 en fit disparoître les dernières traces. V. notre livre *Paris démoli*, 2ᵉ édit., p. 36.

3. Dans les *Statuts* de la reine Jeanne sur la discipline
d'un lieu de débauche dont elle permettoit l'établissement
à Avignon, statuts publiés par Astruc, *De morbis venereis*,
on lit, art. 2 : « Si quelque fille a déjà fait faute et veut
continuer de se prostituer, le porte-clef ou capitaine des
sergents, l'ayant prise par le bras, la mènera par la ville,
le tambour battant et avec l'aiguillette rouge sur l'épaule,
et la placera dans la maison, avec les autres ; lui défendra
de se trouver dans la ville, à peine du fouet en particulier
pour la première fois, et du fouet public et du bannissement la seconde fois. » Ce passage, rapproché de ce qu'on
lit ici, prouve au moins que, dans ces statuts, tout n'est
pas, de la part du médecin Astruc, pure invention et pure
mystification, comme M. Jules Courtet l'a voulu prouver
dans un article de la *Revue archéologique*, t. 2, p. 158-164.

Cela ne se voit plus : la modestie et la sagesse ont couvert ceste coustume ; que s'il y a de la desbauche à present, ce ne sont ny filles, ny femmes de maisons, ains de meschantes chambrières vestues en demoyselles, quy font à croire à la jeunesse qu'ils sont de bon lieu, et ce ne sont que coquines quy mesprisent tout le corps des honnestes femmes.

De la Justice.

Pour faire la comparaison de la justice de nos anciens avec celle d'à present, nous n'entendons pas affoiblir leur renommée, car nous sçavons bien que ce n'estoit que gravité, que sagesse, science, grands observateurs de loix et executeurs d'ordonnances, bonnes et simples ames, authorisez, crains et redoubtez du peuple et de la noblesse, quy ne faisoient aucune difficulté de quitter le chapperon[1] pour ne rien faire du commandement des roys au prejudice du public. Ce n'est pas nostre tesme ny ce que nous avons à prouver ; nous ne voulons monstrer que sinon qu'outre que toutes ces qualitez sont aux juges d'à present, ce qu'ils ont d'avantage.

Je crains de faillir en monstrant l'opulence de

---

1. Le chaperon rouge porté sur l'épaule, depuis qu'il n'étoit plus à la mode de s'en coiffer, étoit l'insigne de la magistrature.

nostre temps, pour ce qu'elle est plus grande que je ne la puis decrire.

O brave senat de Paris, de Rouen, de Toulouze et des autres parlemens! vous n'estes pas seullement à admirer, possedans toutes ces graves qualitez de juges et d'avoir de vieux senateurs comme jadis, mais d'estre accompagnez d'un grand nombre de jeunesse quy, à l'age de vingt-cinq ans, ont esté receus au Parlement, aussy rempliz de science et de sagesse qu'estoient nos anciens à septante ans, outre la valeur des offices, quy coustent à present cens mille livres, et le grand train que vous tenez, au respect du temps passé, où le mulet estoit aussy empesché à porter le fumier aux vignes qu'à mener son maistre au palais.

Il n'y a juge quy n'ait sa porte cochère[1], un ou deux carosses, six chevaux à l'etable, double palfermiers, quatre laquais, deux valets de chambres, un clerc, outre le train de madamoyselle, quy est égal.

C'estoit chose rare au temps passé de voir un homme riche, et le plus riche s'appeloit milsoudier[2], c'est-à-dire quy pouvoit faire depence de cinquante livres par jour; à present il n'est pas seulement commun à la plus part des maisons, mais il passe en despence.

---

1. « Les procureurs étoient logés autrefois en petite porte ronde; maintenant, ils ont de grandes portes cochères. » (*Dict. de Trévoux.*) V. notre édit. du *Roman bourgeois*, p. 264, et notre t. 2, p. 283.

2. V., sur ce mot, notre t. 2, p. 279, note.

On verra bien clair se on lit par les histoires anciennes que les officiers des cours souveresnes, bourgeois et financiers, ayent, à la necessité de la guerre, fait toucher à leur roy, en trois mois, dix millions de livres comptant par l'achat de nouveaux offices[1] et aliénation de domaine, comme nous l'avons veu ces jours passés, par le moyen desquels Sa Majesté a restauré son Estat, espouvanté ses rebelles, regaigné ses villes et rendu un peuple furieux souple comme un gant.

Des Hommes doctes et de la Religion.

Je suis contrainct de confesser qu'au temps passé il y avoit de doctes personnages quy ont monstré leur science en public aux concilles. Je ne pourrois les mespriser sans faillir; mais tout ainsy que les propositions et allegations contraires à la doctrine de l'Eglise estoient legères au respect de ce que les heretiques ont inventé depuis et mis par escrit, aussi la solution en estoit plus facile; et si quelle peyne avoit on pour trouver ces doctes-là, l'un appelé du Lionnois, l'autre de Paris, l'autre d'Angleterre, quelques uns tirez des monastères, et, ainsy assemblez,

---

. Allusion à ces ventes d'offices que Chalange et les autres partisans faisoient décréter, et dont ils partageoient les profits avec les ministres. V. notre édition des *Caquets de 'Accouchée*, p. 183, 241, 258.

faisoient une doctrine parfaicte, selon le temps et les propositions; mais qu'il se soit trouvé, au temps passé, un du Perron pour promptement recognoistre l'erreur et respondre en public à un Duplessis Mornay[1]; un Draconnis[2] pour chausser les esperons à un subtil Dumoulin[3]; un Coiffeteau[4] pour faire la barbe à un Durand[5]; un Cotton pour promptement respondre, par son livre de l'*Instruction catholique*[6], à

1. Allusion à la conférence publique qui eut lieu à Fontainebleau, le 4 mai 1600, entre Du Plessis Mornay et Du Perron, dans laquelle celui-ci combattit avec avantage les cinq cents erreurs qu'il avoit découvertes dans le livre du premier sur l'*Eucharistie*.
2. Il s'agit ici, soit du P. Ange de Raconis, qui publia vers cette époque *le Petit Anti-Huguenot* (Paris, 1618), soit plutôt encore de Ch. Fr. Abra de Raconis, plus tard évêque de Lavaur, qui venoit de faire paroître *Traité pour se trouver en conférence avec les hérétiques*, Paris, 1618, in-12. V. *Mémoires* de l'abbé d'Artigny, t. 7, p. 259.
3. C'est le fameux ministre de Charenton dont il fut tant question alors. V. notre édition des *Caquets de l'Accouchée*, p. 88.
4. Comme théologien et controversiste, il s'étoit mêlé à la dispute de Du Perron et de Du Plessis Mornay; ses réponses à celui-ci comptent parmi ses bons ouvrages.
5. C'est Durand de Saint-Pourçain, fameux dominicain du XIVe siècle, qui, dans ses livres de théologie, avoit souvent combattu saint Thomas d'Aquin. Ses opinions contraires à la transsubstantiation avoient été foiblement réfutées par Du Perron, dans la conférence citée tout à l'heure. (*Longueruana*, p. 11-12.) Coeffeteau les combattit avec plus d'avantage.
6. *L'Instruction catholique*, Paris, 1610, 2 vol. in-fol.

toutes les batteries proposées contre les seremonies de l'Eglise par un Calvin, je n'en ay point veu.

Neantmoins (*excipientur ab hac regula*) sainct Hierosme, sainct Thomas, sainct Augustin, et les autres anciens docteurs ecclésiastiques, desquels nous ne voulons point parler, car ils avoient le Sainct-Esprit et sçavoient tout et encores plus qu'on ne sçauroit dire, comme vrais pivots sur lesquels tous les docteurs ont esté bastis ; et, toutefois, si je disois qu'à present il se trouve des hommes quy sçavent et peuvent discourir promptement de ce que tous les doctes de l'Eglise ancienne ont escript, quy n'ignorent rien du contenu en leurs livres, je croy que je n'en serois pas repris, et partant, un ou plusieurs de ce temps sçavent tout ce que trente de l'antiquité ont escrit.

Et pour le monstrer, qui a veu et assisté aux harangues publiques faictes par ce docte Mauricius Bressius [1], principal du collége de Lizieux, quy, sans hesiter, en trois heures, d'un latin esgal à celuy de Ciceron, disoit en abregé tout ce quy estoit contenu dans l'impression de quatre cents doctes livres, disoit les meurs et façons de vivre de toutes les nations du monde, la forme de leurs vestemens, de leurs combats, de leurs gouvernements, de leurs religions, et de tout ce quy s'est passé depuis Adam jusqu'à notre temps, ce qu'il a monstré en huict

---

[1]. Maurice Bressieu. Ce qu'on en dit ici semble d'autant plus surprenant qu'il s'occupoit des sciences plus encore que de l'histoire et de la littérature. Il finit par être *professeur royal* en mathématiques. Il mourut après 1608. V. Goujet, *Mém. sur le Collége royal*, in-12, t. 2, p. 95.

jours et en huict assemblées en la presence des plus doctes de Paris, quy l'admiroient.

Trouvez-moi de telles gens à l'antiquité ; j'en nommerois sans faillir un cent de pareils, se je ne craignois de faire tort à mille quy paroissent en public par leurs publications, et en particulier par la lecture de leurs livres, quy me fait dire, et à bon droict, qu'en nostre temps nous avons des hommes remplis de toutes sortes de sciences, de langues, d'arts et de mestiers, speciallement à Paris, où ils abondent en quantité.

Qu'il vienne un peu de nouveaux Collampades, Calvins et Bezes, planter leurs nouvelles heresies et faire accroire aux assemblées de Poissy[1] qu'ils ont raison par leurs fardez discours; qu'ils viennent prescher au Patriarche[2] et à Poupincourt[3] et faire

---

1. Allusion aux assemblées dites *colloques de Poissy*, qui eurent lieu du 9 au 26 septembre 1561, entre les catholiques et les réformés, mais qui n'amenèrent aucun résultat pacifique.

2. Grande maison située au faubourg Saint-Marcel, qui devoit son nom à Bertrand de Chanac, *patriarche* de Jérusalem, et à Simon de Chamault, cardinal et *patriarche* d'Alexandrie, qui l'avoient possédée au XIIIe et au XIVe siècle. Les Huguenots y avoient tenu quelques unes de leurs premières assemblées. En 1562, la populace catholique s'y rua, et chaires, bancs, etc., tout y fut brûlé. (Pasquier, *Recherches de la France*, liv. 3, chap. 49, et *Lettres*, édit. in-fol., t. 2, p. 451) — Il existe encore un passage et un marché des *Patriarches*, qui vont de la rue d'Orléans-Saint-Marcel à la rue Mouffetard.

3. Pasquier parle aussi (*loc. cit.*) des assemblées de

accroire aux chambrières et aux savetiers que les ceremonies de l'Eglise ne servent de rien, que les prières n'ont aucune efficacité après la mort, que le purgatoire est une invention du pape, et mille autres allegations que nos anciens docteurs ont laissé couver cinquante ans durant, faute de veiller, d'ecrire et prescher.

Ils trouveroient à qui parler, ils trouveroient de fermes rochers, qui, par leur diligence et leurs études assidues ont relevé ce quy estoit cheu, reveillé ce quy dormoit, et decouvert ce quy estoit caché à nos anciens ; aussy, comme la negligence des docteurs et la simplicité des hommes estoit lors, l'observation de la religion estoit pareille : quelle religion paroissoit-il à nos anciens d'aller ouïr une petite messe les festes, mespriser les vespres, une fois l'an se confesser, encore falloit-il dire leurs peschés, tirer de leur bource un tournois fricassé pour donner à l'offrande, ne tenir compte des festes, n'aller au sermon que les bons jours, aller le jour de Noel à la messe de minuict pour dormir sur la paille que l'on mettoit aux églises, chanter des noels de l'antiquité, qui commençoient : « Viens çà, gros Guillot » ; se souler après la messe pour dormir le lendemain jusqu'à midi, et, quand on estoit mort, de faire de belles epitaphes, comme il s'en suit :

> Cy dessous gist le grand Pierre,
> Enterré sous ceste pierre,

Calvinistes qui se tenoient à *Popincourt* ou *Pincourt*, alors hors des murs de Paris, et qui furent envahies et troublées comme celles du *Patriarche*.

Quy s'est toute sa vie
Meslé de la friperie.

La postérité avoit bien affaire de le sçavoir! Voilà les actions de l'antiquité, leurs plus grandes observations en la religion, leurs subtiles poesies et leur grand merite.

Des Delectations du temps passé.

Voyons quel estoit leur plaisir, si c'estoit à voir joüer la comedie. A la vérité il faisoit bon la voir, car il y avoit anciennement de certains chartiers et crocheteurs quy, vestuz en apostres, jouoyent la Passion à l'hostel de Bourgongne, ou la Vie de saincte Catherine[1], auxquels on souffloit au cul tout ce qu'ils recitoient, où tout le monde estoit receu à un double pour teste, et la plupart n'y alloit que pour voir les actions de Judas, dont les uns se rejouissoient et les autres en pleuroient à chaudes larmes.

Ou bien suivoient pas à pas maistre Gonin[2], quy,

---

1. Le mystère de la *Vie de sainte Catherine*, divisé en trois journées. Il fut joué en 1434. C'est un notaire nommé Jean Didier qui jouoit le rôle de la sainte.

2. C'est le maistre farceur qui égaya si bien la cour de François Ier. Brantôme raconte plusieurs de ses tours (*Hommes illustres*, édit. in-12, t. 3, p. 383). Son petit-fils, qui vivoit sous Charles IX, fit le même métier, mais il l'enjoliva de certaines adresses qui le menèrent tout droit à

avec sa robbe mi-party, le nez enfariné, jouant de sa cornemuse, faisoit danser son chien Courtault, ou, par une subtilité de la main, faisoit courir sur son bras sa petite beste faicte d'un pied de lièvre, qu'ils croyoient fermement estre vivant, tant ils avoient l'esprit innocent. C'estoit là le plesir des bourgeois; et au sortir de là, pour discourir de ce qu'ils avoient veu, ils s'embarquoyent dans un cabaret, où ils faisoient un gros banquet à dix-huict deniers l'escot, où la pièce de bœuf aux navets servoit de perdrix.

Pour le menu peuple et gens de boutique, pour la peyne qu'ils avoient eue toute la sepmaine à travailler, ils prenoient congé les festes, pour jouer à la savatte parmy les rues, ou à frappe-main [1], où les maistres et maistresses prenoient moult grand plesir, à cause de quoy ils avoient le soir demy-setier par extraordinaire, et non davantage, encore que le muids de vin ne coustoit lors que cinquante sols [2].

Pour les officiers des Cours souveraines et subal-

---

la potence, en 1570. « Là, dit Delrio, il fit si bien par son art magique, que le bourreau, croyant le pendre, pendit à sa place la mule du premier président. » (*Diquisit. magiq.*, liv. 3.)

1. C'étoit en effet l'usage, et l'on sait l'histoire de la grande émeute soulevée à Sens, du temps de Louis XI, par un apothicaire qui, après s'être mêlé dans la rue à l'une de ces parties de main-chaude ou de *taquemain*, comme on disoit aussi, ne voulut pas consentir à prendre la place du patient. V. *Almanach de Sens* pour les années 1763, 1764 et an III (1795).

2. Il étoit plus cher déjà sous Henri III : il se vendoit deux sols la pinte. *L'ordonnance sur le faict de la police gé-*

ternes, à cause de leur gravité ils n'osoient hanter le menu peuple; leur delectation estoit de s'assembler l'après-dinée aux festes pour jouer aux deniers, à devoir, à trante-et-un, et au trou-madame, une tarte de trois sols, et, au surplus, grands observateurs des ordonnances de Philippe le Bel[1], qui défendoit à ceux qui n'avoient que cinquante livres de rante de manger du rosty plus d'une fois la sepmaine.

Pour les procureurs et advocats du Palais, leur plus grande desbauche c'estoit de se promener les festes hors les portes, sur le rempart ou au Pré-aux-Clercs[2], avec la robbe et le bonnet carré et le petit saye qui ne passoit pas la brayette, disputans et devisant ensemble de l'appointement en droict et

nérale du royaume, qui en régloit ainsi le tarif, fut mise en chanson :

> Le plus cher vin vendu la pinte
> Partout ne sera que deux sols;
> Qui le vendra plus cher, sans feinte,
> Payera l'amende tout son saoul.

(*La Fleur des chansons nouvelles*, édit. Techener, p. 6-11.)

1. Sur la teneur de l'ordonnance somptuaire de 1294, où se trouvent les prescriptions indiquées ici, Voy. une note de notre édition des *Caquets de l'Accouchée*, p. 32.

2. Ils alloient aussi, en robe et en bonnet carré, sur le quai des Augustins. Tiraqueau et Michel de l'Hospital s'y rendoient chaque soir d'été, et, ayant le dos tourné vers la rivière, ils devisoient familièrement avec les passants. V. notre *Histoire du Pont-Neuf*, Rev. françoise, 1er oct. 1855, p. 543.

du default pur et simple, et par intervalle juger lequel des Bretons couroit mieux la poulle[1], ou de celuy qui saultoit le mieux[2] en trois pas le sault.

Puis, estant de retour de ceste delectation, venoient souper ensemble chacun avec sa parenté, où on ne souloit point son hoste, car chacun faisoit porter son pot à frein et sa vinaigrette, et celuy qui avoit prié la compagnie avoit une epaule ou une esclanche quy revenoit à deux carolus, par extraordinaire, avec un plat de carpes.

Je laisse à juger aux lecteurs si ce n'est pas mal à propos nous reprocher l'antiquité. Et que faict-on à présent quy ressemble à cela! Voyez les nobles, les officiers des cours souveraines, les bons bourgeois, de quoy ils se delectent : ils meprisent ce qui anciennement estoit le plaisir des roys et des princes : la paume, elle est trop violente; la comedie, elle est trop commune; la boule, elle est trop vile; et quoy donc? faut aller aux cours avec le carrosse à quatre chevaux au petit pas, pour deviser, chanter, rire, conter quelque nouvelle impression, voir et contempler les actions des hommes qui s'y trouvent, et, à l'exemple des plus honnestes, se rendre agreable aux compagnies.

Pour le peuple et les marchands, leur trafic se fait par commis, car, pour les maistres, ils vivent honorablement : le matin on les voit sur le change,

---

1. C'étoit le prix de la course. L'expression *jouer*, *gagner une poule*, en vient.

2. Les Bretons étoient les meilleurs sauteurs parmi les écoliers. Le *saut breton* étoit célèbre. V. notre t. 2, p. 186.

vestuz à l'avantage, incognus pour marchands, ou sur le pont Neuf, devisant d'affaires[1] sur le palmail[2], communicquant avec un chacun : si c'est un peuple docte, ils escoutent les leçons publiques; s'ils sont devocieux, ils frequentent mille belles eglises, escoutant infinis bons predicateurs quy, tous les jours, preschent en quelque lieu où on faict feste.

Si le roy est à Paris, ils prennent plaisir à voir une académie remplie de jeune noblesse instruicte à picquer, tirer des armes, à combattre à la barrière, à la bague, et à mille autres exercices qui font honte à ceux quy, pour les sçavoir, quitteroient la France, et occuperoient l'Italie.

Des Batiments et du Plaisir des champs.

Les ignorants et ceux quy ne penètrent point assez avant à la cognoissance de toutes choses disent que les hommes du temps passé estoient aussi riches avec leur peu, comme nous avec notre abondance. Je le nie, car leur contentement estoit borné par force, d'autant

1. Celles de l'Etat n'y étoient pas oubliées. Tous s'en mêloient, jusqu'au savetier. « Quand le savetier a gagné, par son travail du matin, de quoi se donner un oignon pour le reste du jour, il prend sa longue épée, sa petite cotille et son grand manteau noir, et s'en va sur la place décider des intérêts d'Etat. » (*Entretiens du Diable boiteux et du Diable borgne*, p. 26.)

2. Le *mail* du quai des Ormes, près les Célestins. Celui

qu'ils avoient un default de pouvoir, ou bien ce contentement estoit mesquin. S'ils avoient de la richesse, pourquoy laissoient-ils nos villages denuez de belles maisons? Il y a deux cens ans que nos maisons des champs, mesme des meilleurs bourgeois des villes, n'estoient que des cabanes couvertes de chaume ; leurs jardinages clos de hayes, leurs compartiments des carreaux de choux, leurs palissades des hortyes, leurs plus belles vues une ou plusieurs fosses à fumier, et, quand il estoit question de bâtir l'estable à cochon de fond en comble, ils estoient trois ou quatre ans à en faire la despence : autrement ils eussent esté ruinez.

Voyez les plus beaux et les plus anciens bastimens des villes, de quelle structure ils estoyent! Les architectes estoient de venerables ingenieurs pour bastir force nids à rats ; ils faisoyent une petite porte ; d'autres une petite estable à loger le mulet, de bas planchers, de petites fenêtres, des chambres, antichambres et garderobes estranglées, subjectes les unes aux autres, le privé près de la salle, un grand auvan à loger les poulles et une grande cour pour les pourmener[1].

Leurs meubles des champs estoient pareils : une grosse couche figurée d'histoire en bosse, un gros

---

qui étoit proche de la porte Montmartre, et dont la rue qui en a gardé le nom ne prit la place que de 1633 à 1636, étoit aussi très fréquenté.

1. V., pour une description à peu près semblable à celle qui est faite ici, et la complétant en quelques détails, De Mayer, *Galerie du XVI*e *siècle*, t. 2, p. 363.

ban, un buffet remply de marmousets, une chaise à barbier de Naples[1], et pour vaisselle des tranchoirs de bois, des pots de grais, une eclisse à mettre le fourmage sur la table, un bassin à laver de cuivre jaune, et sur le buffet deux chandelles des roys riollées, piollées[2], une vierge Marie enchassée et un amusoir à mouche, le maistre père et compagnon avec le paysan de la maison, quy sentoit toujours le bran de vache et la merde de pourceau ; au surplus, ils estoient si pauvres, qu'ils se trouvoient contraincts en hyver de se chauffer à la fumée d'une aiteron pour faute de bois.

Ainsy nos anciens sculpteurs n'avoient aucun plus beau subject pour mettre en figure que ceste perspective champestre, où tout ce que dessus est figuré à la rustique et où nous avons cognoissance de ceste chetiveté.

O siècle d'or! mais à present l'on voit nostre campagne enrichie de superbes edifices, la vue desquels fait abolir la memoire de l'antiquité, et, outre les maisons bourgeoises quy se voient en quantité, basties d'une structure admirable, couvertes d'ardoises, garnies de fontaines et de magnifiques vergers, esloi-

1. Comme celle du barbier de Pezenas, dans laquelle on prétend que s'étoit assis Molière, qui se trouve représentée avec son siége et son haut dossier de bois dans le *Magasin pittoresque*, t. 1er.

2. Il étoit d'usage de se servir, le jour des Rois, de chandelles *bariollées* (riolées) ou seulement mi-parties (*piolées*), comme le plumage d'une *pie*. « Voilà qui est *riolé*, *piolé*, comme *la chandelle des Rois* », lit-on dans *la Comédie des proverbes*, acte 2, scène 5.

gnées des cours basses où le paysan fait sa retraicte, encores voit-on les superbes chasteaux des officiers des cours souveraines, nobles et financiers, quy, à moins d'un an, ont par un nouvel edifice renversé mille maisons rustiques pour en former une noble.

Et pour les bastiments des villes, quoy? ce sont autant de chasteaux, et toutefois peu prizés si la despence n'en excède cent mille livres, fonds quy n'est à rien compté sur le revenu du proprietaire, ny sur les superbes meubles, tapisseries et vaisselle d'argent dont on se sert ordinairement.

Des Livres.

Ce sera peut-estre par la composition des livres que l'antiquité l'aura gaigné? Et toutes fois, pourveu que l'on ne mette point en compte l'antiquité des Grecs et des Latins, dedans l'antiquité de nostre France je n'y trouve que de la chetiveté, quand je me représente ces venerables escrivains qui ont composé le roman de la belle Éloïse, les valeureux faits de Jean de Paris, la guerre des quatre fils Aymon, la hardiesse de Reignaud de Montauban et de Richard-sans-Peur, la folie de Rolant-le-Furieux, la conqueste du roy Artus [1], la gloire de Morgan [2] et les faicts de Jeanne-la-Pucelle; ce sont livres de l'anti-

---

1. Ce sont à peu près les mêmes livres qui sont indiqués par Antoine de Saix (1532) dans son *Esperon de discipline*:
..... le livre des Quenoilles,
Le Testament maistre Françoys Villon,

quité françoise, qui ne ressemblent nullement, ny en discours ny en subject, à un Bellaut, à un Ronsard, à un Desportes, ni à un Dubertas, pour la poésie; à un de Thou, à un Mathieu, et infinis autres pour la prose.

Je ne veux pas pourtant nous tant priser que l'on ne nous reproche qu'en nostre temps nous n'ayons des plus grands quy ont escrit obscurement quand ils ont parlé d'estre emondés et repurgés, et qui peut-être nous diminuroit en gloire; mais il les faut passer comme on a passé dedans le livre de Tevet[1] Clopinel et Rabelais pour hommes illustres.

Pourquoy plus d'abondance de pauvres qu'au temps passé.

e ne sçavois plus par quel endroict on pouvoit me reprendre d'avoir tant mesprisé l'antiquité pour nostre temps, si ce n'est que l'on me mette devant les yeux la grande quantité de pauvres quy sont en ce reigne mandiant, veu la grande richesse quy y est, au res-

Jehan de Paris, Godefroy de Bouillon,
Artus le Preux, et Fierabras le Quin,
. . . .
Roland, Maugis d'Ardennes la forest...

1. Sur ce roman, dont Pulci fit son poème en vingt-huit chants, V. *Biblioth.* de Du Verdier, p. 899.

2. André Thevet, de qui l'on a, entre autres ouvrages, une *Histoire des hommes illustres*, dont l'édition donnée en 1671 a 8 vol. in-12.

pect du temps passé, où ils s'en trouvoit fort peu.

S'il en falloit monstrer la source et d'où elle vient, j'auroy trop à discourir : suffira d'en dire deux ou trois raisons quy monstreront que c'est la grandeur du royaume quy en est cause.

Comme doncques, au temps passé, les bourgeois et habitants des villes se contentoient chacun en son pays de trafiquer, vivre et mourir, faisant mesme difficulté de prendre alliance ailleurs, de peur de perdre la vue de leur heritage et patrimoine, les autres villes estoient desertes d'estrangers, et Paris, avec sa petitesse, se contentoit de ne point traficquer ailleurs, et vivoient escharcement [1] ; et de faict, on ne tenoit conte des maisons, quy lors estoient louées à vil prix faute de peuple [2] ; mais depuis que l'estranger a gousté de la grande liberté d'y vivre, et on ne s'enqueste de rien, cela a faict descendre

---

1. *Mesquinement, chichement.* « J'en sais, dit Montaigne (liv. 3, ch. 9), qui donnent plutôt qu'ils ne rendent, prestent plutôt qu'ils ne payent, font plus *escharsement* bien à celuy à qui ils en sont tenuz. »

2. Monteil, analysant un manuscrit fait avec des *extraits des registres du Châtelet* des XIVe et XVe siècles, etc., dit : « Je vois, en suivant successivement les feuillets de ce manuscrit, que, sous Charles VI et Charles VII, plusieurs quartiers avoient été abandonnés, que les maisons crouloient ou bien étoient écroulées, et que les propriétaires s'en disputoient le sol et les ruines. » (*Traité de matériaux manuscrits*, t. 2, p. 306.) — Comme les maisons inhabitées devenoient des repaires de voleurs, on forçoit le propriétaire d'y mettre un gardien. V. notre brochure *les Lanternes, hist. de l'ancien éclairage de Paris*, Jannet, in-8, p. 19.

en foule l'Italie, l'Angleterre, l'Allemaigne, la Flandres, la Hirlande [1], et tous les religionnaires du royaume, pour y habiter comme en un lieu de refuge asseuré, et, partant, si grande abondance de maneuvres de toutes sortes, d'ouvriers à mestiers, que les vrais regnicolles ont esté frustrés de leur travail : c'est la première raison.

La seconde, la permission de tenir boutique sans chef-d'œuvre et la trop grande quantité de maistres par lettres [2].

La troisième et la plus forte, c'est qu'à present il se trouve en court de petits partisans quy font la fonction et la charge de mille mestiers : car ils fournissent à la noblesse tous les jours à changer : chapeau, fraize, colet, chemise, bas de soie et souliers, en rendant les vieux, à quatre escus par mois [3], et partant ils sont cause du peu de travail, du labeur et du gain de mille maistres de boutiques.

Mais de mepriser notre temps pour cela, tant

---

1. Sur les Irlandais qui encombroient Paris et y *bélistroient* de la plus dangereuse manière à la fin du XVIe siècle, V. notre *Histoire du Pont-Neuf*, Revue franç., 1er octobre 1855.

2. Les chanceliers Poyet et de l'Hôpital avoient essayé de supprimer les confréries ; mais ils n'y étoient pas parvenus. De leur tentative, toutefois, étoient restés quelques abus, que signale De Mayer dans sa *Galerie du XVIe siècle*, t. 2, p. 363. Celui dont il est parlé ici, et qui tendoit à exempter du chef-d'œuvre et des autres épreuves l'artisan voulant devenir maître, étoit du nombre. Les maîtrises, comme on le voit, pouvoient s'obtenir par simples lettres.

3. Au XVIIe siècle, nous trouvons un trafic de la même espèce, une façon pareille de se tenir à la mode par abon-

s'en faut. Cela monstre l'abondance de toutes choses au royaume, la subtilité des esprits, la facilité d'avoir ses comoditez sans avoir affaire à tant de personnes, et si d'avantage et par un bel ordre qu'il est aisé d'y apporter, on peut facilement nourrir les indigents, parceque la richesse y est.

Des Hommes de bonne conscience en notre temps.

Eh bien! bon homme de l'antiquité, avec vostre robe courte de marchand, vostre petit saye de drap, vostre gibecière, vos pantouffles de pantalons[1] et vostre barbe de Melchisedec, sur quoy fonderez-vous maintenant vos raisons pour nous reprocher vostre temps ?

nement, à tant par année. « Le sieur Fournerat, marchand fripier sous les piliers des halles, est-il dit dans *le Livre commode des adresses* (1691), entretient bourgeoisement et honnêtement d'habits pour quatre pistoles par an. »

1. Sorte de *caleçons* ou *hauts de chausses* à pieds auxquels tenoient les pantoufles. Le *Pantalon* des farces vénitiennes avoit mis cet habillement à la mode. Il étoit suranné alors, mais nous l'avons remis en usage avec son premier nom. Furetière se moque des procureurs qui y étoient fidèles de son temps. Il dit, dans sa satire *le Jeu de boule des procureurs* :

Je vois dans leurs habits les modes surannées.
. . . .
Tel a le chapeau plat, tel autre l'a trop haut;
Tel a talon de bois, tel soulier de pitaut;
Tel haut de chausse bouffe, et tel serre la cuisse;
L'un tient du *Pantalon*, et l'autre tient du Suisse.

Voulez-vous que nous soyons, comme vous, chetifs, mesquins et innocens? Ah! je sçavois bien que vous aviés encore quelque chose à nous reprocher, que vous aviez meilleure conscience et que vous faisiés plus de bien aux eglises en vostre temps que nous.

Hé! bon homme! vous ressemblez à ceux qui composent les almanachs : à faute de bien calculer, vous nous predisez de la pluye au lieu de beau temps. S'il falloit mettre à la balance les gens de bien de vostre temps avec ceux du nostre, il faudroit, par necessité, pour vous rendre esgaux, y mestre encore avec vos bons tous les meschans ensemble, encore vostre costé monteroit.

Si de vostre temps les rois, les princes et la noblesse ont fondé de beaux temples que nous avons encore à present, n'en attribuez point l'honneur aux peuples, car ils n'y ont jamais songé et n'en avoient pas le moyen; mais à present, combien on a veu de liberalité à nos peuples, par le moyen de laquelle on a basti tant de nouvelles eglises et tant de monastères, quy, en moins de deux ou trois ans, d'une structure admirable, ont esté parachevés, et dont la despense d'un seul de ces monuments a plus cousté que six de l'antiquité! Eglises remplies de religieux, quy, fuyant l'avarice, ont quitté et abandonné leur patrimoine pour vivre en un lieu de pauvreté.

Avez-vous veu en nostre temps des hommes quy, sans quitter leur vacation ordinaire, continuant dans le monde la fonction de leur charge, donnent tout ou la plus grande partie de leur gain aux pauvres en cachette, ne se reservant que le *victum et vestem?*

Avez-vous veu de vostre temps vos temples ornez, decorez et tapissez, adorez et servis sans discontinuation comme les nostres? Avez-vous veu en un jour la sanctification de quatre, que saincts, que sainctes, dont le renom a esté esgal à ceux de l'antiquité, sans comter ceux qui meritent sanctification, dont nous avons ample preuve par leurs miracles?

Ne parlez plus, et sachez que votre simplicité ancienne est le subject qu'il faut dire de vous:

Oderunt peccare boni formidine pœnæ;

et des peuples de maintenant:

Oderunt peccare boni virtutis amore.

L'Onophage ou le Mangeur d'asne[1], *histoire veritable d'un Procureur qui a mangé un asne.*

> Improbius nihil est hac... gula.
> (Mart., ep. 51, lib. 5.)

A Paris, M. DC. XLIX. In-4.

AUX SAVANTS.
EPIGRAMME.

nfans d'Apollon et des Muses,
Sçavans dont les doctes ecrits
Charmeront tous les beaux-esprits,
Lors que vous decrirez les ruses
De cet affamé procureur,
Ou plustost de cet ecorcheur
De qui la devorante pance
Engloutit des vivants l'animal le plus doux,
Que si de ce baudet vous prenez la defence,
En ecrivant pour luy vous parlerez pour vous.

---

[1]. Cette pièce, qui est moins, je pense, la relation satirique d'un fait véritable qu'une imitation de la charmante

L'Onophage ou le Mangeur d'asne.

Il faut avoüer cette fois
Que Paris estoit aux abois,
Bien que chacun fist bonne mine,
Puis qu'un procureur de la cour
A mangé pendant la famine
L'asne du moulin de la Tour [1].

Cette ville estoit donc sans pain,
Et tout le monde avoit grand faim;
On y faisoit fort maigre chère;

---

pièce de Gilles Durant : *A Mademoiselle ma Commère, sur le trépas de son asne, regret funèbre*, a déjà été donnée par Sautereau de Marsy dans *le Nouveau siècle de Louis XIV*, t. 1er, p. 229. Elle en inspira une autre, qui est détestable : *l'Asne du procureur ressuscité, en vers burlesques*, Paris, 1649, 11 pages. (V. Moreau, *Bibliogr. des Mazarinades*, n° 84.)

1. Peut-être faut-il voir ici le moulin des religieuses de Montmartre, qui, ayant en effet la forme d'une *tour*, avoit fait donner, dès cette époque, à l'une des rues près desquelles il se trouvoit, le nom de *rue de la Tour-des-Dames*. Il existoit déjà à la fin du XVe siècle, et en 1816, selon la Tynna, on en voyoit encore les restes. Le nom cité tout à l'heure se déplaça vers 1769; il passa de la rue, qui s'appela, dès lors, *rue de La Rochefoucauld*, à la ruelle *Baudin*, qui l'a gardé. V. le singulier mais très curieux livre de M. de Fortia d'Urban, *Recueil des titres de propriété d'une maison et terrain sis à Paris... rue de La Rochefoucauld*, 1812, in-12, *passim*.

L'ONOPHAGE.

Enfin tout s'en alloit perir,
Quand pour vivre on a veu le frère
Avoir fait son frère mourir.

Il estoit assez renommé
D'estre un procureur affamé ;
Mais durant la disette extrême
Il falloit qu'il fût enragé,
Et, si chacun eût fait de même,
Paris se fût entremangé.

Que de veufves ! que d'orphelins !
Que l'on auroit veu d'assassins !
Le fils auroit mangé son père,
Le cousin meurtry le parent,
Et je croy mesme que la mère
Auroit devoré son enfant.

Mais le Ciel, quittant son couroux,
Nous regarda d'un œil plus doux :
Car, s'il n'eût appaisé son ire,
Tous les baudets estoient peris,
Et puis après on eût pu dire :
Il n'y a plus d'asne à Paris.

Sauvez-vous, clercs et procureurs ;
Gaignez au pied, soliciteurs ;
Lors qu'il n'aura plus de pratiques,
Prenez garde à vous, advocats,
Il vous prendra pour des bouriques
En vous voyant porter des sacs [1].

---

1. Les sacs de procès que les gens de palais portoient toujours à leur ceinture, et d'où est venüe la locution que

L'Onophage.

Marchands, bourgeois et artisans,
Escoliers, docteurs et pedans,
Allez nuds pieds, quittez vos chausses,
Afin d'eviter le trepas ;
Car il vous mangera sans sausses,
S'il vous rencontre avec des bats.

Menez vos asnes |, plastriers [1],
Avecque ceux d'Aubervilliers,
Que ce gourmand ne les attrape ;
Courez viste, et doublez le pas :
Car, mesme à la mule du pape,
Il ne luy pardonneroit pas.

Pauvres meusniers, que je vous plain,
Puis qu'il faudra dessus vos reins
Porter le bled et la farine,
Comme des chevaux de relais !
Car, si l'on avoit la famine,
Il mangeroit tous vos mulets.

Fuyez la rage de ses dents,
Poètes, rimeurs impudents :
Vostre ignorance vous condamne,
Vos burlesques n'en peuvent plus,
Vostre Pegase n'est qu'un asne,
Et tous ceux qui montent dessus.

Escrivains dont les sots discours
Que l'on imprime tous les jours

---

nous avons déjà fait remarquer dans *le Roman bourgeois* de Furetière : *J'ai votre affaire dans le sac.*

1. Les plâtriers de Montmartre.

Sont temoins de vos asneries,
L'on vous donnera des licous,
Et, pour finir vos railleries,
Ce loup vous egorgera tous.

Ou bien implorez le secours
Des mulets d'Auvergne[1] et de Tours;
Tenez bon, consultez l'oracle;
Vous n'irez pas tous seuls aux coups,
Car tous les asnes du Bazacle[2]
Ont le mesme interest que vous.

La procureuse est en danger :
Il la pourroit aussi manger,
Si la faim quelque jour le presse,
Excitant ses boyaux goulus ;
Il croira que c'est une asnesse
Quand il sera monté dessus.

Parisiens, où est vostre cœur
De souffrir que ce procureur
Vous traitte comme des canailles,
Qu'il ait vos citoyens meurtris ?
Car, estant né dans vos murailles,
Cet asne est enfant de Paris.

Prenez les armes, vangez-vous,
Et luy donnez cent mille coups ;
Despeschez tost, vous l'avez belle,

---

1. C'étoient les plus estimés. Dans le conte de Voltaire, c'est à vendre des mulets que le père de Jeannot fait une si belle fortune.

2. *Bazacle* ou *Bazadois*, le pays de Bazas, en Guienne.

Maintenant qu'on est en repos ;
Si la guerre se renouvelle,
Il vous mangera jusqu'aux os.

On dit que le brave Samson
De la maschoire d'un asnon
A sceu très vaillamment combattre
Et defaire les Philistins ;
Mais ce procureur en a quatre,
Dont il tuera tous ses voisins.

D'une seule Caïn cruel
En assomma son frère Abel,
Ainsi que disent les histoires ;
Pourquoy faut-il donc que ce chien
Se soit servy de deux maschoires
Afin de devorer le sien ?

Partout se trouve des mechans,
A la ville aussi bien qu'aux champs,
Qui sont plus malins que le diable
Pour commettre mille delits ;
Mais pour ecorcher son semblable
Ce procureur est encor pis.

On dit qu'il a changé son nom,
Qu'il n'est plus qu'un pauvre pieton,
Pour avoir mangé sa monture,
Et que sa femme et Fagotin,
N'ayans point d'autre nourriture,
En ont fait bien souvent festin.

Mais qui l'auroit jamais pensé,
Que ce procureur insensé
Eust fait cet horrible carnage !

L'ONOPHAGE.

Plaideurs, cessez vos differens,
Fuyez ce mechant dont la rage
N'a pas epargné ses parens.

Sa femme dit qu'il est prudent
D'avoir serré le curedent,
Qu'il cherit comme des merveilles,
Pour faire avec elle la paix,
Et qu'il a gardé les oreilles,
Qu'il monstre à tous ceux du Palais.

Du sang il en fit du boudin,
Qu'il envoya par Fagotin
A tous ceux de son voisinage,
Et de la peau un bon tambour,
Afin d'animer le courage
De tous les grans clercs de la cour.

Il est un fort bon menager
De tout ce qu'il n'a peu manger,
Mesme des choses les plus ordes;
Veu que des boyaux les plus longs
Il en a fait faire des cordes,
Pour servir à des violons.

Ce bel asne estoit si parfait,
Qu'on dit que Midas l'avoit fait.
Il ne demandoit rien qu'à rire,
Et parloit si haut et si clair,
Que, s'il eût appris à escrire,
Il eût esté le maistre clerc[1].

1. Ceci fait souvenir des vers de Gilles Durant dans la

Dis-moy donc, monstre plein de fiel,
Procureur barbare et cruel,
Infame et vilain onophage,
Loup affamé plus que brutal,
Pourquoy exerce-tu ta rage
Contre cet aimable animal?

Tes sens contre toy revoltez
Te bourellent de tous costez;
Ta conscience te gourmande,
Le sang de ton frère epanché
Demande à tous que l'on te pende,
Afin de punir ton peché.

Puis j'ecriray sur un tableau :
Cy gisent dessous ce tombeau
Deux gros asnes qui par envie
Les uns pour les autres sont morts ;
Ils estoient deux pendant leur vie,
Et maintenant ce n'est qu'un corps.

pièce citée tout à l'heure :

> Au surplus, un asne bien faict,
> Bien membru, bien gras, bien refaict ;
> Un asne doux et debonnaire,
> Qui n'avoit rien de l'ordinaire,
> Mais qui sentoit avec raison
> Son asne de bonne maison.

AUX LECTEURS.

EPIGRAMME.

e ce fratricide execrable
Les vrays temoins sont Fagotin
Et tous les mangeurs de boudin.
Ce discours n'est pas une fable :
C'est pourquoy je croy que mes vers
Luy mettront l'esprit de travers,
Car tout le monde le condamne ;
Que si cet ecrit voit le jour,
Un chacun dira que son asne
Avoit des amis à la cour.

Les Regrets des Filles de joye de Paris sur le subject de leur bannissement [1].
A Paris, chez la veuve Jean de Carroy, rue des rmes, à la Trinité.

In-8.

Tout est perdu, dame Massette [2] ! Nos bons amis sont morts : tous les jours de nostre vie ne seront desormais qu'une continuelle misère. Nous avions depuis vingt-cinq ans tenu librement nos grands jours dans cette grande et bonne ville. Les François et les estrangers y estoient accourus de toutes parts pour jouir de nos caresses et embrassemens. Ce n'estoit que plaisantes festes et agremens entre nous. L'avarice, l'usure et tant d'autres vices quy ont un merveilleux credit en ce siècle, estoient bannis de nos compagnies. Que deviendras-tu, dame Massette, et tant d'autres esprits de ta sorte? Tes inventions s'en vont estre du tout inutiles. Il ne faut plus esperer de r'abiller et

1. Cette pièce est de la fin de l'année 1620, comme nous le prouverons dans les notes.
2. C'est encore la Massette de la 13ᵉ satire de Régnier :

La fameuse Macette, à la cour si connue,
Qui s'est aux lieux d'honneur en credit maintenue...

vendre cinquante fois un pucelage. Les changemens de bourgeoises en demoiselles et de demoiselles en villageoises ne sont plus de saison. Les garces du puits Certain[1] ne seront plus femmes de secretaires au puits de Rome[2], et celles du faubourg Saint Germain ne feront plus de pelerinage à Charenton pour tenter les braguettes reformées. Que celles-là sont heureuses quy de bonne heure, ayant pris l'essor aux extremitez des fauxbourgs, s'estoient accoustumées aux aspretés du soleil et à se retirer dans les masures et cavernes[3] en temps froid et pluvieux! Elles n'auront pas à combattre les rigueurs auxquelles elles se sont endurcies. Tant de faces plastrées auront bien plus à souffrir. Quelle peine à tant de visages nourris à l'ombre, à tant de corps qui ne cheminoient que sur les fesses! Encore si la verole et ses avant-coureurs n'avoient point miné nostre vigueur, si nos forces estoient entiéres, il y auroit esperance de faire

1. V. une note de notre édition du *Roman bourgeois*, p. 222-223, sur la situation de ce puits banal au mont Saint-Hilaire.

2. Il étoit très loin du Puits-Certain, à l'extrémité de la rue Frépillon. On en retrouve un souvenir dans le nom du *cul-de-sac de Rome*, qui dépend de la même rue. Une vieille enseigne placée près de la rue des Gravilliers représente encore ce *puits de Rome*.

3. Les carrières servoient, en effet, de refuges aux filles, alors nombreuses dans le faubourg Montmartre, et surtout dans le faubourg Saint-Jacques. Le nom argotique de *pierreuses* leur en étoit venu. Dès le XVIe siècle, les mauvais garçons s'étoient donné les mêmes repaires. V. notre brochure *les Lanternes*, etc., page 17.

quelque visage en attendant le changement que la vicissitude des choses humaines peut faire esperer ! Mais tout manque au besoin. L'absence de la cour [1] a fait cesser le trafic ordinaire. Il a cependant fallu vendre et engager jusques à la chemise : quelle pitié ! O nos chères compagnes ! que vous avez esté bien conseillées à ce printemps dernier de faire le voyage de Touraine [2] ! Vous avez rencontré vos bons amis dans ce beau jardin de la France, et nous, au contraire, sommes demeurées en butte au malheur et à l'infortune. Quelqu'un de nos entremetteurs, disnant avant-hyer avec la Samaritaine [3], feit rencontre d'un vieux routier quy l'assura sur son honneur que,

---

1. Le roi étoit parti en mars 1620 pour aller jusqu'à Tours au devant de sa mère, avec laquelle on le réconcilioit.

2. Lors de ce séjour du roi dans la capitale de la Touraine, il avoit paru un pasquil dans lequel Paris, abandonné de la cour, recevoit les condoléances de la ville favorisée. (*Lettre de la ville de Tours à celle de Paris*, Recueil A-Z, E, p. 130.)

3. Les filles de joie affluoient le soir autour de la Samaritaine du Pont-Neuf, comme on peut le voir dans *le Tracas de Paris* de Fr. Colletet. Dans une chanson qui se fit à propos de l'un des embarquements, si fréquents au XVIIe siècle, des filles de joie pour l'Amérique, on ne manque pas de leur faire adresser de tristes adieux à ce rendez-vous de leurs plaisirs :

Adieu, Pont-Neuf, *Samaritaine*,
Butte Saint-Roch, Petits-Carreaux,
Où nous coulions des jours si beaux.

(Bussy-Rabutin, *Amours des Dames illustres de notre siècle*, Cologne, 1681, in-12, p. 374.)

si nous pouvions nous rendre, sur nos poulains ou autrement, en cinq ou six bonnes villes de ce royaume, nous pourrions encore, en travaillant (comme il est raisonnable), remettre nostre train. Un autre nous conseille de nous deguiser, les unes en nourrices, les autres en servantes, chacune selon l'invention de son esprit, et en cette sorte il promet de nous faire trouver divers partis, mesme des mariages heureux, selon la rencontre. Divers advis nous sont donnés de toutes parts, mais nous avons ce malheur qu'ayant sceu tant de resolutions aux occasions amoureuses, nous ne pouvons en prendre aucune sur ce subject de nos misères. Rappelle un peu tes merveilleuses subtilitez, dame Massette, et pense si tu n'as point autant d'inventions pour nous sauver comme ta malice en a formé pour nous perdre. Du moins, si nous sommes à nostre dernier maistre et que toute esperance nous soit ostée, que nous ayons ce contentement d'avoir pour compagnes tant d'autres de nostre cabale quy ne sont que par le nom de maistresses et de garces; nous ne differons que du plus et du moins, quy ne change point la chose, car la garce particulière est aussy bien garce que la publique : il n'y a que la rencontre d'une bonne bource quy empesche l'une de faire comme l'autre, et encore tel pense bien en avoir seul la jouissance quy se trompe : une beste quy a deux trous sous la queue est de difficile garde. Nos academies sont autant frequentées de ces bonnes dames-là que des autres; il est bien ignorant des pratiques amoureuses dans Paris, quy pense posseder seul une maîtresse qu'il a. Elles leur en font bien accroire : tel pense estre père quy n'en a que le nom et la despence ; au reste un mauvais garçon parisien disoit ce jourd'huy à sa mère :

> J'entends depuis quelques matins
> Qu'on chasse toutes les putains [1] ;
> Mesme on tient que les maquerelles
> Sont de ce nombre : en bonne foy,
> Ma mère, je suis en esmoy
> Quy lavera nos escuelles.

1. C'est de cette chasse donnée aux filles de joie que veut sans doute parler Saint-Amant, quand il dit, dans *le Poëte crotté* :

> Adieu, maquerelles et garces ;
> Je vous prévois bien d'autres farces
> (Poëtes sont vaticinateurs) :
> Dans peu, vous et vos protecteurs,
> Serez hors de France bannies,
> Pour aller planter colonies
> En quelque Canada lointain.
> Le temps est près et tout certain :
> Ce n'est pas un conte pour rire.

Histoire joyeuse et plaisante de Mr de Basseville et d'une jeune demoiselle, fille du ministre de Sainct-Lo, laquelle fut prise et emportée subtilement de la maison de son père par un verrier, dans sa raffle; ensemble le bien quy en est provenu par le moyen d'un loyal mariage quy s'en est ensuivy, au grand contentement d'un chacun.
Prins sur la coppie imprimée à Rouen par Jacques de la Place, en 1611. In-8.

Stances.

e n'est pas un discours de Cour ;
Ce sont parolles bien plus belles,
Car elles viennent de l'amour :
Aussy sont elles immortelles.

Autre que vous n'eust sceu escrire
Ces belles parolles d'amour
Si l'amour, quy vous les inspire,
N'eust rendu parfaict ce discours.

Beaux esprits à quy les faveurs
D'Amour et du Ciel sont données,
Puissiez-vous avec cest honneur
Parachever vos destinées!

Finissant ensemble vos ans
Unis d'une amour mutuelle,
De vostre amitié immortelle
S'engendreront de beaux enfans.

———

oicy des parolles, mais non telles qu'on les donne en cour ; pures, simples, dont l'art sans fard est le lustre manifeste et l'ornement principal. A la verité, mon desseing estoit de le marquer en mon esprit, non de les donner en public pour la vanité. Le los [1] ne s'acquière à si bons petits traits ; mais, regarde le pouvoir des beautez, quy a forcé mon ame à cest entreprise, et tu jugeras que mon obeissance ne pouvoit refuser à faire le contenu de ce present discours.

Comme je vous veux raconter d'un vaillant guerrier nommé le capitaine Basseville, lequel, traitant l'amour d'une jeune demoiselle, fille de M. Guiot, bourgeois de la ville de Sainct-Lô, en Normandie, ministre et pasteur de l'Église reformée, luy ayant traité l'amour l'espace d'un an et demy, ne treuvant

---

1. *Los*, louange. Ce mot, qui est purement latin, avec une différence d'orthographe, est l'un de ceux que regrettoit le plus Ménage.

le moyen de la pouvoir avoir, et estoit en grand' peine comment il en pourroit venir à bout.

La fortune veut qu'il rencontre un marchand verrier quy venoit de la ville de Sainct-Lô, auquel il conta sa fortune et l'amitié qu'il portoit à cette jeune demoiselle, lequel estoit fort en peine comme il pourroit trouver le moyen de la voir, d'autant qu'il ne pouvoit frequenter la maison de son père si souvent qu'il avoit de coustume, à cause de la colère qu'il avoit; en quoy le verrier commence à s'enquester du capitaine de Basseville quy estoit sa maistresse, et luy respondit que c'estoit la fille de M. Guiot.

Le verrier luy respond qu'il venoit de son logis, et qu'il avoit parlé à elle-mesme, qu'il luy avoit vendu des verres et luy avoit promis d'y retourner de près. Le capitaine Basseville luy dit alors que, s'il luy vouloit faire un plaisir, qu'il regardât qu'il luy donneroit, et luy dire le jour qu'il y retourneroit.

Alors le verrier luy respond que, si c'estoit chose qu'il peut faire, qu'il ne s'y refuseroit pas, et chose de quoy il peut venir à bout. Lors le capitaine luy dict : Ne pourrions-nous point trouver le moyen et subtilité de la sortir de la maison de son père ?

Le verrier luy respondit : Ouy, moyant[1] qu'il y voulut consentir. Pour moy, je prendray bien ma raffle[2] et la porteray dans le logis de M. Guiot ce-

---

1. Pour *moyennant*.

2. Espèce de hotte ou de grand panier dans laquelle le verrier portoit sa marchandise. On n'appelle plus ainsi qu'une sorte de filet.

pendant que le presche se dira dimanche, et l'emporteray hors la ville sans que personne s'en donne garde, je vous le promets.

Le capitaine luy dit qu'elle le voudroit bien, et qu'il ne desiroit autre chose que sa compagnie; et, ceste resolution prise, le capitaine le faict demeurer à un logis hors de la ville, et qu'il fisse bonne chère cependant qu'il alloit parler à elle. Incontinent le capitaine Basseville entre dans la maison de sa maistresse sans que personne le vit, et luy fist la reverence. En la baisant luy dict : Ma mie, si vous ne me croyez aujourd'huy, vous ne me verrez jamais ceans. Alors elle se prit à plorer. — Et pourquoy me dictes-vous ces parolles, voyant l'amitié que je vous porte et que je vous ay toujours porté?

Le capitaine luy dict alors qu'il avoit fait une certaine entreprise. — Hélas! mon Dieu! quelle entreprise avez-vous faicte, mon amy? — C'est que le verrier quy partit hier d'icy reviendra aujourd'huy, faignant de vous apporter des verres. Et faut, si vous me portez amitié, que vous faciez ce que je vay vous dire. Ne faictes faute, aussy tost qu'il arrivera, de le faire entrer dans la grande salle, puis après vous direz à vos servantes que vous voulez aller voir vostre commère Mme Daussy, par compagnie avec vostre nièce, qui vous attend là bas à la porte. Alors vous descendrez et vous vous mettrez dans sa raffle, et ne craingnez rien de luy, car il ne vous fera aucun tort, et vous apportera droict à la maison de mon fermier des bois, là où vous me trouvrez, et tiendrai là deux pièces de grands chevaux pour aller où nostre cœur desire.

Alors la jeune demoyselle luy promit de ce faire. Aussy le capitaine, en la baisant, prit congé d'elle, en soupirant tous deux du regret qu'ils avoient de se laisser l'un l'autre pour si peu de temps.

Tout aussy tost M. de Basseville s'en va bien rejouy, arrive à l'hostellerie où estoit le verrier, quy, le voyant entrer, luy demanda : Hé bien ! Monsieur, quelles nouvelles apportez-vous de bon? Feronsnous quelque marché nous deux? — Ouy, si vous voulez. — Hé bien ! que me donnerez-vous, Monsieur, si je vous mets aussy dessus vos affaires ? — Je vous donneray cent escus. Lesquels luy furent accordez vistement, et à l'instant luy en fit toucher cinquante, et le reste au retour.

Alors le verrier, bien rejouy, charge sa raffle à son col, et s'en va tout droict au logis de M. Guiot et descharge sa raffle dans la court. La demoyselle, quy se tenoit sur ses gardes pour quand il arriveroit, descendit les desgrez et le fit entrer dans la grande salle et lors jette dix escus en luy disant : Mon amy, je te prie, sauve-moy mon honneur ! ne permect qu'il me soit faict tort ! Ce que le verrier luy promit, et qu'aucun tort ne luy seroit faict, et qu'il la conserveroit le plus doucement possible. Tout aussy tost elle s'en va en sa chambre, ouvre son cabinet, prend tous ses thresors, piereries, bagues et joyaux, et emporta tout dans la raffle du verrier ; puis elle monta en sa haute chambre, et va trouver ses servantes et leur dict qu'elle alloit voir sa commère Mme Daussy, quy se porte mal, avec sa niepce, quy l'attendoit en bas. Aussy tost qu'elle fut descendue, elle entre dans la salle où estoit le verrier et se couche dans sa raffle, si bien que le monde pensoit que c'estoit des verres; mais le pauvre verrier ne pouvoit presque aller dessous, tant sa raffle pesoit; neantmoings, pour mieux jouer son personnage, il se mit à chanter, et fit tant qu'il arriva au logis du capitaine Basseville, lesquels demenèrent [1] une grande joie, aussitost montèrent à cheval et s'en allèrent droict au chasteau de M. de Basseville, qui s'appelle de Mesnil, à deux lieues de Falaise, là où ils s'allèrent retirer pour y faire leurs nopces et festins.

Or, laissons un peu cette affaire et retournons à parler de monsieur Guyot, lequel, arrivant à sa maison, ne treuva que ses servantes, et leur demanda où estoit Ysabeau, sa fille; les servantes luy respondirent qu'elle estoit allé voir madame Daussy, sa commère, quy estoit malade. Voyant qu'il estoit tard, il leur commanda d'y aller et luy dire qu'elle s'en revienne. La servante s'en va droict à la maison de madame Daussy, la treuva en sa porte et luy dit : Dieu vous doint le bon soir, Madame; je viens chercher mademoiselle Ysabeau. Elle luy respond qu'elle ne l'avoit point veue et qu'elle n'estoit point venue. La servante, bien etonnée, s'en retourne en la maison de son maistre, et luy dict qu'elle n'y estoit point.

---

1. Du verbe *demener*, qui se prenoit alors comme ici dans le sens actif, on avoit fait le mot *demaine*, mouvement, agitation. Ce mot, qui s'emploie encore à Orléans, se trouve au premier vers du blason en acrostiche de la ville de Paris, par P. Grognet :

Paisible demaine.....

Alors il envoye par toutes les maisons de la ville là où elle avoit coustume de frequenter, en quoy n'en entendirent aucune nouvelle; s'en revient vers monsieur Guyot, leur maistre, et luy dict qu'elle ne la trouvoit point et que personne ne l'a veu aujourd'huy.

Je vous demande en quel état doit être un père à tel accident qui arrive. Bref, voilà monsieur Guyot quy se met à crier d'une voix si pitoyable que tous les assistans en ploroient. Helas! mon Dieu! ma fille Ysabeau est perdue! Et il s'evanouit à l'instant. On eut grand peine à le remettre; les servantes, d'ailleurs, se mirent à crier : Hélas! mes amis! mademoiselle Ysabeau est perdue! nous ne la saurions treuver. Incontinent la maison fut pleine de monde, de ses voisins et parens qui entrèrent, faisans plusieurs signes de regrets, demandant : Mon Dieu! y a-t-il longtemps que vous ne l'avez veue? Les servantes repondirent : Depuis dix heures du matin. Voyant que Monsieur estoit fort triste du regret de sa fille, ses parens ne savoient que dyre ni de quel costé tirer. Neanmoings, monsieur Guillouard et monsieur de Bordes, oncle de la fille, et plusieurs autres de ses parens, se depescherent d'envoyer des hommes après elle pour chercher de ses nouvelles; de quoy on partit au nombre de dix, tant à pied qu'à cheval, lesquels sejournèrent environ huict journées. Voyant qu'ils n'en apprenoient aucune nouvelle, ils s'en revinrent les uns après les autres, disant qu'ils n'en avoient point ouy de nouvelles. Ses pauvres parens, de plus en plus fort tristes, et principalement monsieur Guyot, lequel se mit à faire une petite requeste à Dieu, le priant de luy en donner des nouvelles.

Le soir arriva à la ville de Sainct-Lô un passant, lequel alla loger à Saincte-Barbe, et, comme le bruict couroit en la ville et qu'on ne parloit d'autre chose que de cette fille, le passant, entendant compter cette affaire, aussy tost va dire qu'il savoit bien où elle estoit, et qu'il l'avoit veue, et que plusieurs personnes de ce pays-là ne savoient d'où elle etoit venue ni quand elle estoit arrivée. Ces parolles ouyes furent incontinent rapportées à monsieur Guyot et à tous ses parens, lesquels vistement vinrent trouver ce passant, et luy demandèrent d'où il venoit. Il leur repondit qu'il venoit de Rouen. Helas! mon Dieu! n'avez-vous pas ouy parler en ce pays-là d'une jeune demoiselle de cette ville quy a esté desbauchée depuis dix jours en ça? Avez-vous ouy? dictes-le nous, et nous vous ferons un don de ce que vous voudrez. Alors il leur dict qu'il venoit de quelque lieu là où il en avoit ouy parler.

Presentement le menèrent au logis de monsieur Guyot et le firent diner avec eux, en devisant toujours de ceste affaire. Apres le disner faict, ils luy donnèrent dix escuz pour qu'il les menast là où elle estoit. Incontinent le pauvre passant, bien rejouy, leur respondict qu'il les meneroit tout droict où elle se treuvoit. Le lendemain monsieur Guyot, monsieur Guillard, monsieur de Bordes, et plusieurs autres de ses parens, montèrent à cheval au nombre de treize, et le passant avec eux, et chevauchèrent tant qu'ils arrivèrent à quatre lieues près, et firent ainsy seize lieues. Le lendemain à sept heures furent à la porte du chasteau de Mesnil. Ils se trouvoient fort empeschés sur le moyen de parvenir à luy parler, parce qu'ils n'estoient pas asseurez qu'elle fut audict chasteau, et ils craignoient la fureur de M. Basseville, d'autant que la fille perdue luy avoit esté refusée pour femme, et mesme qu'il y avoit longtemps qu'on ne l'avoit veu frequenter la maison de M. Guyot, comme ils pensoient.

Et fortune voulut qu'ils se fussent levez encore plus matin qu'eux, car ils venoient de l'eglise espouser sa fiancée, et estoit le chasteau tant plein de noblesse que c'estoit merveille à ouyr le bruict du monde et la musique quy retentissoit dedans, du costé de M. de Basseville, quy l'assistoient. Au mesme instant sortit du chasteau l'homme de chambre de M. de Basseville, quy treuva ces seigneurs à la porte, et leur demanda ce qu'ils demandoient. Ils luy respondirent qu'ils vouloient parler à mademoiselle Ysabeau, qui estoit en ceste maison. Ce qu'entendant, l'homme de chambre de la mariée, en souspirant, respondit ouy. Incontinent il monta en haut, où il les treuva qui parloient de leurs amours. Incontinent, Monsieur luy demande ce qu'il luy vouloit dire ; et fut suivy ledict homme de chambre de plusieurs seigneurs quy montèrent avec luy pour entendre quy estoient ceux quy attendoient à la porte du chasteau.

Alors il commença à dire : Monsieur, il y a nombre d'honnestes gens à cheval quy demandent mademoiselle Ysabeau, et quy sont venus expressement pour luy parler. Se sentant blessée de la faute qu'elle avoit faicte, alors la demoiselle, entendant ces parolles, se jetta à l'instant au col de son époux, luy disant : Helas! mon Dieu! mon amy, que feray-je? C'est M. Guyot, mon père, quy me vient chercher. — A la bonne heure, il sera le très bien venu avec toute sa compagnie : il vous trouvera en un bon ordre et bonne compagnie. Sur ce, promptement fit aller ouvrir la porte du chasteau, et allèrent les recevoir tous deux ensemble, baiser les mains de M. Guyot et à toute sa compagnie ; ce quy se fit tant d'une part que d'une autre avec grande rejouissance de M. Guyot d'avoir retreuvé sa fille en si belle assistance de noblesse et très belle alliance. Incontinent et à l'heure sortit mademoiselle Ysabeau de sa chambre et s'alla jeter à genoux devant son père, luy demandant mercy de la faute qu'elle avoit commise.

Mais le pardon fut aisé à obtenir d'un père quy ne demandoit que l'avancement de sa fille, et surtout la voyant en telle pompe et si bien accompagnée, chose quy ne luy estoit pas trop commune.

Ainsy la tristesse et la fascherie se convertirent en joye et en allegresse pour chacun. De cette façon fut mariée et de cette façon fut assistée la fille de monsieur Guyot.

L'Ordre du Combat de deux gentilz hommes faict en la ville de Moulins, accordé par le Roy nostre sire [1].

François fera fermement florir France.
Raison regnant riche roy regnera,
Aymant accordz acquerra alliance,
Nostre noble noblesse nourrira,
Croyant conseil criminelz chastiera,
Ostant oultrages, oppressions, offence,
Incessamment juste justice ira
Si seront seuls soustenus sans souffrance.

Le camp a barrières dedans la court du chastel.
Les deux combattans l'on nomme le seigneur de Sarzay[2], et

[1]. Ce duel eut lieu en 1537, le 14 janvier. (Vulson de la Colombière, *le Vray théâtre d'honneur et de chevalerie*, t. 2, p. 409.) Il eut alors un long retentissement, parceque c'est un des derniers qui furent faits par ordonnance du roi. (Allier et Batissier, *Bourbonnois ancien et moderne*, t. 2, p. 46.) Brantôme en a parlé dans son *Discours sur les duels*.

[2]. Hélyon de Barbançois II, seigneur de Sarzay. Il étoit

l'autre, François de Sainct-Julian, seigneur de Denyères[1].
Ledit Sarzay, assaillant ; ledict de Denyères, deffendant.
Le seigneur de Dillebon[2], prevost de Paris, parrain dudit Sarzay.
Le capitaine Bonneval, parrain dudit Denyères.

Maistres du camp : Monseigneur le connestable[3] ; Monseigneur Loys de Nevers ; Monseigneur le conte de Sainct-Pol[4] ; Monseigneur le marechal d'Anebault. Chacun d'eulx une halebarde et vestus de mesme parure, assavoir : d'une saye de velours figuré avec parement et pourmailleure en plates bordures de fil d'or auxditz connestable et de Nevers, et de fil d'argent aux deux autres. Deux eschauffaults : l'ung pour le roy et les princes, et l'aultre pour les quatre herauls d'armes.

Le matin, après soleil levé, entra ledit Sarzay en la cour, passant par le camp, allant à la chambre de la retraicte, conduit et accompagné des tabourins et phiffres du roy et son parrain, avec grosse compaignie de

---

d'une famille originaire de la Marche, qui, dès le XIIe siècle, étoit venue habiter, dans le Berry, la terre de Sarzay, dont elle avoit pris le nom. (La Thaumassière, *Hist. du Berry*, p. 602.)

1. La Colombière l'appelle de Veniers, et c'est, en effet, son véritable nom.
2. Le seigneur de Villeban ou de Villebon.
3. Anne de Montmorency, qui venoit d'être fait connétable.
4. Le comte de Saint-Pol, duc d'Estouteville.

gentilz hommes, ses parens et amys, et bon ordre, car à la dicte heure convenoit se comparoir, et devans soleil couchans rendre son ennemy vaincu. Tantost après arrive Denyères, en semblable ordre comme dessus, avec son parrain; à l'eschauffault des quatre herauls estoient aux deux coings fichez en deux tableaux les armes des deux combattans; tost après sonnent trompettes et clerons par les quatre herauls par trois fois, et lors est publié l'arrest du roy par luy donné en son conseil privé, par lequel le seigneur de Chasteauroux [1], demandeur en cas d'honneur, est declaré et deschargé par le roy du faict contre luy mys en avant, qu'est de la fuyte au roy de la bataille de Pavie [2] et la querelle demou-

1. Messire Jean de La Tour, seigneur de Châteauroux.
2. « L'occasion de leur combat, dit La Colombière, fut que Sarzay, parlant du sieur de La Tour, avoit dit qu'il s'en estoit fuy de la bataille de Pavie; sur quoy, La Tour l'a fait appeler devant le roy, et luy demande s'il a tenu ce discours. Il répond que ouy, et qu'il l'avoit ouy dire à Gaucourt. Il semble donc que c'estoit à La Tour à s'en esclaircir avec Gaucourt; neantmoins, Gaucourt appelé, ce fut Sarzay qui luy demanda s'il n'estoit pas vray qu'il luy avoit dit que La Tour s'en estoit fui de la bataille. A quoy La Tour respondit sans l'advouer ni desadvouer : « Vous avez dit vous-mesme que vous le teniez de Veniers. » — « Il est vray, repartit Sarzay; Veniers me l'a dit. » Alors Gaucourt, ayant remonstré que, puisque Sarzay advouoit le tenir de Veniers, il n'estoit plus tenu de respondre, fut renvoyé, et Veniers incontinent appelé, qui donna un dementy à Sarzay.

« Pour en connoistre la verité et sçavoir entre eux qui estoit le faux accusateur, le roy ordonna que Veniers et Sarrant à desmesler entre ledict Sarzay et de Denyères, jusques au combat en quoy le roy, par ledit arrest, proposoit les recevoir. Après vint ledit assaillant, accompaigné de tabourins, phiffres, herauls, et la compaignie devant dicte, armée de hallecret[1], tassettes[2] et cotte de mailles[3], la teste descouverte, sans baston nul, faire la monstre à l'entour de la lisière du camp par le dehors, sans entrer dedans, puis s'en retourne à sa retraicte. Tantost après, autant en faict le deffendeur, et par aprez, eulz retirez, publie l'edict de par le roy monseigneur le connestable et mareschauls de France, à tous les assistans pendant le combat, ne mouvoir, ne faire signes de

zay combattroient en champ clos ; et ce qui obligea ce brave et vaillant prince à leur donner si facilement le combat, fut qu'aucun de ces trois accusateurs ne s'estoient trouvés à la bataille de Pavie, mais estoient demeurez à leurs maisons bien à leur aise et bien esloignez des coups. Pourtant ils s'émancipoient de blasmer ceux qui s'y estoient trouvés, quoiqu'ils ne pussent pas bien juger de ceux qui avoient fuy ou combattu. »

1. Corselet léger fait de mailles.

2. Les *tassettes* étoient le rebord de l'armure, rabattus sur les cuissards. Plus tard on appela ainsi les basques du pourpoint.

3. « Veniers, est-il dit dans *le Vray théâtre d'honneur*, porta les armes dont on estoit demeuré d'accord, à sçavoir : un corcelet à longues tassettes, avec les manches de mailles et des gantelets, le morion en teste, une espée bien trenchante à la main droite, et une autre plus courte à la gauche. »

pieds ne de mains, ne parler, ne tousser, moucher et cracher, sur peine d'avoir le poing couppé. Après revient l'assaillant, accompaigné comme dessus, cabasset [1] en teste, que de rechief fait monstre, comme dessus, et puis entre dedans le camp en un carré, où il se assiet dedans une chaire sans baston ; après vient le deffendeur, en pareil ordre, et se assiet dedans le camp, à l'autre carré opposite. Euls là estans, est parlementé au roy de la manière des armes par lesditz quatres maistres du camp, et deux parrains est trouvé, et dict que le deffendeur doit choisir. Le dit deffendeur dit qu'il veult combattre avec deux espées nues à chacune main nue pour le premier combat ; et, pour le second, une espée à une main et ung poignard à l'autre. Les deux espées sont parties à l'assaillant et mises au poing, *idem* au deffendeur. Cela faict, est publié un autre edict par les hérauls, de par le roy, et comme dessus, de la permission du combat, signifiant que les dictes armes du vaincu seroient trainées et villanées, et celles du vainqueur exaltées, et le dit vaincu, mort ou vif, pugny à la discretion du roy. Le prevost de Paris, parrain dessus nommé, prent l'assaillant à costé, le meine tournoiant à l'assaut ; *idem* en fait le dit deffendeur, et cependant crioyt ung herault par trois fois : Laissez-les aller, les vaillans combatans ! Et tant les laissent aller, et commencent à ruer grands coups ; fust blessé le deffendeur au pied gauche, jusques à grant effusion de sang, un grand coup qui vint cheoir de dessus la teste sur la cuisse et sur le

---

1. Sorte de casque ou de *heaume*.

pied vers le tallon[1]. Le roy, voyant ce, leur cria qu'ils cessassent, et jetta ung baston qu'il tenoit du camp[2]. A tant se rapprochèrent les quatres maistres du camp et les deux parrains, qui les departirent et les retirèrent en leurs premiers lieux. Après le roy declara qu'il n'y a vaincu ne vainqueur, et les repute gens de bien tous deux et gentilz hommes ; dit qu'il se contente d'euls et leur deffend ne plus eulx molester. Et à tant sont tous deux mis hors du camp l'ung quant et l'autre, signifiant egalité ; pendant le combat les archiers estoient à l'entour du camp par le dehors faisant lisière. Depuis ordonna le roy à monseigneur le connestable mander le dit Sarzay à son lever le lendemain au matin, et vouloit qu'il luy fust baillé cinq cens escus et autant au dict Denyères[3], et pour ce que les aucuns dispu tient du combat, di-

---

1. C'est Veniers qui reçut ce coup. On ne put étancher la plaie, et il en mourut.

2. « Ils s'abordèrent très courageusement, dit Vulson de La Colombière, et combattirent avec leurs deux espées ; mais avec si peu d'adresse, comme gens qui n'estoient pas fort usitez à se servir de telles armes ; ce qui les obligea enfin à les quitter pour se prendre au corps, et alors, Veniers ayant déjà le poignard au poing, et Sarzay aussi tirant le sien, le roy, ne voulant qu'ils passassent plus avant, jeta son baston entre les deux combattans, et tout incontinent ils furent separez par les gardes du camp. »

3. « Ils furent menez devant le roy, qui les mit d'accord, remettant en son honneur le sieur de La Tour, Sa Majesté affirmant devant tous les courtisans qu'il l'avoit vu le jour de la bataille faire son devoir près de lui. » (La Colombière, *id.*)

sant que le dit Denyères estoit vaincu, et que sur ce dresseroient querelles, le roy le lendemain fist crier et deffendre à son de trompe, sur grosses peines, de ne blasmer du dict combat l'ung non plus que l'autre [1].

1. Ce combat, selon La Colombière, se voyoit encore, au XVIIe siècle, représenté dans une galerie de l'hôtel de Montmorency.

La Responce des Servantes aux langues calomnieuses qui ont frollé sur l'ance du panier ce caresme; avec l'Advertissement des Servantes bien mariées et mal pourveues à celles qui sont à marier, et prendre bien garde à eux avant que de leur mettre en mesnage.

A Paris.

M. D. C. XXXVI. In-8.

Dame Lubine, estant revenue de pasmoison, commence à eslancer un soupir qui provenoit de son debile estomach; avec un visage pasle et decoloré, elle se force de recognoistre cette assemblée et de leur dire : Mes très chères sœurs et bien aymées, qui est la cause que l'on nous a tant couchées sur le tapis, n'est-ce point quelque chetif vendeur de gazette qui auroit prins l'asseurance et qui se seroit émancipé de mettre le pied dans nos fameuses assemblées, et de vouloir faire des trophées du gouvernement de nos assemblées?

Elle n'eut pas plustost achevé sa harangue, qu'une petite camuze de la rue Aubry-Boucher, s'efforça des premières à dire : La patience surmonte toute chose. Je cognois bien le personnage ; pour mon particulier, je ne m'en soucie guères, car nos maîtresses ne sont pas si depourveues de jugement de croire tout ce qui se publie contre nous, car le papier est aussi doux qu'une fille de seize à dix-sept ans. Tous ces discours ne me soucient pas tant que je me soucie que le jour de la chaire Saint-Pierre je perdy vingt et deux quarts d'escu à la blanque : j'allois pour acheter du linge et pour me faire une hongreline [1] ; je ne reportay qu'une boete peinte qui vaut bien cinq ou six sols.

Une autre de la rue de la Cossonnerie dit : Il ne faut pas aller si loin pour perdre son argent. Samedy dernier je passay sur le pont de bois [2] : un petit fripon disoit avoir trouvé une bague d'or avec un mancheron [3], où il y avoit une bloque de cuivre doré. Je croyois avoir pris la mère au nid ; le tout me couste neuf quars d'escu et demy, et je refuze douze sols du mancheron et deux carolus de la bague : n'est-ce pas une bonne journée

Sur ce propos, vint Marion Soufflé, qui demeure

---

1. C'étoit une camisole à longues basques, comme celle que portent les Hongroises.

2. Sans doute le Pont-Rouge ou Pont-Barbier, qui se trouvoit en face de la rue de Beaune. En 1636, il n'étoit établi que depuis quatre ans. Sa frêle charpente ne résista pas plus d'un demi-siècle. Après avoir été souvent ébranlé, et même à demi détruit, il fut emporté par la débâcle de 1684. V. *Lettres de Sévigné*, 1er mars 1684.

3. Sans doute un petit manchon s'attachant par une boucle à la ceinture.

en la rue des Graviliers : J'ay esté dix-huit mois à ferrer la mule ; mes gaiges et tous mes profits montoient à trente-sept escus. J'ay acheté un demy ceing qui me coustoit trente et un escus, et demy douzaine de chemizes ; vendredy, allant au cimetière Saint-Jean, l'on a coupé mon demy ceing, et deux pièces de cinquante-deux sols, qui faut que je rende à ma maistresse.

Après il vint Alizon Gros-Pet : Je voudrois que l'inventeur de cela fust en Tartarie, où les chiens pissent le poix. Depuis le commencement de caresme, je perds plus de six escus, car ma maistresse va tous les jours à la halle, et moy après elle avec un grand panier ; je ne gaigne pas pour faire mettre des bouts à mes souliers depuis que je ne gouverne plus l'ance du panier.

Il y survint Janneton Boursouflée, qui demeure à la porte Baudets : Que le grand diable emporte la reformation et ceux qui en ont amené l'usage ! car il faut que je fasse un autre mestier pour gaigner de l'argent, puisque je ne puis plus ferrer la mule ; il faut que je rende conte jusques à une botte d'alumettes.

Après, il vint Nicolle Bec-Gelé : Mais d'où est ce malencontreux qui a fait mettre nostre pauvre compagnie sur le tapis ? et que devant hier ce pauvre miserable faisant ses necessitez à la porte d'un escorcheur de chiens, une grosse carongne de mal coiffée de servante luy fit un casque d'un pot plain de merde ; voylà la cause de nostre sinistre affliction.

Après, Nicolle Soupe-Tard dit : Falloit-il pour

une apprentie servante nous mettre tous sur le tapis et servir de risée à tout le monde? Depuis le premier siècle, l'on n'a jamais ouy tant bruire de crier par les rues : tantost en voylà une qui n'est que trois semaines à une maison ; tantost l'autre est trop salle ; tantost l'autre est trop friande ; et tantost l'autre est larronnesse ou est trop gourmande, elle avalle une andouille tout à la fois ; ou l'autre est trop amoureuse, ou l'autre ne fait que riotter[1] avec les garçons et ne fait que amuzer les serviteurs, ou est trop glorieuse ou trop delicate pour estre servante, ou est trop rude aux enfants, ou est trop paresseuse, ou il faut que l'on aille vilotter, tantost voir ma sœur ou ma cousine. Ont-ils esté six mois en une maison, ils font comparaison avec le maistre et ne tiennent plus conte de rien faire. Si c'est la fille de quelque meschant savetier, elle a un demy ceing de quarante ou cinquante francs sur ses costez ; la voyez-vous cheminer par les rues ! Voylà madame qui fait piaffe[2], et elle marie à quelque porteur d'eau. Est-elle dix-huit mois en mesnage, a-elle eu un enfant, voilà ma pauvrette et glorieuse de servante à la merde jusques aux oreilles.

1. Quereller, disputer. Je croirois plutôt qu'il faut lire *rioller*, c'est-à-dire se mettre en joie. Les ouvriers disent encore *être en riolle* dans le même sens.

2. Par ce mot on entendoit l'ostentation dans les habits :

Le peu qu'ils ont est pour la bonne chère ;
Vaine piaffe emporte le meilleur,
Et le fripier fait tort aux rotisseurs.

(Du Cerceau, *les Bottes de foin*, conte.)

Si c'est la fille de quelque crocheteur qui serve à quelque bonne maison, et que de petite marmitonne elle parvienne à estre fille de chambre, elle se fardera aussi bien que sa maistresse, et elle se fera croire qu'elle sera la fille de quelque bon marchant; toutefois elles ont raison, car leur père sera marchant de paille, de cotterests ou de fagots; il se trouvera quelque valet de chambre qui aura bonne mine, et rien plus, croira que ma glorieuse aye force pistoles, et n'aura que le cul et trois ou quatre paires de meschans habits, la prendra en mariage. Ont-ils esté un an et demy, ont-ils grugé leur fait, il n'y a plus personne au logis, il faut vendre tout pièce à pièce, et puis mon cadet se met au regiment des Gardes, et ma glorieuse, toute crottée, salle, puante de pauvreté, sera bien heureuse de trouver quelque maison de procureur pour estre servante de cuisine.

Si c'est la fille de quelque fruicterie, et que pour l'honneur de Dieu l'on la prenne en quelque bonne maison pour nettoyer les souliers, ou bien laver la vaisselle, et qu'elle parvienne à estre servante de cuisine, a-elle esté deux ou trois ans à cet exercice, elle deviendra glorieuse, sans faire semblant de cognoistre ses parens, voire sa propre mère, qui demandera un pauvre morceau de pain à la porte du logis, et elle s'amusera à se faire brave aux despens de l'ance du panier; après, aura-elle ferré la mule, il faut faire l'amour et attraper le cocher ou le cuisinier du logis; sont-ils mariez, ils auront soixante ou quatre-vingts escus, il faut faire bonne chère et ne rien faire tant que l'argent dure; au bout de quatre ou cinq mois, ils ont un petit Populo, car ils ont commencé de bonne heure à faire cet enfant ; l'argent est-il mangé, il faut commencer à vendre la chaisne des ciseaux[1], et après les chaisnes du demy ceing ; tout est-il frippé, il faut vendre le corps, il n'y a plus que le fagot qui demeure par après ; tout cela est-il fricassé, s'il y a quatre ou cinq bagues d'or, il les fault aller vendre chez l'orphèvre l'une après l'autre, et après il en ira acheter à dix-huit deniers ou à deux carolus la pièce soubs les charniers Sainct-Innocent; cela fait, faut vendre la meilleure des cottes ; tout est-il mangé, on ne dit plus : ma fille, ny mon petit cœur, ny m'amour, ny ma mignonne ; Martin-Baston est employé et marche plus souvent que tous les jours. Et puis les maudissons vont leur train l'un à l'autre tous les jours à la maison : Et va, carongne ! — Tu en as menty, fils de putain ! tu as tout mangé mon bien ! — Vous avez menty, vesse ! vous avez tousjours dormy jusques à dix ou unze heures ; mais, par la serpe-bleu, je vous romperay le col, double chienne. Et le mary s'en va à la guerre, et ma pauvre diablesse reduite à la porte

---

1. Toute servante un peu huppée s'attachoit ses ciseaux sur le côté avec une chaînette d'argent. De plus pauvres, comme Marinette, se contentoient de la chaîne de laiton que leur donnoit Gros-Réné.

2. V., sur cette parure des servantes, notre tome 1er, p. 317-318. « C'étoit, dit Cotgrave, une sorte de ceinture dont tout le devant étoit d'or ou d'argent et dont l'autre partie étoit de soie. » On l'enjolivoit encore, comme on le voit ici, de chaînes et de brimborions. C'étoient les premières choses vendues dans les temps de détresse.

d'une eglise, avec trois ou quatre enfans : voylà une de ces pauvres glorieuses.

Si c'est la fille de quelque vendeuse de lunettes, et qu'elle demeure chez quelque bon marchant, elle a bien moyen de ferrer la mule, car sa maistresse est tousjours au contoir; elle sera six mois à faire la bonne menagère, après elle se frotte au pillier, c'est encore pis que les filles de chambre et de cuisine; elles s'amuseront à faire comparaison au maistre du logis, ou bien au fils du logis, ou à quelques garçons de la boutique, et la maistresse, voyant tout cela, luy donne son sac et ses quilles. Et ma pauvre fretileuse sera deux ou trois mois sans trouver condition; elle mangera tout son fait jusques à ses habits. Il faut aller aux recommandaresses[1] pour trouver condition, quelquefois trois semaines sans rien trouver, et ce passer à manger pour un sol de pain et boire de l'eau tout le saoul : voilà ma petite trotteuse bien esbahie. Quelquefois elles seront bienheureuses de demeurer chez quelque cordonnier ou savetier. Ont-elles passé l'hiver de la façon, ont-elles deux ou trois escus, il faut avoir une cotte et quelque meschante hongreline à la fripperie, et de là chercher quelque meilleure condition. Sont-elles r'adressées à quelque bonne maison, ils ne se souviennent plus du mauvais temps; elles sont plus glorieuses que jamais, et ferrer la mule comme il faut et amplir leur bource; après il viendra quelque compagnon cordonnier, tailleur, serrurier, ou savetier, ou marechal, pour luy faire l'amour; vous luy

---

1. V., sur ce mot, notre tome 2, p. 237-238.

verrez faire la roue comme un paon, sur l'ombre qu'elle aura soixante ou quatre-vingts escus; neantmoins l'amour luy commande de se marier; elle est si transportée qu'elle ne se soucie des moyens ny du travail, pourveu qu'elle aye un beau polly, et qui luy mange bientost son faict. Voylà mariée, il faut porter le mouchoir de col, les cheveux aux boufons[1]; il est question d'aller promener à Vanve, à Vautgirard, à Gentilly, à Belleville-sur-Sablon[2]. A-elle un petit enfant, l'a-elle nourri quatre ou cinq mois, ont-ils tout grugé, il faut que le pauvre mary s'en retourne travailler chez les maistres, et ma petite muguette envoye son enfant nourrir au village, et elle est contraincte d'aller estre nourrice chez madame. Voylà un très bon menage. Prenez-y bien garde, mes petites glorieuses.

1. C'est-à-dire à coques bouffantes.
2. Ce sont toujours les mêmes parties fines où s'en va la servante, donnant le bras à quelque soudard, comme on le voit dans *l'Apologie des chambrières qui ont perdu leur mariage à la blanque*:

> Pour danser pavane et vert gay,
> Le mois de may, au vert boscage,
> Escoutant le pinson ramage
> Et cueillant le gentil muguet.

Nouveau Reglement general sur toutes sortes de marchandises et manufactures qui sont utiles et necessaires dans ce royaume, representé au roy pour le grand bien et profit des villes et autres lieux de la France; par M. le M. de la Gomberdière.
A Paris, chez Michel Blageart, ruë de la Calandre, à la Fleur de lys.

M. DC. XXXIV. In-8.

IRE,

Dieu a tellement et abondamment versé ses sainctes benedictions sur vostre royaume, qu'il semble qu'il l'aye designé pour avoir de l'authorité et du commandement sur tous les autres de l'univers, l'ayant si bien constitué et pourveu de tout ce qui est utile et necessaire pour la vie et l'entretien de vos peuples, et en telle abondance, que l'on peut veritablement dire que c'est la seule monarchie qui se peut passer de tous ses voisins, et pas uns ne se peuvent passer d'elle.

Par exemple, Sire, il est très necessaire de considerer le peu de commoditez que tous vos sujets en general reçoivent des estrangers, et encore de se peu de chose ils peuvent leur en passer.

D'autre part, les grands moyens que nous avons en France de tirer des nations estrangères leur or et leur argent (et non pas eux le nostre, comme ils font tous les jours) par les ventes de nos bleds[1], vins, sels, pastels[2], toilles, draps[3], et d'un nombre infiny

---

1. Alors la France produisoit assez de blé pour en pouvoir exporter à l'étranger. On en a la preuve non seulement par ce passage, mais par plusieurs autres écrits du temps. Palma Cayet, dans sa *Chronologie septennaire* (1602, édit. Michaud et Poujoulat, p. 208), nous montre la France abondant « en blés, vins, huiles, fruits, légumes, guèdes ou pastels, outre les grandes et foisonneuses nourritures de bétail et haras. » Isaac de Laffemas, dans son *Histoire du commerce de France*, est plus explicite : « Il me semble, quant à moy, dit-il, que nous avons icy quantité de fer, de papier, de pastel, de bleds et de vins pour envoyer aux pays estranges, et que cela nous peut apporter un grand revenu. » (*Archives curieuses*, 1re série, tome 14, page 429.)

1. La culture du *pastel* étoit une immense richesse pour les environs de Toulouse, et surtout pour le pays de Lauraguais. On exportoit chaque année deux cent mille balles de ces *coques* par le seul port de Bordeaux. « Les étrangers en éprouvoient un si pressant besoin, que, pendant les guerres que nous avions à soutenir, il étoit constamment convenu que ce commerce seroit libre et protégé, et que les vaisseaux étrangers arriveroient désarmés dans nos ports pour y venir chercher ce produit. Les plus beaux établissements de Toulouse ont été fondés par des fabricants de pas-

de diverses marchandises et manufactures, desquelles vostre royaume peut facilement (et sans s'incommoder en aucune façon que se soit) les secourir, et desquelles marchandises et manufactures ils sont en necessité.

Neantmoins, depuis quelques années la grande negligence des François a fait desbaucher les ouvriers, desquels les estrangers se servent maintenant, comme de la drapperie de laines, toilles, gros cuirs, cordages[1], bonnetteries et autres diverses manufactures, qu'à present ils nous apportent en

tel. Lorsqu'il fallut assurer la rançon de François Ier, prisonnier en Espagne, Charles-Quint exigea que le riche Beruni, fabricant de coques, donnât sa caution. » (Chapsal, *Chimie appliquée à l'agriculture*, t. 2, p. 352.) — Le pays de la richesse par excellence, le pays de *Cocagne*, n'étoit autre que le Lauraguais, l'opulente contrée des *coques* de pastel. (Crapelet, *Dictons du moyen âge*, 1re édit., p. 47.) Quand on vouloit montrer qu'un homme étoit riche et cossu, on disoit qu'il étoit bien *guédé*, c'est-à-dire semblable à quelque marchand de *guède* ou pastel. Peu à peu l'*indigo* finit par détrôner ce riche produit. (Savary, *Dict. du commerce*, aux mots *Cocaigne*, *Pastel*.)

1. Malheureusement, l'exportation des draps étoit interdite. « Il ne nous est permis, dit Montchrestien, de porter en Angleterre aucune draperie, à peine de confiscation; au contraire, les Anglois, en pleine liberté, apportent en France toutes telles draperies qu'il leur plaist, voire en si grande quantité, que nos ouvriers sont maintenant contraints pour la plupart de prendre un autre mestier, et bien souvent de mendier leur pain. » (*Traicté de l'économie politique*, s. d., in-4, 2e partie, p. 92.)

1. Sous Louis XIV, nous manquions tellement d'ouvriers

telle quantité, qu'ils enlèvent la plus grande partie de l'or et argent de vos subjects, et icelles marchandises et manufactures se faisoient par cy-devant en vostre royaume, ce qui maintenoit vos peuples argenteux, faisoit vivre et employer les pauvres, si bien qu'à present il s'en voit une si grande abondance de toutes parts [1].

Nous avons les moyens plus faciles que toutes les nations du monde pour manufacturer toutes sortes d'estoffes et marchandises qu'elles nous sçauroient fournir, et de les réduire à meilleure condition, d'autant que nous pouvons prendre tout ce qui est necessaire pour cet effet sur nous, sans les requerir d'aucunes choses, ce qu'elles ne peuvent faire.

L'Italie nous envoye et apporte une infinité de diverses sortes de draps de soye, comme toilles d'or et d'argent [2], sarges de Florence [3], et de Rome et

cordiers, dans nos ports, que Colbert fut obligé d'en faire venir, ainsi que des tisserands, de Hambourg, Dantzig et Riga. (Cheruel, *Hist. de l'administr. monarch. en France*, t. 2, p. 235.)

1. V., dans l'avant-dernière note, ce que dit Montchrestien de cette misère des ouvriers sans travail.

2. Dès le règne de Henri II, des fabriques de draps d'or et de soie avoient été établies à Lyon. (*Anc. lois franç.*, t. 13, p. 374.) — Mais sous Henri IV, à Paris même, cette industrie avoit pris une bien plus grande extension : « L'establissement de filer l'or, façon de Milan, qui se void introduit en la perfection et en grande quantité dans l'hôtel de la Maque, soubz le sieur Tirato, Milanois, qui faict espargner et fournir dans le royaume plus de douze cent mille escus par an, qui se transportoient pour avoir dudit fil d'or

SUR LES MARCHANDISES.

autres marchandises, de toutes lesquelles les François se peuvent très facilement passer.

Dans Paris[1], Tours, Lyon, Montpellier[2], et autres villes de ce royaume, se trouvent d'aussi bons et meilleurs ouvriers qu'il s'en puisse rencontrer pour faire des velours, satins, taffetas et autres marchan-

de Milan, pour ce qu'il est plus beau et à meilleur marché que celui qui se faisoit en France, en ce qu'on y employe la moitié moins d'or. » (*Recueil présenté au roy de ce qui se passe en l'assemblée du commerce, au Palais, à Paris*, faict par Laffemas, *contrôleur général dudit commerce*, Paris, 1604, in-8, § 6.) Palma Cayet (*Chronol. septennaire*, 1603, édit. Michaud, p. 253) parle aussi des sieurs Dubourg père et fils, établis comme Tirato, et pour la même industrie, dans la Maque. Cette immense manufacture étoit rue de la Tixeranderie (voy. notre *Paris démoli*, 2ᵉ édit., p. 333), et c'est sans doute avec intention qu'on avoit établi dans ce quartier de la misère une industrie capable, dit Laffemas le fils, « de faire vivre un nombre infini de pauvres. » (*Hist. du commerce*, loc. cit., p. 420.) — *La serge de Florence* étoit une sorte d'étoffe de soie épaisse dont on faisoit de grands manteaux et des mantelets. Elle étoit fort employée sous Henri III. V. L'Estoille, *Journ. de Henri III*, 24 juin 1584.

1. On y fabriquoit, dès 1602, toute espèce d'étoffes de soie, mais surtout des satins, façon de Gênes. (Laffemas, *Lettres et exemples de la feue royne mère*, Archiv. cur., 1ʳᵉ série, t. 9, p. 131.) Quant aux villes de Tours et de Lyon, on sait de reste que la fabrication des soieries y étoit, dès lors, très florissante.

2. C'est vers 1592 qu'on avoit commencé d'y fabriquer « des velours, satins, taffetas, et autres marchandises de soie. » (Laffemas, *Règlement général pour dresser des manufactures en ce royaume*, etc., Paris, 1597, in-8, fol. 25.)

dises de soye, autant belles et bonnes qu'il s'en puisse faire dans l'Europe.

L'Allemagne nous fait amener des buffles[1], chamois, fustaines[2], bouccasins[3] et grand nombre de quincaillerie et autres diverses denrées.

Nous avons dans Poictiers nombre d'ouvriers qui accommodent les peaux de bœufs, vaches, chèvres, moutons et autres en façon de buffles[4] et

---

1. On faisoit avec le buffle tanné d'excellents justaucorps de guerre. On connoît la chanson de Bussy :
> Buffle à manches de velours noir
> Portoit le grand comte de More.

2. Les meilleures se faisoient, en effet, en France. « Et, quant aux futaines et autres manufactures de cotton, dit Laffemas le fils (*loc. cit.*), nous ne devons point permettre que les estrangers nous en fournissent. » Montchrestien dit d'une façon plus ferme encore : « Toutes les futaines et camelots se doivent fabriquer en ce royaume, où l'industrie en est fabriquée aussi bien et mieux qu'ailleurs, où la commodité est pareille et possible plus grande... On parle parmy nous de futaines d'Angleterre et de camelots de l'Isle ; mais on nous impose le plus souvent par l'estrangeté, car toutes ou la plupart de ces estoffes sont de la façon de France, et n'en sont pas pires. » (*Traicté de l'œconomie polit.*, in-4, 1re partie, p. 102-103.)

3. C'étoit une espèce de camelot, ordinairement noir, qu'on employoit comme doublure des manteaux de soie. Cette étoffe étoit déjà connue au moyen âge. (Fr. Michel, *Recherches sur le commerce..... des étoffes de soie*, in-4, t. 2, p. 47.)

4. « Un homme de Nerac, écrit Laffemas le fils, a endurcy les buffles et chamois à l'espreuve de la pique et de l'espée. » (*Hist. du commerce*, p. 419.)

chamois ¹, qui sont tous bons et de meilleur service que ceux qui nous viennent d'Allemagne et autres lieux ².

D'autre part, le Limosin et le pays de Forest sont plus que suffisants à fournir vostre royaume de toutes sortes de quincaillerie aussi belles, bonnes et bien faictes que l'on nous sçauroit apporter. Les Espagnols (meilleurs mesnagers que nous), pour trouver le bon marché, se viennent fournir de quincaillerie en ces deux provinces, pour porter aux Indes et autres lieux ³.

La Flandre, avec grand profit qu'elle gaigne sur nous par la vente de ses tapisseries, peintures, toilles, ouvrages et passements, dans lesquels il se fait une excessive despence (à quoy Vostre Majesté

1. Ce n'est pas seulement à Poitiers, mais aussi à Niort, qu'on faisoit d'excellents chamois. V. Savary, *Dict. du commerce*, à ce mot.

2. Laffemas le fils se plaint fort de ce que les cuirs de France « ont esté alterez de leur bonté. » Montchrestien s'en montre plus satisfait : « J'oubliois à parler de la tannerie, dit-il, art aussi necessaire que commun, lequel, pour le grand profit qu'il apporte, ne seroit point demeuré entier, comme il a fait jusqu'à present, en la main des François, si ceux qui l'exercent n'en avoient retenu, principalement dans les principales villes, la propriété libre et franche par le moyen de leurs exactes visitations sur les appresls des cuirs estrangers. » (*Loc. cit.*, p. 107.)

3 Les Espagnols emportoient des cargaisons de cette quincaillerie du Forez, dont le bon marché fut toujours proverbial, pour faire des échanges avec les nègres du Sénégal et des côtes d'Afrique.

a sagement et prudemment pourveu[1]), camelots, sarges, maroquins et autres marchandises, toutes lesquelles nous doivent estre comme indifferents.

Paris, dis-je, est maintenant sans pair par la manufacture des plus belles et riches tapisseries du monde et pour les tableaux les plus exquis. Nous avons aussi Sainct-Quentin, en Picardie; Laval, au Maine; Louviers, en Normandie, et autres lieux qui sont remplis d'un nombre infiny d'ouvriers, autant parfaicts en cet ouvrage qu'il s'en puisse trouver dans l'Europe, et de present il se fait des toiles aussi belles, bonnes et fines que celles qu'on apporte d'Hollande et autres endroits[2], et aussi qu'il y a

---

1. « Les marchands de Flandre faisoient avec nous de si gros profits que Henri IV avoit defendu, sous peines corporelles, toutes relations commerciales avec eux. » (Palma Cayet, 1604, *loc. cit.*, p. 285-287.) Il paroît que Louis XIII avoit maintenu cette prohibition rigoureuse. C'est surtout à l'occasion de l'établissement à Paris de la fabrique de tapisserie des sieurs Laplanche et Comans que Henri IV prit de sévères mesures contre les importations flamandes. (*Extraits des registres de l'Hôtel-de-Ville*, Biblioth. imp., fonds Colbert, vol. 252, p. 533-534.) On menaça d'expulsion « les tuisliers et tapissiers flamands qui ne vouloient laisser le secret de leur industrie en France. » Ceux qui se soumirent obtinrent seuls des lettres de naturalité. (Laffemas, *Recueil présenté au roy*, etc., § 10.)

2. Ce passage prouve que ce que Laffemas ne faisoit qu'espérer en 1604 s'étoit réalisé. « La manufacture nouvelle de toiles fines et façon d'Hollande, et autres semblables, qui sont si chères, dit-il, ne s'est faite jusqu'à present en France, et sommes contraints de les achepter des estrangers, où il se transporte une grande quantité d'or et d'argent, com-

dans les provinces de vostre royaume quantité de lins et chanvres plus commodement que dans la Flandre et Pays Bas.

Pour les ouvrages et passemens, tant de point-couppé [1] qu'autres, dont l'excessive despence, ainsi que dit est, a porté judicieusement Vostre Majesté, pour oster le cours d'icelle (dont la despence pouvoit avec le temps incommoder plusieurs familles [2]),

bien que nous en ayons les lins et autres principales étoffes abondamment en France plus que lesdits estrangers, qui les viennent prendre et achepter de nous pour les nous remettre manufacturés incontinent après, et y gagnent le quadruple et plus; ce qui ne procède que de la seule industrie de les blanchir, façonner et polir. Mais il s'est trouvé deux riches marchandz qui ont entrepris de les faire filer, manufacturer, blanchir et façonner dans les faubourgs de la ville de Rouen, en telle quantité qu'ils en fourniront la France. Leurs mémoires et propositions ont esté examinés et deliberés en la compagnie desditz sieurs commissaires par commandement et renvoy à eux faict par Sa Majesté. Ils en ont donné leur advis soubz le bon plaisir de sa dite Majesté, duquel ils espèrent qu'il parviendra un grand tresor à la France quand il sera executé. » (*Recueil présenté au roi...* § 24.)

1. C'étoient des passements de fil très délicatement travaillés et fort chers, pour lesquels nous étions encore tributaires de la Flandre. (P. Paris, *Manuscrits françois de la Biblioth. du roi*, t. 4, p. 379.)

2. Laffemas (*Règlement général*, etc.) évalue à huit cent mille écus la dépense annuelle de ces passements de toutes sortes, des bas de soie, etc. Montchrestien l'estime plus d'un million. (*Traicté d'œconomie polit.*, 1re partie, p. 102.)

d'en deffendre l'usage, par vostre Declaration du dix-huictiesme novembre 1633, verifiée en vostre Parlement de Paris le douziesme decembre ensuivant[1];

Pour empescher icelle despence, il y a toute l'Isle de France[2] et autres lieux qui sont remplis de plus de dix milles familles dans lesquelles les enfans de l'un et l'autre sexe, dès l'âge de dix ans, ne sont instruits qu'à la manufacture desdits ouvrages, dont il s'en trouve d'aussi beaux et bien faits que ceux des estrangers; les Espagnols, qui le sçavent, ne s'en fournissent ailleurs[3].

1. C'est un édit dans le genre de celui précédemment rendu (voy. *Caquets de l'Accouchée*, édit. Jannet, p. 181-182) et de cet autre qui donna lieu à la *Révolte des passements*, pièce que nous avons publiée dans notre tome 1er, p. 224.

2. Il y en avoit surtout un grand nombre à Paris même, dans le faubourg Saint-Antoine. (V. *Révolte des passements*, loc. cit., p. 240.) Sous Louis XIV, cette colonie s'augmenta beaucoup encore lorsque la nourrice du comte d'Harcourt, Mme Dumont, arrivant de Bruxelles avec ses quatre filles, eut obtenu par privilége le droit d'établir dans le même faubourg des ateliers de dentelles. « Seize cents filles, dit Voltaire, furent occupées des ouvrages de dentelles. On fit venir trente principales ouvrières de Venise et deux cents de Flandre, et on leur donna trente-six mille livres pour les encourager. » (*Siècle de Louis XIV*, ch. 19.[1] — A Louvres-en-Parisis, à Villiers-le-Bel, on faisoit des dentelles de soie. (Savary, *Dict. du commerce*, au mot *Dentelle*.)

3. Les Espagnols, on l'a déjà vu, se fournissoient de beaucoup de choses en France. Les magnifiques *pannes* dont

SUR LES MARCHANDISES.

Amiens peut aussi fournir de camelots[1], serges, toilles, et d'un grand nombre de diverses sortes de marchandises[2], dont les manufactures donnent les moyens de vivre à un grand nombre de familles qui sont residentes dans ladite ville, et fait que les nations estrangères viennent en icelle faire de grandes emplettes, ce qui rend ladite ville riche, et seroit à desirer, Sire, que les autres villes de vostre royaume fissent le semblable.

Dans les villes de Roüen et La Rochelle, pour ce qui est des maroquins, il s'y en fait d'aussi bons et beaux que ceux qui nous viennent de Flandres, et les pouvons avoir à meilleur marché, si les ouvriers qui sont dans lesdites villes estoient employez[3].

L'Angleterre nous envoye tous les ans plus de deux mille tans navires que vaisseaux, chargez de diverses marchandises manufacturées, comme draps,

---

les plus riches se faisoient des manteaux, ils les achetoient à Tours. (Richelieu, *Maximes d'Etat*, chap. 9, sect. 6.)

1. Les *camelins* d'Amiens étoient déjà célèbres au moyen âge. (Ducange, au mot *Camelinum*; le *Roman du Renart*, édit. Méon, t. 4, p. 56.)

2. Il y avoit aussi d'excellents tisserands et *musquiniers*. V. leurs statuts (1502), Aug. Thierry, *Hist. du tiers-état*, t. 2, p. 490-493.

3. C'est à peu près ce que dit Laffemas le fils pour tous les cuirs en général. « Nous avons, écrit-il, s'adressant au roi, nous avons encore les cuirs, qui s'offrent (si on remet les tanneries en leur ancien estat) de rendre une incroyable richesse à vos sujets. » (*Hist. du commerce*, Arch. curieuses, 1re série, t. 14, p. 419.)

estamets, sarges, bas de soye et d'estames, fustaines[1], burals[2] et autres denrées[3].

Le Berry[4] et la Normandie[5] nous peuvent fournir de draps aussi fins et de meilleurs services que ceux d'Angleterre.

Sommières, Nismes[6], Sainct-Maixant, Chartres, et plusieurs autres villes de ce royaume, fabriquent

1. Il a déjà été parlé plus haut de ces *futaines d'Angleterre*. Nous ajouterons ici ce qu'en dit Laffemas : « Les futaines d'Angleterre sont ainsi appelées, combien qu'elles soient manufacturées en France, en Italie et en Allemagne en bien plus grande perfection qu'audit pays d'Angleterre, où il ne s'en fait quasi point ; mais elles y sont toutes portées pour un secret qu'ils avoient seuls au pays d'Angleterre de les sçavoir teindre, apprester et friser en perfection ; mais ce secret est descouvert et introduit en France... » (*Recueil présenté au roi...*, § 23.)

2. *Buraux, bures.*

3. Il n'y avoit guère que la moire qu'on ne faisoit pas encore aussi belle qu'en Angleterre. (Richelieu, *Maximes d'Etat*, chap. 9, sect. 6.)

4. A Bourges, avec les laines du Berry, « fines et luisantes comme de la soye » (J. Toubeau, *les Institutes du droit consulaire*, 1678), on fabriquoit de fort bon drap, façon d'Elbeuf. V. *Dict.* de Savary, art. *Drap*.

5. La réputation des draps d'Elbeuf et de Louviers étoit déjà commencée.

6. On y fabriquoit de belle écarlate. Monteil possédoit l'original d'une ordonnance de l'intendant Baville, commandant à Fraisse, fabricant de draps à Nîmes, deux pièces de drap écarlate pour Louis XIV. (*Hist des Français des divers états*, 3e édit., XVIIe siècle, notes, p. 61, n° 43.)

des sarges aussi fines et meilleures que celles que les estrangers nous sçauroient fournir, et à beaucoup meilleur marché.

La duché d'Estampes et pays de Dourdan est remply d'un nombre infiny de personnes qui s'occupent journellement de mieux en mieux à travailler en bas de soye et d'estame[1], dont la plus grande partie surpassent ceux de Milan, de Gennes, d'Angleterre et autres lieux.

Et ainsi, Sire, de tout ce qui est utile, tant pour les grands que pour les petits, vostre France est plus que suffisante d'en fournir tous vos sujets et les estrangers aussi, sans les requerir d'aucunes choses, et aussi qu'il n'y a ouvrages que ce soit que les François (s'ils veulent) ne contrefacent et rendent plus à la perfection que ne sçauroient faire toutes les nations du monde.

Le commerce ne laisseroit d'aller de part et d'autre ; les estrangers nous apporteroient de leurs marchandises et viendroient prendre en contreschange des nostres, et, par ce moyen, en chasque chose,

1. Laffemas, dans le *Règlement général pour dresser les manufactures en ce royaume...* (1597), parle de ces fabriques de *bas de soie et d'estame*, qui, depuis quelques années, s'étoient établies à Dourdan. — Dans le *Recueil présenté au roi...*, § 5, il rappelle aussi « les statutz et reglements faictz sur la manufacture des bas d'estame et de soye pour arrester les abbus et malversations qui s'y commettoient, et donner ordre à l'advenir que le public en soit mieux servy, et qu'elle se puisse continuer en la France en telle perfection que nous en puissions fournir aux pays estrangers. »

chacune leur prix, nos marchands pourroient gagner reciproquement sur les marchandises estrangères, comme celles qu'ils auroient fabriquées, et, ce faisant, le tout seroit reduit à meilleure condition, et ne se verroit des banqueroutes si ordinaires [1].

Mais, Sire, vostre royaume auroit beau estre le plus beau, le plus fertile et le plus opulent de l'Univers (ainsi que veritablement il est), si les François (vos sujets) ne remettent en valleur les travaux dans les manufactures, et d'employer eux-mesmes les biens que Dieu leur donne.

Pour ce faire, il est donc très-necessaire de nous passer de tout ce que nous prenons des estrangers, et les faire fabriquer et manufacturer parmy nous, ayant (comme dit est) les ouvriers et les matières en abondance dans vos provinces pour ce faire. Ce faisant, on employra le pauvre peuple, et le profit de leur employ les retirera de la grande pauvreté qu'ils souffrent, et leur donnera les moyens de subvenir à leurs necessitez.

Soubs le bon plaisir de Vostre Majesté, l'on establira dans les principales villes et autres lieux de vostre royaume des bureaux et maisons communes pour y faire travailler continuellement dans les manufactures, et commencer à celles qui nous sont plus utiles, employer en icelles nos laines et les soyes que nous peuvent fournir les provinces de

---

[1] Laffemas avoit déjà parlé, dans son *Recueil présenté au roi...* (1604), § 20, des moyens à prendre contre « les frauduleuses banqueroutes qui se font et desseingnent si communement aujourd'hui par la France. »

Tourraine, Lionnois, Provence[1], comté d'Avignon[2] et autres endroits de ce royaume; faire choix des plus capables ouvriers pour les establir dans lesdits bureaux et maisons communes, pour que chacun d'iceux puissent monstrer et enseigner leurs arts et mestiers aux peuples, qui seront destinez selon à quoy on les trouvera capable d'estre employez.

Et, de cette façon, la France (vostre royaume), avec le temps, sera remply et augmenté de toutes parts d'ouvriers qui se rendront parfaits dans les ouvrages et manufactures, ce qui obligera les estrangers à nous venir revoir (ainsi qu'ils faisoient le passé). En cette sorte, l'or et l'argent des François ne passera les frontières, et demeurera parmy nous pour subvenir aux necessitez du peuple.

Les villes et autres lieux où seront establis lesdits bureaux et maisons communes, par le travail et desbit des marchandises, deviendront riches et oppulents, par le moyen du grand abbord des peuples qui arrivera de toutes parts pour le trafic desdites marchandises; l'argent sera commun par tout; les peuples (pauvres par faute d'employ) seront sou-

---

1. L'assemblée du commerce de 1604 avoit été saisie par « homme qualifié et bien cautionné » du projet « d'establir en Provence... l'art de la soye avec cent atteliers des principalles manufactures d'icelle. » (Laffemas, *Recueil présenté au roy...*, § 19.) Nous ignorons quelle suite eut ce projet.

2. Avignon, en digne ville papale, avoit fabriqué de tout temps des ornements d'église. (J. Chartier, *Hist. de Charles VII*, in-fol., p. 83 [1435].) — Sous Henri III, on y fabriquoit du velours commun. V. *Archives curieuses*, 1re série, t. 9, p. 211.

agez, et vivront des travaux qu'ils pourront faire selon leurs forces et capacités, ainsi qu'il sera advisé par personnes judicieux, qui auront à leur rang l'administration desdits bureaux.

Si bien, Sire, que cet advis est le seul moyen de ne plus faire sortir l'or et l'argent de vos sujets hors de vos frontières, de reduire les estoffes et autres marchandises à bonnes conditions, et aux pauvres peuples les moyens de leur subvenir, qui seront delivrez des pauvretez qui les accablent, et tous vos sujets, en general et en particulier, rendront graces à Dieu de cet heureux establissement, prieront sa divine bonté pour la conservation et prosperité de Vostre Majesté et des ministres de vostre Estat, comme fait de tout son cœur celuy qui est en toute humilité,

    Sire,

Vostre très-humble sujet et très-fidèle obligé serviteur,

    De la Gomberdière.

Le Trebuchement de l'Ivrongne.
A Paris.
M. D. C. XXVII[1]. In-8.

 vous de qui la gloire, à nulle autre seconde,
Sur l'aisle des beaux vers vole par tout le mon-
Qui, n'aspirans à rien qu'à l'immortalité, [de,
Ne languissez jamais dedans l'oisiveté,
Quittez un peu ce soin de vouloir tousjours vivre
Qui vous tient jour et nuit collez dessus un livre.
Bacchus veut des honneurs aussi bien qu'Apollon
Une table vault mieux que le sacré vallon,
Et les charmes d'un luth, ou bien d'une guiterre,
N'ont rien de comparable aux delices d'un verre,

---

1. Cette pièce, de Guillaume Colletet, se trouve dans les *Poésies diverses...*, que son fils publia en 1656, Paris, in-12, p. 60-67. Elle y est intitulée *le Banquet des poètes*, titre que l'auteur lui avoit déjà donné quand il l'avoit réimprimée à Paris en 1646, chez Nicolas Boisset, in-8. L'édition que nous reproduisons ici est de la plus grande rareté. Le texte y est tout à fait différent de celui des autres, à ce point que, désespérant de pouvoir relever toutes les variantes, nous avons pris le parti de n'en donner aucune. Le plus court eût été non pas de remarquer les différences, mais les très rares similitudes de texte.

De qui la melodie et le doux cliquetis
Sçavent l'art d'attirer Juppiter chez Thetis,
Lors que, sollicité de son humeur plus douce,
Avecque tous les dieux il veut faire carousse[1].
Amis, soyons touchez d'un semblable desir;
Ne mesurons le temps qu'aux règles du plaisir,
Et, ne nous plongeans point dans ces vaines pensées
Des choses advenir ny des choses passées,
Sans que pas un de nous face le suffisant,
Arretons nos esprits aux choses du present.
Jouissons du bon-heur que le ciel nous octroye;
Sacrifions au dieu qui preside à la joye,
Et, sans parler des roys ou bien des potentats,
Ny du dereiglement qu'on voit dans leurs estats,
Ny des divers advis du conseil des notables[2],

Nous tenons là, en pleine verve de jeunesse, la première pensée d'un poète qui ne se permit pas souvent, et surtout avec autant de bonheur, de pareilles fougues et fantaisies bachiques. Quand il fit ce morceau, il étoit de la coterie littéraire de Salomon Certon, du sieur de la Charnaye, etc. (voy. Viollet-Leduc, *Biblioth. poétique*, p. 452), et ce dut être le contingent poétique auquel il étoit tenu comme membre de cette assemblée.

1. *Faire débauche*. Rabelais écrit faire *carous*. C'est une expression qui vient de l'allemand *gar-auss*, tout vidé, que le Celtophile d'Henry Estienne (*Dial. du nouv. lang. franç. italian.*) nous reproche d'avoir introduit dans notre langue à une époque où l'on se plaisoit non seulement à italianiser, mais aussi à « hespagnolizer, voire germaniser, ou, si vous aimez mieux un autre mot, alemanizer. » V. aussi Régnier, édit. elzevir., satire 2, vers 174.

2. Allusion à l'assemblée des notables qui s'étoit tenue à Fontainebleau à la fin du mois de septembre 1625.

Ne nous entretenons que de mots delectables,
Et tous expedions en nos particuliers
Plus de verres de vin qu'ils ne font de cahiers.
Les sages anciens, dont les academies
Ont souvent resveillé nos ames endormies,
Ont dit que nous sentions quatre sainctes fureurs
Agiter nos esprits de leurs douces erreurs :
Les Muses, Apollon, l'enfant que Cypre adore
Et le dieu qui dompta les peuples de l'Aurore.
Qu'aujourd'huy, chers amis, l'amoureuse liqueur
De ce divin nectar agite nostre cœur !
Que ce puissant demon qui preside aux bouteilles
Soit l'unique sujet de nos plus longues veilles !
Et, quand la soif viendra troubler nostre repos,
Courons alaigrement l'esteindre dans ces pots
Plus viste que tous ceux de nostre voisinage
Ne coururent à l'eau pour appaiser la rage
De l'infame Vulcan, dont le traistre element
Embraza de Themis l'orgueilleux bastiment [1].
Si ces vieux chevaliers qui couroient par le monde
Ont esté renommez pour une table ronde,
Nous qui suivons l'amour et reverons ses loix,
Faisons tous aujourd'huy de si vaillans exploits
Qu'on appelle en tous lieux ceste trouppe honorée
Les braves champions de la table quarrée [2].
Mais c'est trop discourir sur le point d'un assaut;
Amis, advancez-vous tandis que tout est chaud.

1. Le poète veut parler de l'incendie du Palais en 1618. V. notre tome 2, p. 159.

2. Par opposition à la fameuse table ronde, qu'à cette époque même un cabaretier de Paris prétendoit encore posséder. Il

Voyez-vous point ces plats d'une odeur parfumée
Espandre autour de nous une douce fumée,
Que l'air de nostre haleine eslève dans les cieux
En guise d'un encens que nous offrons aux dieux?
Pour moy, qui suis contraire à ceste tirannie
Qui seconde les loix de la ceremonie,
Je me sieds le premier en ceste place icy;
Despeschez, mes amis, asseiez-vous aussi,
Ou vous irriterez le feu de ma colère,
Qui ne s'appaisera que dans la bonne chère.
Que ces mets delicats sont bien assaisonnez!
Que ce vin est friant! qu'il va peindre de nez
D'une plus vive ardeur que la plus belle dame
N'en alluma jamais dans le fond de nostre ame.
Inspiré de Bacchus, qui preside en ce lieu,
Je vuide ceste tasse en l'honneur de ce dieu.
Quoy! pour avoir tant beu, ma soif n'est appaisée!
Je la veux rendre encor quatre fois espuisée.
Amis, c'est assez beu pour la necessité :
Ne beuvons desormais que pour la volupté.
Que chacun, à ce coup, ses temples environne
Des replis verdoyans d'une belle couronne
De pampre, de lierre et de myrthes aussi :
Il n'est rien de plus propre à charmer le soucy;
Et, si, malgré l'hyver, qui ravit toutes choses,
On peut trouver encor des œillets et des roses,

avoit appelé pour cela son cabaret *la Table du valeureux Roland* (voy. notre tome 1er, p. 195), et il montroit avec orgueil, parmi les titres de noblesse de sa taverne, le dernier écot des douze pairs de Charlemagne. V. *les Visions admirables du pèlerin du Parnasse...*, Paris, 1635, in-12.

Semons-en ceste place, ornons-en ce repas;
Non pour ce que l'odeur en est plaine d'appas,
Mais pour ce que ces fleurs n'ont rien de dissemblable
A la vive couleur de ce vin tant aimable,
Qui resjouit nos yeux de son pourpre vermeil,
Et jette plus d'esclat que les rais du soleil.
Profanes, loing d'icy! que pas un homme n'entre
S'il est du rang de ceux qui n'ont soin de leur ventre,
Qui fraudent leur genie, et, d'un cœur inhumain,
Remettent tous les jours à vivre au lendemain!
Mal-heureux, en effect, celuy-là qui possède
Des biens et des thresors, et jamais ne s'en ayde!
Tandis qu'on a le temps avecque le moyen,
Il faut avec raison se servir de son bien,
Et, suivant les plaisirs où l'age nous convie,
Gouster autant qu'on peut les douceurs de la vie.
Quand nous aurons faict joug à la loy du trespas,
Nous ne jouirons plus d'aucun plaisir là-bas;
Nous n'aurons plus besoin de celliers ny de granges
Pour enfermer nos bleds et serrer nos vendanges;
Mais, tristes et pensifs, accablez de douleurs,
Nous ne vivrons plus lors que de l'eau de nos pleurs.
Chers amis, laissons là ceste philosophie;
Que chacun à l'envy l'un l'autre se deffie
A qui rendra plus tost tous ces vaisseaux taris!
Six fois je m'en vas boire au beau nom de Cloris[1],
Cloris, le seul desir de ma chaste pensée,
Et l'unique suject dont mon ame est blessée.

---

1. C'étoit l'usage antique de boire à la santé d'une maîtresse autant de fois qu'il y avoit de lettres dans son nom. Ronsard

Lydas, verse tout pur, puisque la pureté
A tant de sympathie avec ceste beauté;
Et puis, ne sçais-tu pas que l'element de l'onde
Est la marque tousjours d'une humeur vagabonde?
Si je bois jamais d'eau, qu'on m'estime un oyson;
Que personne, en beuvant, ne me face raison;
Que tout autant que l'eau mon vers devienne fade;
Que mon goust depravé rende mon corps malade;
Que jamais de beauté ne me face faveur;
Que l'on me monstre au doigt comme un pauvre beu-
Enfin qu'aux cabarets, pour ma honte dernière,   [veur;
On escrive mon nom soubs celuy de Chaudière[1].
Certes, je hais ces mots qui finissent en *eau* :

et toute *la Pléiade*, dont Colletet suivoit la tradition, avoient repris cette galante coutume :

> Neuf fois, au nom de Cassandre,
> Je vois prendre
> Neuf fois du vin du flacon.
> Affin de neuf fois le boire
> En memoire
> Des neuf lettres de son nom.
>
> (Ronsard, *les Bacchanales, ou le folatrissime voyage d'Hercueil*, strophe 89e)

[1]. On lui avoit fait la réputation de buveur d'eau; mais, dans sa préface des *Œuvres de M. de Saint-Amant* (édit. elzevirienne, t. 1er, p. 10), Faret prétend que c'est un tort, aussi bien que de le faire passer, lui, pour un ivrogne : « Et combien, dit-il de Saint-Amant, qu'il m'ait fait passer pour vieux et grand beuveur dans ses vers, avec la mesme injustice qu'on a escrit dans tous les cabarets le nom de Chaudière, qu'on dit qui ne beut jamais que de l'eau. »

Si j'eusse esté Ronsard, j'eusse berné Belleau [1],
Quand, sobre, il entreprit ceste belle besongne
D'interpreter le vers de ce gentil yvrongne
Qui, dans les mouvemens d'un esprit tout divin,
Honora la vandange et celebra le vin.
Mais, à propos de vin, Lydas, reverse à boire :
Aussi bien ce piot rafraischit la memoire ;
Il faict rire et chanter les plus sages vieillars ;
Il leur met en l'esprit mille contes gaillards,
Et, quoy que l'on ait dit de la faveur des Muses,
Il inspire le don des sciences infuses,
Si bien que tout à coup il arrive souvent
Que l'ignorant par luy devient homme sçavant :
Nostre Arcandre le sçait, qui, pour aymer la vigne,
Passe desjà partout pour un poète insigne ;
Arcandre, qui jamais ne fait rien de divin
S'il n'a dedans le corps quatre pintes de vin.
Ah ! que j'estime heureux l'amoureux d'Isabelle !
Non pour ce qu'il adore une fille si belle,

---

1. Belleau avoit donné en 1556 une traduction en vers d'Anacréon. Ronsard le *berna* quelque peu à ce sujet :

> Tu es trop sec biberon
> Pour un tourneur d'Anacréon.
> Belleau...

« *Belleau*, comme qui diroit *Boileau*, par opposition au chantre divin, ainsi que l'a remarqué spirituellement M. Sainte-Beuve, ce n'est qu'un jeu de mots ; mais à la manière dont Ronsard refit plus d'une de ces petites traductions, on peut croire qu'il ne jugeoit pas celles de son ami définitives. » (*Tableau historique et critique de la poésie française... au XVIe siècle*, Paris, Charpentier, 1843, in-18, p. 444.)

Non pour ce que les rais qui partent de ses yeux
Rendent plus de clarté que le flambeau des cieux,
Non pour ce que dans l'or de sa perruque blonde
Elle tient enchaisné le cœur de tout le monde,
Non pour ce qu'à Paris elle a tant de renom,
Mais pour ce qu'elle a tant de lettres en son nom,
Et que l'affection que cet amant luy porte
A tant de mouvemens, est si vive et si forte,
Qu'il ne peut faire moins que de boire huit fois
Au nom de cet object qui le tient soubs ses loix.
Pour moy, soit qu'on me blasme, ou bien que l'on me
Je veux changer le nom de Cloris en Clorise,   [prise,
Ou bien prendre Clorinde ou d'autres mots choisis.
Fais-en, mon cher Aminte, autant de ton Isis :
Cela luy tiendra lieu d'une nouvelle offrande.
Ce nom est trop petit et ta soif est trop grande.
Mais insensiblement je ne m'advise pas
Que la force du vin debilite mes pas :
Je sens mon estomac plus chaud que de coustume ;
Je ne sçay quel brasier dans mes veines s'alume ;
Je commence à doubter de tout ce que je voy ;
La teste me tournoye et tout tourne avec moy ;
Ma raison s'esblouit, ma parolle se trouble ;
Comme un nouveau Penthé je vois un soleil double ;
J'entens dedans la nue un tonnerre esclatant ;
Je regarde le ciel et n'y vois rien pourtant ;
Tout tremble soubs mes pieds ; une sombre poussière
Comme un nuage espais offusque ma lumière,
Et l'ardante fureur m'agite tellement,
Qu'avecque la raison je perds le sentiment.
Evoé ! je fremis ; Evoé ! je frissonne :
Un vent dessus mon chef esbranle ma couronne,

Et je me trouve icy tellement combattu,
Que je tombe par terre et n'ay plus de vertu.
   Puissante deité, mon vainqueur et mon maistre,
Si tu m'as autrefois advoué pour ton prestre,
Si jamais tu m'as veu, plus qu'aucun des mortels,
Espandre, au lieu d'encens, du vin sur tes autels,
Race de Juppiter, digne enfant de Semèle,
Appaise la fureur qui m'accable soubs elle,
Dissipe les vapeurs de ce bon vin nouveau
Qui tempeste, qui boult au creux de mon cerveau;
Rends plus fermes mes pas, modère ta furie;
Donne-moy du repos, ô père! je t'en prie
Par ton thyrse, couvert de pampres tousjours vers;
Par les heureux succès de tes travaux divers,
Par l'effroiable bruit de tes sainctes orgies,
Par le trepignement des Menades rougies,
Par le chef herissé de tes fiers leopars,
Par l'honneur de ton nom, qui vole en toutes parts;
Par la solemnité de tes sacrez mystères,
Par les cris redoublez des festes trietères [1],
Par ta femme qui luit dans l'Olympe estoillé,
Par le bouc qui te fut autres fois immolé,
Par les pieds chancelans du vieux père Silène;
Bref, par tous les appas de ce vin de Surêne [2].

  1. Les *Triétérides* étoient les fêtes licencieuses qui se célébroient tous les ans dans la Béotie et dans la Thrace en souvenir de l'expédition de Bacchus dans les Indes.
  2. Il faut dire, à la gloire de ces buveurs, qu'il ne s'agit point ici du vin de Suresnes près Paris, mais d'un autre, à peu près du même nom, dont le Vendômois Musset-Patay a expliqué ainsi la faveur assez passagère dans une note de sa

Ainsi dit Cerilas d'un geste furieux,
Roüant dedans la teste incessamment les yeux.
Bacchus, qui l'entendit, d'un bruit espouvantable
Fit trembler à l'instant les treteaux et la table,
Sans que les vases pleins de la liqueur du dieu
Fussent aucunement esbranlez en ce lieu :
Tesmoignage certain qu'il ne mit en arrière
De son humble subject la devote prière ;

Bibliographie agronomique, 1810, in-8 : « Il y a, dit-il, aux environs de Vendôme, dans l'ancien patrimoine de Henri IV, une espèce de raisin que, dans le pays, on nomme *suren*. Il produit un vin blanc très agréable à boire, et que les gourmets conservent avec soin, parcequ'il devient meilleur en vieillissant. Henri IV faisoit venir de ce vin à sa cour, et le trouvoit très bon. C'en fut assez pour qu'il parût excellent aux courtisans, et l'on but, pendant son règne, du vin de suren. Il existe encore, près de Vendôme, un clos de vigne qu'on appelle *la Closerie de Henri IV*. Louis XIII n'ayant pas pour ce vin la prédilection de son père, ce vin passa de mode... » Un des *Annuaires statistiques* du département de Loir-et-Cher a confirmé le fait. Ronsard, en bon Vendômois, avoit sans doute aidé à la renommée de ce vin de *suren*, lui qui, dans l'ode 21e de son livre 3, a chanté ainsi le vin de *Prépatour*, qui se récolte à peu près dans les mêmes vignobles :

> Que celui dans une coupe
> Toute d'or boive à la troupe
> De son vin de Prépatour,
> A qui la vigne succède,
> Et près Vendôme en possède
> Cinquante arpents en un tour.

Il convenoit bien à Colletet, cet idolâtre de Ronsard, de vanter comme il le fait ici un vin de son pays, et qu'il avoit aimé.

Et de faict, luy sillant la paupière des yeux,
Il gousta le repos d'un sommeil gratieux.

G. COLLETET.

Autres gayetez de Caresme prenant, par le mesme autheur [1].

Sarabande.

Les parolles ont esté accommodées à l'air, qui estoit fait.

Dialogue d'un Amant et d'un Yvrongne. L'un parle à sa maistresse, et l'autre à sa bouteille.

L'AMANT.

Rien ne contente si fort ma vie
Que le bonheur de voir Silvie.

L'YVRONGNE.

Rien ne chatouille mon oreille
Comme le son de ma bouteille.

L'AMANT.

Chère Silvie, quand je t'accolle,
L'aise m'estouffe la parole.

L'YVRONGNE.

Quand je t'embrasse, l'on m'entend dire
Tousjours mille bons mots pour rire.

1. Ces *Gayetez* se trouvent aussi dans l'édition des *Poésies* de Colletet donnée par son fils.

L'AMANT.
Plus je t'adore, ma chère dame,
Plus j'ay de feu dedans mon ame.

L'YVRONGNE.
Plus je caresse ton doux breuvage,
Plus j'ay de feux sur le visage.

L'AMANT.
Chère Silvie, quoy qu'on dise,
Aymer tousjours, c'est ma devise.

L'YVRONGNE.
Chère bouteille, ma douce guide [1],
Ma devise est : Plus plein que vuide.

L'AMANT.
Afin, ma belle, que je te berse,
Laisse-toy choir à la renverse.

L'YVRONGNE.
Tien-toy, bouteille, tousjours dressée,
Sinon ma joye est renversée.

L'AMANT.
Ainsi, sans cesse, ma chère dame,
Ton beau pourtrait vive en mon ame !

L'YVRONGNE.
Ainsi sans cesse, qu'autre n'y touche,
Ta liqueur soit dedans ma bouche !

---

1. *Guide* étoit alors du féminin. Théophile a dit, adressant sa *Requeste à Monsieur le premier président :*

> Saincte guide de tant de Dieux,
> Qui sur le modèle des cieux
> Donnez des règles à la terre.

Adieu aux Muses.

Sonnet.

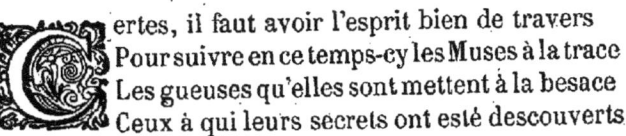ertes, il faut avoir l'esprit bien de travers
Pour suivre en ce temps-cy les Muses à la trace
Les gueuses qu'elles sont mettent à la besace
Ceux à qui leurs secrets ont esté descouverts.

Depuis que j'ay trouvé la fontaine des vers,
Le bien s'enfuit de moy, le malheur me pourchasse;
Je n'ay pour aliment que les eaux de Parnasse,
Et n'ay pour tout couvert que des feuillages vers.

Ingrates deitez, cause de mon dommage,
Le temps et la raison me font devenir sage :
Je retire aujourd'huy mon espingle du jeu.

Je préfère à vos eaux un traict de malvoisie ;
Je mets, pour me chauffer, tous vos lauriers au feu,
Et me torche le cu de vostre poesie.

Remonstrance à un Poëte buveur d'eau.

Sonnet.

n vain, pauvre Tircis, tu te romps le cerveau
Pour parvenir au point des choses plus parfaictes :
Tu ne seras jamais au rang des bons poëtes,
Si, comme les oysons, tu ne bois que de l'eau.

Pren-moy, je t'en conjure, un traict du vin nouveau

Que le Cormié recelle en ses caves secrettes [1],
Tu passeras bien-tost ces antiques prophètes
Qui sauvèrent leur nom de la nuit du tombeau.

Bien que dessus les bords d'une vive fontaine
Les Muses ay'nt choisi leur demeure certaine,
Les fines qu'elles sont pourtant n'y boivent pas.

Là, soubs des lauriers verds, ou plutost soubs des treil-
Le vin le plus friant preside en leur repas, [les,
Et l'eau n'y rafraischit jamais que les bouteilles.

Fantasie sur des diverses peintures de Priape.

Sonnet.

Sur les rives de Seine une jeune Dryade,
Lasse d'avoir reduit un sanglier aux abois,
Se reposoit un jour à l'ombrage d'un bois,
Sans craindre le peril d'une fine embuscade.

Priape, qui la vid, fut pris de son œillade,
L'arreste et veult sur elle attenter ceste fois;
Mais elle, qui resiste aux amoureuses loix,
Desdaigne cet amant si laid et si maussade.

---

1. Fameux cabaretier dont Saint-Amant a dit, dans sa pièce des *Cabarets*:

> Paris, qui possède un cormier
> Qui des arbres est le premier.

Sa maison, qui avoit pour enseigne parlante l'arbre dont il portoit le nom, se trouvoit près de Saint-Eustache. V. notre *Histoire des hôtelleries et cabarets*, t. 2, p. 322-324.

Lors, pensant amolir ceste divinité,
Il change sa laideur et sa diformité,
Et prend nouvelle forme, ainsi que fit Protée ;

Mais la nature, en luy plus puissante que l'art,
Ne se put pas cacher soubs la forme empruntée,
Car tousjours à la queue on cognut le regnart.

Sur une Cheute causée par un bellier.

Sonnet.

ransporté de plaisir comme un valet de feste,
Ou comme un qui s'employe à forger un cocu,
Je pensois à Cloris, de qui l'œil m'a vaincu,
M'estimant trop heureux de vivre en sa con-
Lorsque dans l'Arcenal une puissante beste, [queste,
Qui n'a pour mon malheur que trop long-temps vescu,
Me vint publiquement planter dedans le cu
Ce qu'en secret je plante aux autres sur la teste.

Lycandre, que devins-je à ce puissant effort !
Soudain je tombe à terre estourdy, demy-mort,
Ruminant en mon cœur mes sainctes patenostres.

Alors dit un passant, riant de mon ennuy :
Faut-il qu'un coup de corne ait fait mourir celuy
Qui par des coups de corne en fit naistre tant d'autres !

Lettres nouvelles contenantes le privilège et l'auctorité d'avoir deux femmes, concedé et octroyé jusques à cent et ung an à tous ceulx qui desirent estre mariez deux fois, datées du penultième jour d'avril mil cinq cens trente six.

N nos très chiers et amys roys très chretiens,

Salut et benediction authentique donnée par nous et nostre puissance, et par le conseil de nos amez et feaulx les gens de nostre sang, et gens de nostre grand conseil.

Vous, messeigneurs[1] les cardinaux du Pontalectz[2],

---

1. Les personnages dont les noms suivent figurent, pour la plupart, dans la farce de Gringore, *le Jeu du prince des Sots*. V. l'analyse que le P. Menestrier a faite de cette pièce, dans son traité des *Représentations en musique*, p. 56, etc.

2. Maistre Jean du Pontalais, « dont il y a bien peu de gens qui n'aient ouï parler », comme dit Bonaventure Des Periers (*Nouvelles XXII*). Il étoit, selon Du Verdier (voy. sa *Biblioth.*, in-fol., p. 749), *chef et maistre des joueurs de moralitez et farces*. Sans répéter tous les contes débités à son sujet, et auxquels La Monnoye a été l'un des premiers

le cardinal du Plat-d'Argent, de cardinal de la Lune, les evesques de Gayette, de Joye et de Platebourse[1], les abbez de Frevaulx, de Croullecul et de la Courtille; Messeigneurs le prince des Sots, le prince de Nattes, le géneral Defance, le prince de la Coqueluche, l'abbé des Conards[2], le Verdier du Houlx, et plusieurs autres grands et notables personnages. Et pour ce que aucun cas est advenu à nostre notice et cognoissance touchant la grande armée et puissance que les Turcz et ennemys de la foy catholique ont mise sur la mer pour venir destruire la saincte

à ne pas ajouter foi, nous nous contenterons de dire qu'il devoit son nom au petit *pont des Alles* (pont Alais) jeté sur l'égout près de la pointe Saint-Eustache, et à deux pas duquel il dressoit ses tréteaux, et faisoit tapage de paroles grasses et de tambourins, à la grande indignation des *prêcheurs* de l'église voisine (voy. Des Periers, *id.*). Marot, dans son *Coq-à-l'âne*, Bèze, dans son *Passavant* (p. 19), ont parlé de lui, et Regnier a signé de son nom son épistre IIIe. — La pierre nommée *le Pont-Alais* n'a disparu des halles qu'en 1719.

1. Les dénominations de ce genre étoient alors très populaires. Dans le livre d'Henri Estienne, *Dialogues du nouveau langage françoys italianisé*, etc., se trouvent déjà des plaisanteries sur M. d'Argencourt, et M. Arnold Morel Fatio a très ingénieusement découvert que le nom de seigneur de *Neri en Verbos*, pris par l'auteur des *Excellents traits de vérité*, n'étoit que l'anagramme d'une dénomination pareille : seigneur de *rien en bourse*.

2. Sur ce chef d'une des confréries joyeuses les plus célèbres alors, surtout à Rouen et à Evreux, voy. le *Mercure de France*, avril et juin 1725, Thiers, *Traité des superstitions*, t. 4, p. 546. Brantôme nomme les Conards de Rouen. V. *OEuvres*, édit. du Panthéon, I, pag. 301.

chrestienneté[1], quy est chose bien doutable, et pour obvier à la mauvaise volumté et persuasion des dicts Turcz, Nous avons ordonné et ordonnons que doresnavant tous hommes naturels, tant mariez que non mariez, tant du royaume de France que d'autres royaumes, puissent avoir et prendre en mariage deux femmes, si bon leur semble, pour accomplir le commandement de Dieu, quy a dict de sa bouche : *Crescite et multiplicamini et replete terram.* Aussy, pour cause du grand voyage que nous avons entreprins de faire sur la mer, et pour obvier et resister à la grande malice des dicts Turcz, quy sont cent contre un seul chrestien, et seroit un très grand dommaige et dangier à toute la chrestienté, si par nous n'y estoit pourveu de remède et justice convenable.

Et pour ce, nous voulons que le dict royaulme de France, auquel nous avons plus de fiance qu'en nul autre, ne demeure sans multiplication, laquelle chose ne se peult faire sans avoir compagnie suffisante, avons ordonné et ordonnons, par le conseil de nos amez et fealx, ainsy qu'il est de coustume à faire en tel cas. Et pour ce qu'il est plus grand nombre de femmes que d'hommes aux dictz royaulmes, avons donné et octroyé à tous chacun des hommes des dictz royaulmes plain pouvoir, auctorité et puis-

---

1. Soliman menaçoit la Hongrie et la flotte de Barberousse tenoit la Méditerranée. C'est en France, toutefois, qu'on devoit avoir le moins de peur des Turcs, puisqu'à cette époque même François Ier avoit fait alliance avec eux contre Charles-Quint.

sance, du jourd'huy jusques à cent et ung an, que chacun, sur peine d'encourir nostre malediction, ait à prendre les dictes deux femmes, afin de multiplier et d'accomplir les commandements de Dieu, ainsy comme il est escript cy-dessus, et pour ogmenter la foy catholique et subvenir à l'encontre desdictz Turcz. Et si le cas advenoit que les dictes deux femmes ne se pussent accorder ensemble, nous voulons et ordonnons que l'homme ait son arbitre d'expulser hors de sa compaignie celle quy fera aulcun bruiet et la mettre hors de sa maison et la remettre à ses parents et amys, et qu'il puisse prendre une autre femme que celle qu'il aura dejectée. Et oultre voulons par ces presentes, sur peine d'encourir la malediction cy-dessus enoncée, que la dernière venue soit servie par la première en toutes choses qu'il appartiendra au faict de la maison.

Et s'il advient qu'il y eust jalousie entre les dictes femmes, voulons par ces presentes que les curez et recteurs des villes et paroisses ayent puissance d'excommunier les dictes femmes quy auroyent commis le dict cas, et soyent maudictes de dame Venus et de Junon, les quelles soyent dejectées de la compagnie des aultres et mises recluses en une prison expressement pour elles faicte.

Et pour entretenir paix et concorde entres les dictz hommes en leurs maisons, voulons et ordonnons, sur peine de la dicte malediction, que les dictes femmes soyent doresnavant tondues de leurs cheveux de moys en moys, et les ongles des doyts rongnez de sept jours en sept jours pour le plus.

Et pour eviter toutes noises et desbatz quy pour-

D'AVOIR DEUX FEMMES. 145

royent survenir entre elles, et affin qu'elles ne se battent, ne s'esgratignent et se tyrent par les cheveulx, mandons et commandons à tous nos officiers et recteurs de nostre grande confrairie, ma dame saincte Souffrete[1], qu'ils ayent à publier et denoncer les dictes graces et ordonnances par nous faictes par toutes les villes et citez des dicts royaulmes chrestiens, et excommunier tous ceulx et celles quy viendront et murmureront contre le present mandement. Et aussy la femme quy sera desobeissante à nos dicts mandemens et quy ne fera le commandement de son mary sera maudicte de Cupidon et Venus, dieux des amoureux. Sauf l'opposition des dictes femmes contredisantes à ladicte ordonnance, à laquelle opposition elles seront receues en baillant bonne et seure caution.

Donné en Papagosse, le penultième jour d'avril 1536.

Ainsy signé : DIROLON[2],
Conseiller des amoureux.

---

1. Sainte misère. Borel écrit *souffreté* avec le même sens.

2. Pour *Darolon* ou *Dariolon*, sans doute. Ce seroit ainsi le diminutif de *Daron*, mot qui conserva jusqu'au XVIIIe siècle (voy. le *Tableau parlant* d'Anseaume) un sens assez deshonnête, et d'accord d'ailleurs avec celui qu'on donnoit à *dariolette*, son dérivé féminin. Regnier même emploie ce mot au masculin avec une acception peu équivoque dans le vers 200 de sa 5e satyre :

> Doncq' la mesme vertu, le dressant au poulet,
> De vertueux qu'il fut le rend *dariolet*.

La Complaincte du jeune Marié.

D'avoir deux femmes je n'ay pas grande en-
Car la mienne a trop mauvaise teste : [vie,
Toûjours sans fin après moy noise[1] et crie;
Je la crains plus que fouldre ne tempeste.

Seigneurs, marchantz et gens d'eglise,
  Quy lisez ce petit livret,
N'adjoustez foy à ma folye :
Pour courser[2] les femmes l'ay faict.

---

1. Le verbe *noiser*, souvent employé dans les *fabliaux* et dans le *Roman de la Rose*, commençoit à vieillir. V. Barbazan, *Fabliaux*, t. 2, Glossaire.
2. Dans le sens de *courroucer* ou bien encore de *poursuivre*. Dans l'Orléanois, ce mot s'emploie encore ainsi.

*Reigles, Statuts et Ordonnances de la Caballe
des filous reformez depuis huict jours dans
Paris, ensemble leur Police, Estat, Gouvernement, et le moyen de les cognoisire d'une
lieue loing sans lunettes.*

thenée, le plus falot des hommes après
Lucian, dit que de son temps tous les filous, tire-laines, coupeurs de bourses,
destrousseurs de passans, et autre telle
canaille qui ayment autant le bien d'autruy que le
leur, avoient accoustumé de s'assembler à Rome aux
Ides de juin, et illec donner ordre au gouvernement
et estat de leurs affaires, recevoir les plaintes, punir
les delinquans, c'est-à-dire ceux qui laissoient leurs
oreilles en chemin ou se laissoient espousseter par
le bourreau.

Il semble que tous les frères de la Samaritaine[1],
soldats de la courte espée et gens de telle farine,
ayent leu ce passage et en ayent voulu renouveller
la coustume : car jeudi dernier, sur les onze heures
du soir, ils s'assemblèrent sur le pont Neuf, du costé

1. On sait que les abords de *la Samaritaine* étoient le

de l'escolle, et, comme chats-huants taciturnes, vindrent à tastons de toutes parts, pour déliberer de leurs affaires et apporter un nouveau reglement à l'entretien de leur chetive, pauvre et miserable vie.

Fouille-Poche, general de l'assemblée, oncle en dernier ressort de Carfour[1] et proche parent du petit Jacques, comme ayant le plus d'interest en la conservation de son ancien droit, qui est de prendre ce qu'il rencontre, s'y trouva le premier ; et pour son siége plia trois ou quatre manteaux en quatre, qu'il venoit de desrober, et qu'il portoit vendre au frippier Gueulle-Noire[2], maistre recelleur des halles ; et, après avoir longtemps attendu ses camarades, voyant que minuit s'approchoit, il commença ainsi :

quartier général des *tire-laine* et *coupe-bourse*. Maynard a dit, dans un de ses sonnets :

> Paul, vous êtes le capitaine
> Des voleurs qui toute la nuit
> Courtisent la Samaritaine
> Et font plus de mal que de bruit.

Et on lit dans la *satire* 9e de Du Lorens :

> Mon manteau, dieu merci, ne craint pas le serein.
> Je passe hardiment près la Samaritaine
> Lorsque les assassins courent la tirelaine.

1. Le capitaine Carrefour, fameux voleur de ce temps-là, sur les exploits et la *prinse* duquel nous publierons quelques pièces curieuses dans nos prochains volumes.

2. Ce n'est point au hasard que ce nom de *Gueulle-Noire* est donné au fripier. Il fait allusion à ces huis des caves par lesquels les voleurs, de connivence avec leurs recéleurs des halles, jetoient « ce qu'ils avoient butiné par la ville. » V. notre tome 1er, p. 198.

« Mes confrères, il est à-propos de faire un bon reglement pour l'etablissement de nos affaires ; je voy que de jour à jour nostre nombre diminue, et que le plus souvent les nouveaux receus, pour ne sçavoir l'art de la vollerie, sont troussez en malle [1], et sont conduits à Mon-faucon, pour là faire la sentinelle et faire des cabriolles en l'air. Je suis d'advis, pourveu que me prestiez l'espaule, de nous exempter de cet affront, et laisser, si nous pouvons, les eschelles en leurs places, sans aller attaquer ou prendre le ciel par escalade. » Tous les coupeurs de bourses, grands et petits, trouvèrent l'advis très bon et approuvèrent son conseil, desirans infiniment d'estre exempts d'un tas de coups de baston qui greslent quelquefois sur leurs espaules.

« Premierement, dit-il (ce qui est bien difficile à faire), il faudroit que nous puissions faire revivre le legislateur Lycurgue, afin de persuader aux François que le larcin est une très bonne chose, et qu'on le doit permettre pour deniaiser le monde ; toutesfois, puisque les machoires luy sont tombées, et que le pauvre hère ne peut plus parler, je feray mes ordonnances au mieux qu'il me sera possible. »

1. On disoit d'un homme mort en peu de temps qu'il avoit été troussé en malle. (*Dict.* de Furetière.) L'expression *être vite troussé* en est restée.

Règles, Statuts et Ordonnances des coupeurs de bourses.

Premierement, tous novices et apprentifs de nostre estat et mestier seront tenus d'avoir fortes espaules pour porter les coups de baston qu'on leur donnera, venant à estre descouverts et pris en deffault.

II.

Voulons et ordonnons que personne ne puisse estre receu maistre passé en l'art s'il n'a les deux oreilles coupées[1], et quatre ou cinq estafilades sur le nez; et parce qu'en diverses rencontres ils pourroient se trouver en lieu dangereux, seront tenus lesdits postulans de porter des oreilles d'escarlatte dans leurs pochettes, et s'en servir aux occurrences.

III.

Voulons que tout homme qui aspire à nostre mestier soit de la famille des Rougets et des Grisons, autrement descheu de tous priviléges, munitez, exemptions, etc.

---

1. La punition des filous étoit d'avoir les oreilles coupées, ou, comme on disoit alors, d'être essorillés. Ces exécutions se faisoient près la Grève, au carrefour qui s'appeloit pour cela *Guigne-Oreille*, et par altération *Guillori*. Brantôme nous dit que, de son temps, l'armée étoit pleine de vagabonds « essorillés, et qui cachoient les oreilles, à vray dire, par de longs cheveux hérissés. » (Edit. du Panthéon, t. 1er, p. 580.)

IV.

Quiconque postulera pour estre receu maistre de nostre dit office et estat sera contraint, en entrant en nostre communauté, de bailler son nom et monstrer les armoiries du roy gravées en beau caractère sur ses epaules.

V.

Entrera ledit suppléant en charge, aura son quartier, rendra bon compte de ses expeditions, ne songera en aucune façon à la paulette[1] : car sa place, venant à vaquer, par mort civile ou criminelle, galère, fuitte, exil, bannissement, foüet, etc., sera donnée au plus vaillant et plus subtil de la trouppe, sans qu'aucuns de ses heritiers y puissent prétendre.

VI.

Ordonnons que nostre boutique sera principalement ouverte les grandes festes et jours solennels, dimanches et autres jours ; que nous dresserons nostre banque dans les assemblées, marchés, places publiques, pour là debiter nostre drogue aussi bien que Padel, et attraper les marchands.

---

1. En vertu d'un édit rendu en 1604, à l'instigation du secrétaire du roi Charles Paulet, et nommé à cause de lui *la Paulette*, les officiers de judicature ou de finance étoient frappés d'une taxe considérable, payable au commencement de chaque année. Faute de l'acquitter, ils perdoient le droit de conserver leur charge à leurs veuves et à leurs héritiers. Sitôt qu'ils étoient morts, elle devenoit vacante au profit du roi.

VII.

Que si quelque pauvre diable, par malheur, est pris sur le fait en coupant quelque chaisne, tablier, pochette, bourse, sera tenu de jouer, escrimer, estramaçonner de l'espée à deux jambes; laisser plustost à la pluie toute sorte d'engins, ciseaux, couteaux, tenailles, sur peine d'estre eslevé sur une busche de quinze pieds de haut, et d'espouser ceste vefve qui est à la Grève[1]. Voulons en outre, quand quelqu'un s'enfuira et qu'il sera poursuivi par les bourgeois, archers et autres gens, que trois ou quatre de nos filous arrestent les plus hastez, fassent passage au delinquant, sous ombre de s'enquerir du fait et de courir après.

VIII.

Seront d'ordinaire bien habillez, manteaux de taffetas satin, pourpoints decoupez, effrontez, hardis à l'entreprise, fins et subtils, hauts à la main, bonne mine, bon pied, bon œil, marquent une chasse pour le lendemain, diligens, actifs, forts et puissants, afin que si, par cas fortuit, ils sont envoyez à Marseille pour servir le roy, ils aillent gaillardement avec ceste rodomontade : *Valeamus á galeras por servir el re nuestro seignor*, et qu'estant là arrivez ils escrivent dans l'eau avec une plume de quinze pieds de long[2], et tiennent bonne posture.

---

1. En argot, la guillotine est encore appelée *la veuve*.
2. C'est ce qu'on appeloit obtenir un brevet d'espalier.

IX.

Lorsqu'on pendra quelqu'un des nostres, les officiers de la Samaritaine seront tenus d'en faire rapport à l'assemblée, afin de le degrader comme un poltron et un coquin, faineant et inhabile ; et neanmoins deputeront quatre des principaux pour assister à sa mort, voir s'il n'accuse personne ; et dans l'affluence du peuple qui se trouve à telle deffaite, joueront lesdits deputez des deux mains, qui deça, qui delà, et tascheront à venger la mort du patient sur ceux qui le regardent.

X.

Auront nos dits supots pour attraper les niais des chaisnes en façon d'or, qu'ils laisseront tomber exprès, afin qu'estant recueillies, qu'ils en tirent leur part[1] ; ne manqueront de lettres feintes, demanderont le chemin, se feront conduire dans quelque cabaret ; là, detrousseront leur conducteur, contreferont les etrangers, auront deux ou trois frippiers apostez pour vendre et distribuer leur vol ; seront courtois, et feront la courtoisie entière, c'est-à-dire osteront le chapeau et manteau tout ensemble, prendront l'argent sans compter et l'or sans peser ;

Regnard n'a pas craint d'employer cette expression tout argotique :

> ... Et l'on ne vous a pas fait présent en galère
> D'un *brevet d'espalier*...
> (*Le Joueur*, acte I, sc. 10.)

1. Genre de vol pratiqué encore aujourd'hui avec succès.

iront tant de nuict que de jour, sans crainte du serain ; s'il fait froid ne porteront gans, ains eschaufferont leurs mains dans les pochettes de leurs voisins[1] ; ne rendront rien de ce qu'ils auront pris, fouilleront partout ; tiendront d'ordinaire le gros de leur caballe dans le faux-bourg Saint-Germain, marets du Temple[2], faux-bourgs Saint-Marcel et Montmartre, sans oublier le Pont-Neuf.

XI.

Seront les principaux maistres du mestier subjets un tantinet au maquerellage, cognoistront tous les couverts de Paris, sçauront les bons lieux, afin d'y mener et conduire les niais et nouveaux venus, et illec les desplumer comme corneilles d'Esope et chercher la source de leur fouillouse[3] ; que si par copulation, conjonction féminine, plantation d'homme, quelque pauvre diable va au païs de Suède, Claquedent, Bavière[4], etc., nos maqueraux et cou-

---

1. Cette plaisanterie a été reprise bien des fois à propos des ministres concussionnaires. M. Scribe ne l'a pas oubliée dans sa comédie de l'*Ambitieux*, à propos de Walpole, qui peut fort bien se passer de manchon, puisqu'il a ses mains dans les poches de tout le monde.

2. V., sur ces diverses bandes de voleurs, notre édition des *Caquets de l'Accouchée*, p. 71, et notre tome 1er, p. 122, 200.

3. La bourse, la poche, en argot. Rabelais s'est plusieurs fois servi de ce mot.

4. Locutions trop connues pour qu'on prenne la peine de dire ici à propos de quel mal on les employoit. Sorel, dans son *Francion*, donne une variante de la dernière : « C'est assez de vous apprendre, fait-il dire par un de ses

peurs de bourse se donneront garde d'estre recogneus, et fuiront les coups la queue entre les jambes, comme vieux chiens deratez.

XII.

S'il y a quelque foire S.-Germain, Landy[1] ou autre, seront tenus nos dits supposts de s'y trouver des quatre coins du royaume, et là attraper les marchands au piège, les affronter, envahir, tromper, decevoir, seduire tout le monde, et fuir le bourreau comme une peste très dangereuse et abominable.

Telles sont les loix contenües en nos statuts, que je, Fouillepoche, veux estre soigneusement gardées par nous, et en partie par un tas de larrons domestiques et un as de mercadans[2] qui vont parmy le monde et qui empruntent la faveur de nostre nom.

La compagnie approuva ces statuts comme très bons et valables, estant estroictement observez, pour la manutention et entretien de leur estat et office de coupeurs de bourses.

---

héros, que j'allois à Bavières voir sacrer l'empereur. » (Edit. de 1673, in-8, p. 91.)

1. La fameuse foire de *l'Indict* annuel, ou, par altération, du Landit, qui se tenoit, comme on sait, à Saint-Denis.

2. « *Mercadent*, terme de mépris qui signifie un marchand de petites merceries, un marchand ruiné. Il est pris de l'italien, un *povero mercadente*. » (*Dict.* de Trévoux.)

Le moyen de cognoistre les filous d'une lieue loing sans lunettes.

Premierement, il faut que vous sçachiez qu'ils ont un nez, une bouche et deux yeux comme un autre homme, et partant il n'est point difficile de les trouver. On en rencontre partout, et ressemblent mieux à un singe qu'à un moulin à vent ou à un fagot : toutes leurs actions sont vrayes singeries; mais ne leur baillez jamais la bourse à garder, car ils savent fondre l'or et l'argent, et sont les plus grands alchimistes du temps present, du passé et de l'advenir. Quand vous verrez un Allemand contrefaict, un homme bigarré comme un valet de carreau ou le roy de picque, un maquereau, un minois du Palais, un joueur de dez, un chercheur de repuë franche, un poëte qui prend les vers à la pipée, un entreteneur de dames, un homme de chambre botté, fraisé comme un veau, gaudronné comme un singe [1]; un laquais vagabond, un joueur de tourniquet, un faiseur de passe-passe, Jean des Vignes et sa sequelle [2], un sauteur, un plaisantin, un Gascon sans

---

1. Par raillerie, les montreurs de bêtes savantes habilloient leurs chiens et leurs singes à l'espagnole, avec larges fraises *gaudronnées* (voy., sur ce mot, notre tome 1er, p. 163). Une vieille enseigne de Paris représentoit un de ces magots ainsi accoutré, avec cet affreux calembour pour légende : *Au singe en batiste.*

2. V. sur ce joueur de farces, qui faisoit partie de la se-

argent, un Normand sans denier ny maille, un visiteur de foires, un courtisan des halles, un traffiqueur de vieux habits, un receleur frippier, un traisneur d'espée sans maistre, un capitaine sans compagnie, imaginés-vous de voir autant de filous ; et quand vous rencontrerez telles gens, serrez vostre bourse, et mettez la main dessus avec ces mots : *Au premier occupant.* Que si vous les voulez voir de loin sans lunettes, allez vous planter sur la montaigne de Montmartre, et croyez que la moitié de ceux qui sortent ou entrent dans Paris sont tous filous, sans en rabattre la queüe d'un seul ; et si vous en voulez la raison, c'est le temps qui le porte, et le siècle le requiert ainsi, dans la corruption où nous sommes. Adieu : souvenez-vous de l'anneau de Hans Carvel, on ne prendra jamais votre bourse.

quelle de l'hôtel de Bourgogne, notre édition des *Caquets de l'Accouchée*, p. 281-282.

Privilège des Enfans Sans-Soucy[1] *quy donne lettre patente à Madame la comtesse de Gosier-Sallé, à Monsieur de Bricquerazade, pour aller et venir par tous les vignobles de France avec le cordon de leurs ordres.*

In-8.

Bacchus, par grâce du Destin, empereur des Enfans-sans-Soucy, prince des Gosiers-Brûlans, comte de Bois-sans-Soif, marquis de l'Alteration, de l'Haleine-Vineuse et Haut-Appetit, commandeur absolu et universel sur les vignobles de Bacarat, Rheims, Ay, Tesse, Chablis, Tonnerre, Beaune, Vermanton, Langond, Coulange, Costerotie, l'Hermitage, Cahors, Medoc, Grave, Saint-Emilion, la Palu, Caberpton, S.-Laurent, Frontignan, Chamberlin, Malvoisie, Canarie, Madère, Port-en-Port[2] et autres que le soleil eclaire sous la vaste etendue des cieux,

[1]. Il ne s'agit point ici des *Enfants sans soucy*, joyeux compères et joueurs de farces du XVIe siècle, pour lesquels Marot écrivit en vers un *cri* resté célèbre ; dans cette pièce, du XVIIe siècle, ce nom n'est pris que par souvenir.

[2]. Ou plutôt Port-à-Port, nom francisé de la ville de Porto.

A tous passez, presens et à venir, salut. Ayant remarqué que le plus sûr moïen de maintenir nostre monarchie bachique estoit d'establir en differens endroicts de nostre empire des ordres composés de plusieurs sortes de dignités, pour recompenser ceux de nos sujets quy auront esté les plus fidèles et les plus attachés aux interests de nostre trongne vineuse, afin qu'en leur donnant par ce moyen esperance d'estre un jour recompensés sur des services qu'il nous auront rendus, nous puissions les exciter à la pratique de la vertu, qui se trouve parmi les pots et les verres, que nous avons toujours possedez à un si sublime degré :

A ces causes, ayant fait mettre cette affaire en deliberation sur nostre table, après avoir bien bu en la compagnie de nostre ancien amy l'ivrogne Silène et les bacchantes, nos chères nourrices, de leurs advis et de leurs consentemens, nous avons creé, estably, creons et establissons par ces presentes, perpetuelles et irrevocables, un ordre general sous le tiltre de l'ordre du Tonneau[1], que nous voulons reserver à notre personne; d'un chancelier, d'un secretaire, de quatre commandeurs et de quatre chan-

---

[1]. Nous n'avons pas trouvé d'autres traces de cet ordre bachique, constitué, sans doute, comme celui de *la Grappe*, que Damas de Gravaison établit à Arles à la fin du XVIIe siècle, et dont les statuts et ordonnances furent publiés en 1697, in-12. On peut trouver, dans le *Glossaire* du Rabelais de de l'Aulnaye, la liste des ordres bachiques institués du XVIe au XVIIIe siècle, et dont l'ordre de *la Boisson*, fondé en 1700 à Avignon par de Pesquière, fut l'un des plus célèbres.

celiers, lesquels officiers cy-dessus, creez et etablis
à perpetuité, jouiront de tous les priviléges, prerogatives, immunitez, franchises et exceptions bachiques, même du droit de bourgeoisie, dans tous les
cabarets, lieux de bonne chère de notre obeissance,
où nous voulons qu'ils soient reçuz gratis sans qu'on
les en puisse chasser, pour quelque chose que ce
puisse être, à la charge toutefois que tous les aspirants auxdits offices et dignitez seront tenus de faire
preuve de leurs capacités dans l'exercice de la vendange, en buvant chacun vingt-cinq razades le jour
qu'ils voudront estre admis dans toutes les dignités
desdites charges, à la reserve toutefois de notre
chère et bien-aymée la comtesse de Gosier-Sallé,
que nous avons gratifié de la charge de chancelier
de nostre ordre, et de nostre bon yvrogne Biguerazade, à qui nous avons aussy donné celle de secretaire du mesme ordre, lesquels, en consideration des services qu'ils nous ont rendus en plusieurs
occasions et de la certitude que nous avons de
leurs capacitez aussy bien de boire, nous les avons
dechargés de toutes preuves à faire pour parvenir à
la possession desdites deux dignitez de chancelier
et de secretaire. Et tous lesdits officiers releveront
de la comtesse de Gosier-Sallé, notre chancelière,
et seront tenus de prendre d'elle le cordon de notre
ordre et des lettres-patentes signez et contresignez
par Biguerazade, son secretaire, pour ce quy concerne les affaires dudit ordre, qu'ils seront tenuz de
porter à perpetuité, sous peine d'estre declarés incapables de frequenter jamais nos assemblées bachiques, et d'y estre traictez comme infracteurs de nos

ordres, rebelles à nostre estat; defendons à tous les officiers dicts de boire de leur vie goutte d'eau, de manger aucunes sortes de confitures, fruits, lactage ny autres choses capables de prejudicier à nos interests, en ce que tous ces choses peuvent empescher la soif; defendons semblablement de repandre jamais goutte de vin, si mechant qu'il puisse être ; de casser verres, bouteilles ny flacons; et enjoignons de faire toujours ruby-sur-l'ongle après avoir beu ; de manger force cervelats, fromages, persillages, harangs sorets, force jambons de Mayence, saucissons de Boulongne, cuisses d'oyes, gorges de porcs, et generallement tout ce quy pourra procurer l'alteration [1]; surtout de ne point oublier à mettre dans leurs sausses nos chers amis le marquis de la Poivrade et le baron de Salinieri [2] partout comme nos plus intimes bienfaiteurs.

Pourra partout notre dict chancellier pourvoir à quy bon luy semblera de nos officiers de l'ordre, quy porteroient toutefois les noms suivans, savoir:

Le premier des commandeurs s'appelle Long-

---

1. Rabelais appelle tous ces mets *aiguillons de vin*.

2. Ces noms rappellent ceux que prirent les membres de *l'Ordre de la Boisson*. La *Gazette* qu'ils publioient, et qui étoit rédigée en partie par Mogier et l'abbé de Charnes, avoit pour titre *les Nouvelles de l'Ordre de la Boisson , chez Museau-Cramoisi, au Papier Raisin*. Les noms des bachiques rédacteurs étoient à l'avenant : *Frère des Vignes, frère Mortadelle, natif de Saint–Jean-Pied-de-Porc; dom Barriquez Caraffa y Fuentez Vinqsas*, M. *de Flaconville, le sieur Villebrequin*...

Boyaux; le second, Bequillard[1]; le troisième, Bois-sans-Façon; et le quatrième, de la Goinfretière.

Les chevaliers s'appellent par les noms suivans, savoir :

Le premier, Longue-Haleine; le second, Large-Avaloire; le troisième, Pretatrinquer; et le quatrième, Gosier-Coulant.

Et tous les dits officiers par elle pourvus jouiront des privileges cy-dessus specifiez, sans trouble ny empeschemens, car ainsy nous l'avons resolu et ordonné.

Si nous donnons en mandement à tous les confrères de la jubilation et gens tenans nos sièges bachiques, cabarets, tavernes, tabagies et autres qu'il appartiendra, de tenir chacun en droit la main à l'execution des presentes, sans diminution ny ogmentation que ce puisse être, à peine de ne boire que de la lie du vin de Brie: car tel est notre plaisir.

Donné en notre conseil, sur le cul d'un tonneau, dans notre cave imperiale, après être bien saoûl.

Signez : BACCHUS, *Dieu des Vendanges*;

SILÈNE,

Et sur les replis : Cher Bouchon.

La comtesse de Gosier-Sallé, garde des bouteilles, protectrice de l'université vineuse et chancelière de

---

[1]. C'est aussi un frère Béquillard, et l'on sait ce que ce mot signifie en argot, qui rédigea en 1724 les statuts d'un autre ordre bachique, dit la *Société de la Culotte*.

l'ordre bachique du Tonneau, salut : Nous etant entierement fait informer de la capacité de notre bon amy le sieur de Chifle-Museau, et lui ayant trouvé toutes les qualités requises pour être de l'ordre excellent du Tonneau, après avoir de lui pris et receu le serment prevu, prealablement faict dessoubz l'experience au fait bachique, nous l'avons pourvu de la dignité de commandeur de Bois-Sans-Façon, pour en jouir sa vie durante sans trouble ny empeschements ; pour marque de quoy nous luy avons accordé le cordon de l'ordre du Tonneau, en luy enjoignant d'observer les statuts, reiglements et privileges portez par ladite creation dudict ordre de la part du souverain Bacchus, à peine d'estre degradé et declaré indigne de posseder la dite dignité, et comme tel estre dechu du benefice de ces presentes, aux quelles nous avons grifonné notre signe, après y avoir fait apposer le cachet de nos armes.

Donné en nostre hotel de la Halle-au-Vin, et moy presente, à moitié grise,

La comtesse de Gosier-Sallé.

Avec permission.

*La Rencontre merveilleuse de Piedaigrette avec
Maistre Guillaume revenant des champs
Elizée, avec la Genealogique des Coquilberts,
traduit de chaldeam en françois.*

M. VI^{c.} VI. In-8.

L'année mil je sçay combien après le deluge de Noé, et aprez le joieux advenement du grand Jubilé d'Orléans[1], le Père aux pieds, autrement dit Piedaigrette, s'estant remplumé des naufrages de milles et milles taverniers qu'il avoit envoyez avec monsieur de Mouts[2]

---

1. Le jubilé d'Orléans est de 1600. Henri IV y vint en personne. L'argent qu'il produisit servit à la reconstruction de la cathédrale, à moitié renversée par les calvinistes. Un an après, le roi put venir en poser la première pierre, réparant, comme roi catholique, le dommage que les huguenots avoient fait lorsqu'il étoit l'un de leurs chefs. V. notre histoire d'Orléans dans l'*Histoire des villes de France*, t. 2, p. 598.

2. L'un des compagnons du commandeur de Chaste et de Champlain qui allèrent en 1603 fonder les premiers établissements françois sur les bords du fleuve Saint-Laurent. — De Mouts eut grande part à la découverte des côtes de l'Aca-

en Canadas querir du safran[1]; se resouvenant de noz mal-heurs derniers, et du voyage qu'il avoit fait avec le père Gascart à Damery, et des bons tours qu'ils avoyent faict ensemble, faisant enterrer avec une magnificque solemnité et pompe funèbre la fressure d'un porceau plus gros et gras que vous, lecteur benevolle, au lieu des parties nobles d'un gras chanoine de la Saincte-Chapelle, qui estoit son amy, me raconta un jour, comme à son Acathée, tous les hazards, crainctes, voyages et inconveniens qui luy estoyent advenus depuis que les Coquilberts avoyent fait leur entrée en France, et le grand voyage qu'il avoit fait ès champs Elizée, où il avoit veu et beu avec plusieurs de ses amis; le sejour qu'il y fit, les plaisirs qu'il y avoit eus avec ses bons amis qui estoyent partis de ce monde tout à bon; et comme, ayans rencontré M. Guillaume, qui fait tant parler de luy, qui revenoit de paradis parler à son oncle Noé pour les affaires d'Estat, ils allèrent boire ensemble. Mais, me dit-il, mon frère, mon amy, à nostre rencontre il y eut bien du hasart: car, M. Guillaume ayans laissé le bon homme Noé planter sa vigne, et passans par les champs Elizée, il avoit fait une remonstrance aux vieux loups à un soldat affamé qui demandoit la guerre, et n'estant

die en 1604, puis, en 1605, à l'expédition du cap Malebarre.

1. La nouvelle colonie ne s'étoit formée que de gens sans aveu, et entre autres de marchands ayant fait banqueroute, ou *safraniers*, comme on disoit alors, le *jaune* étant la couleur infamante aussi bien pour les banqueroutiers que pour les traîtres.

asseuré en son ame quel parti il devoit prendre, ou la paix, ou la guerre (encores qu'il ne se soucie ny de l'un ny de l'autre), voyans venir à soy Piedaigrette avec ses jambes de fuzeaux et son ventre creux comme une aulge à porceaulx, et sa grosse teste de veau sur ses espaules voutées, l'un devant l'autre, à la portée du canon, ce demandoient : Qui va là? qui va là? par plusieurs fois. M. Guillaume, qui pensoit que ce fust quelque diable de soldat, parle le premier fort honnestement, disant ces mots : C'est moy! Monsieur. — Qui es-tu? dit Piedaigrette. — C'est moy! Monsieur. — D'où viens-tu ? où vas-tu ? Es-tu chrestien ou mahometiste? Ventre sainct Quenet[1] ! dis-le moy, ou tu es mort! — C'est moy! Monsieur, dit maistre Guillaume. Piedaigrette s'aprochant de plus près, encore qu'il ne fust pas trop asseuré, maistre Guillaume le recogneut, et, criant comme un veau, luy dit : C'est moy! c'est moy! de par le diable, mon amy, tes fortes fiebvres quartaines! c'est moy, Piedaigrette, mon amy. Luy, estonné de ceste rencontre, luy dit : Eh! c'est donc toy, maistre Guillaume? Çà, çà, que je t'acolle! Hé, hé, mon bon amy! qui t'ameine en ces quartiers? — C'est moy-mesme, dit maistre Guillaume. Mais toy, de quel quartier viens-tu? je te prie de me le dire. Après les acolades et bien venues faictes l'un à l'autre, Piedaigrette luy dit : En bonne foy, mon amy,

---

1. Ce juron se trouve souvent dans Rabelais. Nous ne savons pourquoi le patron breton saint Quenet ou saint Kent y est invoqué de préférence. On juroit aussi par *la divè oye Guenet*.

je viens des champs Elizée. — Et quoy faire? dist maistre Guillaume. — De veoir le bon père Anchises. — Qui t'y a conduict?—La Sibille.—Laquelle? — D'un pressouer¹. — Ha, ha! et je te prie, contemoy des nouvelles du pays, et par quelles contrées tu as passé. — Par ma foy ! je te le dirai volontiers, pourveu que tu me veuille escouter. — Je t'escouteray aussi volontiers comme je fais l'evangile, maistre Guillaume.—Après que je fus lavé de tous mes pechez, dit Piedaigrette, par le moyen du grand jubilé d'Orléans, je ne sçay quels esprits m'aportoient en ces lieux, où j'ay esté et vescu l'espace de longtemps de la manne celeste des enfants d'Israël, durant lequel temps j'ay veu une partie du pays, qui est fort bon, Dieu merci. En premier lieu, je me trouvay en un pays de contracts, duquel pays j'eus grand peine à me desbrouiller, car je fus lié et garotté à coups de plume comme un pauvre forçaire²; et, n'eust esté Pajot et Bobie, qui venoient de parler à Matthieu Aubour pour retirer une minutte, j'estois en grand hazart. Eschapé de ce danger, j'entrai au pays de consultation, où il y a force gens d'honneur et gens de bien qui gouvernent le pays assez mo-

---

1. Jeu de mot sur la sebille de bois dans laquelle s'égoutte le pressoir.

2. On avoit d'abord dit *forcé*, comme on lit dans les premières éditions de Rabelais, puis on dit indifféremment *forsaires* et *forsats*. « Nous appelons ces pauvres gens attachez à la rame *forsats*, parcequ'ils rament par force. » (Vincent de La Loupe, *Origine des dignitez et magistrats de France*, Paris, 1573.)

destement, comme Messieurs Versoris, Canaye, Dulac[1], et autres gens de palais dont la renommée vit encores; mais là on n'y boit point, qui est un grand malheur, et, n'eust esté le pays de consignation où j'entray, j'estois mort de la mort de Roland. O mon amy, quel meschant pays! Tout le monde y a bon droit, mais il y a toujours quelqu'un qui perd. L'on me demande : Quoy! Piedaigrette, as-tu affaire de quelque chose? Veux-tu consigner? Quel chemin veux-tu aller? — Messieurs, je cherche le pays de Sapience, je vous prie me l'enseigner.—Ha, ha! mon amy, vous aurez bien de la peine à le trouver, car il vous faut passer par la comté de Folie, où il y a tant de peuple que rien plus : car tous les sages de vostre monde et ceux qui le pensent estre y sont habituez. — Encores, Messieurs, s'il ce peut faire, il faut trouver moyen d'y parvenir. Ayans pris congé d'eux, je passé une petite contrée qui estoit fort belle et plaisante à voir de loing, où il y a plusieurs belles maisons, vaste en grosses fermes et bien accommodées ; mais je vous asseure qu'il y faut avoir bon nez : car, tant plus j'approchois, tant plus je sentois une odeur qui estoit plus forte que musc. Je trouvay un jeune homme, auquel je demanday : Mon amy, quel pays est-ce icy? — Monsieur, me dit-il, couvrez-vous, c'est le pays de Medicination. Vous voiez tous ces beaux lieux-là : croyez, Monsieur

---

1. Il étoit conseiller au Châtelet. « Le dimanche 29 (septembre 1596), dit L'Estoille, Du Lac, conseiller en Chastelet, mourut à Paris de la maladie qu'on disoit qu'une garce avec qui il avoit couché lui avoit donnée. »

mon amy, que toutes les etoffes et materiaux ont eté pris chez les apoticaires de Paris, et des plus fines rubarbes qu'ils ayent en leurs boutiques, et soyez asseuré que, si ce n'estoit un *remedium contra pestem*[1] que l'on vend au palais, il y auroit bien du danger à passer par icy. Ayans prins congé de cestui-là, je passe dans une grande forest bruslée, où on ne voyoit goute, à l'issue de laquelle je trouvay deux venerables vieillards, qui me demandèrent où j'allois; je leur responds : Messieurs, je cherche le pays de Sapience. L'un commence à rire comme un fol, l'autre à pleurer comme un veau; je fus tout estonné de cette façon de faire. Ils me demandèrent neanmoins tous deux qui j'etois, et moy je leur fais la mesme demande. L'un me dit : Je m'appelle Democrite. — Et moy Heraclite. — Et moy Piedaigrette, leur dis-je. — Or, puis que tu as dit ton nom, passe maintenant, te voilà entré au pays de Folie, par lequel il te faut passer avant que d'entrer en Sapience. Je ne fus pas une demi-lieue dans le pays, Monsieur Guillaume, mon ami, que je rencontrai un grand vieillard, qui, avec une torche ardente, cherchoit le jour en plein midi. Un peu plus avant, je vis un petit noirault qui aprenoit à nager sur une rivière avec deux pierres à son col, comme deux vessies de charcutier, et tant d'autres fols de ce monde que

---

1. Il régnoit alors à Paris une dangereuse contagion que Malherbe appelle *peste à la gorge*. (V. lettre à Peiresc du 10 octobre 1606.) C'étoit une maladie semblable à celle qui ravagea Barcelone en 1822. V. *Journal de l'Estoille* édit. Lenglet, t. 3, p. 378, 385.

rien plus, qui briguoient en court pour estre enregistrez pour aller faire la guerre aux Turqs[1]. Ayans passé tout ce pays du monde, de ce pays-là j'approchois d'une grande ville pour y entrer, pour me reposer et loger; mais, à l'entrée d'icelle, je rencontray, comme en sentinelle perdue, un grand vieillard, qui s'appeloit O Sapientia, lequel, avec cinq ou six autres grands O, alloient chercher Noël[2]. Je m'adresse à luy, et luy demande assez doucement : Seigneurs, pourray-je bien loger en vostre cité? Il me respond : Qui es-tu? mon ami. — Helas! Monsieur, luy dis-je, je suis le pauvre Piedaigrette, qui, ayans passé la plus grande part de ma vie au pays de Folie, sur mes vieux jours je desirerois me retirer avec la Sapience. Ha! maistre Guillaume, si tu sçavois quelle responce il me fist, tu serois estonné. Il commence à me dire : Vas-t'en d'icy, affronteur! charlatan! trompeur de marchands! effronté! coquilbardier! mangeur de morue de Flessingue! Vas-t'en à tous les diables! vas-t'en d'icy! Il n'entre en ce pays que gens de biens et d'honneur! Moy, estonné com-

1. Un grand nombre de François s'étoient enrôlés sous M. de Mercœur pour combattre les Turcs en Hongrie. V. *Journal de l'Estoille*, 3 mars 1601.

2. Le *O Sapientia* étoit, avec *O Adonaï, O Radix*, un des O de Noël, c'est-à-dire l'une des antiennes ou prières ainsi nommées à cause de l'interjection qui en étoit le commencement. — Il y a ici une équivoque évidente sur le nom du marquis d'O, qui, de 1578 à 1594, c'est-à-dire jusqu'à sa mort, fut surintendant des finances. Il fut fameux par ses exactions. Piedaigrette devoit donc rechercher un enrôlement chez lui.

me un fondeur de cloches, au petit pas je me retire de là, et estois assez faché de n'entrer en ce pays-là, veu la peine que j'avois eue à le chercher; mais je vis bien qu'il n'y va pas qui veut. Ayans quitté le père Sapientia avec ma courte honte, j'aperceu neantmoins sur les limites du pays le bon père et homme de bonne memoire, Monsieur de Chavignac [1], qui composoit un livre, *De reconciliatione successori suo cum vicario suo antiquo*, avec la glose de Belin et Sageret; il estoit prest à l'envoyer à Patisson [2], mais Monsieur de Bonport estoit engrené le premier. Il y avoit trois jours que j'en estois party quand je t'ay trouvé. — Vrayment, dit maistre Guillaume, je ne m'estonne pas de t'ouïr parler, tu as bien veu du pays. Mais quoy ! Piedaigrette, se resouvenant encores de tous les bons tours, tant bons que mauvais, qu'il avoit faits, ne pouvoit bonnement faire l'accolade à maistre Guillaume, lequel, d'un visage à demy fasché, luy dit : Il semble, à te voir, Piedaigrette, que tu aye le cœur failli; tien une tranche de ce jambon, que m'a fait bailler Monsieur de Saint-Paul [3], passant par son cartier. Piedaigrette, revenant com-

1. C'est le docteur en théologie Chevignard ou Chevigny, le même au sujet duquel s'est trompé Du Verdier quand il en a fait deux personnes, *Jean de Chavigny* et *Jean-Aimé de Chavigny*. Il semble qu'il est fait allusion ici au livre qu'il fit sur l'avénement de Henri IV, *Henrici IV fata*, Lyon, 1594. Il mourut en 1604, âgé de plus de 80 ans.

2. Mamert Patisson l'imprimeur.

3. Sans doute le capitaine Saint-Paul, qui commandoit à Reims, et fut tué par M. de Guise pour quelques paroles trop hautaines. V. L'Estoille, 28 avril 1594.

me d'un profond sommeil, et ses yeux pleins de chassie à demi-ouverts, luy dit : Par ma foy! maistre Guillaume, mon amy, je songeois au bon temps que j'avois lors que les coquilberts firent leurs entrées en France, la guerre cruelle qu'ils eurent contre les mousches[1], leurs batailles, le nombre des bons capitaines coquilbardiers, et comme du temps et du règne du bon père Louvet ils vivoyent ; et comme aussi, d'autre part, nostre bon maistre, depuis peu de temps en çà, a descouvert toutes sortes de coquilberts, soit ceux de messieurs les petits dieux du monde, soit sur leurs saincts, et qu'à present il n'y a qu'un general en matière de coquilbarderie, qui est cause que les pauvres mousches ne tirent plus de miel de leurs ruches.

Ha! ha! Piedaigrette, mon amy, je te prie me declarer quelles bestes sont-ce que coquilberts ; j'ay veu beaucoup de bestes après toy, mais je n'ay en-

---

[1]. Ce mot, d'où est venu celui de *mouchard*, s'employoit depuis long-temps déjà, et même bien avant l'entrée en fonctions de l'inquisiteur de Mouchy (Demochares), pour lequel, selon Ménage et le président Hénault, on l'auroit d'abord créé en équivoquant sur son nom. Il se trouve déjà dans le poème d'Antoine du Saix, *l'Esperon de discipline pour inciter les humains aux bonnes lettres...*, Paris, 1539, in-16. — Selon le *Martyrologe des protestants* (1619, in-8, p. 530), les espions de l'inquisition d'Espagne s'étoient d'abord appelés *mouches*. « Plusieurs de ces mousches, y est-il dit, volent si haut et si loin que, passant la mer, ils iront en estranges et loingtains pays espier ceux qui, se bannissants eux-mesmes d'Espagne, se seront à seureté retirez en quelque part. »

core point veu de coquilberts. Sont-ils plus grands que les chameaux de M. de Nevers? Sont-ils de la race de Bucefal ou du cheval Pegasus? Je te prie de me le dire ou m'en figurer un comme tu sçais bien qu'ils sont, et je te bailleray à boire dans ma gourde de ce bon vin que l'on m'a baillé chez M. Asdrubal.
Piedaigrette, ayant fait un pet, un rot et un siflet, commença à faire un long discours, en disant en langage commun : Au temps des bons pères Rouselay[1], Sardini[2], Bonnisi, Cenami et autres pères anciens sortis du fin fond de la Lombardie, les coquilberts commencèrent à naistre en nostre France, et, faisant des petites legions, s'escartèrent par tout nostre royaume. Douane commença à gouverner à Lyon : traites foraines, partout nouvelles impositions à Paris ; enfin le père Louvet fut deputé pour empescher les coquilberts de vivre, et fit une armée de mousches pour faire le degast des vivres des coquilberts, desquelles il fit Benard capitaine, Molart lieutenant, Honoré enseigne, Poupart sergent, et pour le moins deux cens apointez qui faisoient garde jour et nuit, tellement que tous les pauvres

___

1. Il faut lire Ruccellaï. C'est un de ces Italiens qui faisoient alors les grosses affaires de finances. V. notre édition des *Caquets de l'Accouchée*, p. 40-41.

2. Scipion Sardin fut le plus fameux de ces Italiens enrichis. V., sur lui, le *Journal de l'Estoille*, édit. Lenglet-Dufresnoy, t. 1er, p. 102, 485, et t. 2, p. 5. — Il possédoit une fort belle maison au faubourg Saint-Marcel, dans une rue qui s'appelle encore, à cause de lui, rue Scipion. Sa maison, devenue la *manutention* des hospices de Paris, porte aussi ce nom.

coquilberts estoient en danger de mourir de faim, sans l'invention de Greffier de Saint-Lubin, bon soldat coquilbardier, lequel, voyant les vivres faillir en l'armée, trouva moien et inventa nouvelles inventions pour vivre, sçavoit lier les moutons par les pieds, et cacher derrière les pierres de taille pour passer avec le gros qui avoit acquitté; fit les metamorphoses de bœufs en vaches, de porcs gras en truyes maigres, et les bahus pleins de cochenille[1] pour du vieux linge pour vendre au bout du pont Saint-Michel; et, tant que dura ceste invention, les mouches mouroient de malle rage de faim, tellement qu'elles ne pouvoient plus voller, et messieurs les coquilberts vivoient à discretion. — Mais, Piédaigrette, tu m'as promis de me figurer un coquilbert, je te prie, fais-le. — Aga, mon amy, je ne te mentirai d'un seul mot: les coquilberts ont la teste faite comme un gros bœuf ou une vache; le corps, par les parties de devant, comme un porc gras; depuis les espaules jusques au train de derrière, comme un veau; la cuisse droite comme un mouton et la gauche comme un chevreau. Il a la queue fort grosse et d'une estrange façon, car elle est faite de mille et mille martres sublimes, de renardeaux, de fouines, de loutres et de toutes autres sortes de fourrures pour l'hiver. Au temps passé ils avoient de grandes cornes, sur lesquelles vous eussiez trouvé en toute saison mille hotées de beure, paniers pleins de poulets, perdris, agneaux,

1. La cochenille du Mexique étoit alors l'objet d'un très grand trafic.

oisons, fésants, et de toutes autres sortes de volatilles ; quand ils sont bastez comme chameaux, leurs bats sont fort creux : car il y tiendroit bien cent pièces de velours, autant de satin, damars, que taffetas, toilles fines, rubarbes, cochenille, et de mille sortes de marchandises sujetes à l'imposition. Ils sont à part soi plus forts que cent bœufs attelez ; ils vont jour et nuict, et aussi asseurement sur eaüe que sur terre ; il n'y a mousches, mouschars ni mouscherons qui les puissent empescher d'aller où bon leur semble ; ils sont quelquefois comme les cameleons, ils changent de toutes couleurs ; ils font faire plusieurs passages invisibles ; ils font passer la douzaine de bœufs aussi gaillardement sans acquiter comme moi ; ils font les uns de pauvres riches et de riches pauvres ; quand ils dorment, tirez-leur un poil de dessus eux, il vous servira à vous faire un manteau, un pourpoint, un chapeau, voire, quand il est bien tiré et choisi, il vous servira à faire un habit complet ; ils font porter à madame la controleuse, à madame la garde, la petite cotte de taffetas, de camelot, de soye ou de telles estolfes qu'elles desirent, le petit demi-ceint d'argent, la bague mignardelette au doigt, le petit bas de soye, etc. ; tellement, mon bon ami Me Guil., les coquilberts ont de terribles perfections, et, si je l'osois dire, leur eaüe est meilleure que le vin de Vaugirard : car il y a plus d'un mois que j'en boy, je vous en parle comme sçavant, et si j'en bois encore quelquefois quand je suis au monde. De la nourriture de tels animaux, je ne t'en veux rien dire : car tu peux assez juger, estant juge comme tu es, que, sortant telles eaux de telles chapelles alambiques, que le dedans n'est que rosée et fleurs d'estrange vertu ; les bons coquilberts sont recherchez de toutes sortes de gens de bien, et qui n'ont point l'âme de travers comme toi.

Je te veux conter, puisque nous sommes à loisir, comme deux honnestes dames de nostre cartier, s'estant accostées de petis coquilbardeaux, et coquilbardant avec eux, jouans à frape main, faisoient et engendroient de gros coquilberts, les envoyans loger à Paris à la place aux Veaux, chez leurs bons amis.

Un gros, voulans faire son entrée à Paris, advertit cinq ou six de ses amis pour le recevoir à la porte de Bussy le lendemain de Noel M. V^c. Lxxxxv. C'estoit la bonne année des coquilberts ; ils estoient en aoust[1] en ce temps-là. Le capitaine la Rue, gouverneur de la porte de Bussy, fut prié d'assister à sa reception, et moi je le vis entrer ; tu ne croiras l'estrange façon qu'il entra : premierement, marchoit le père aux bœufs en bel ordre et piteux estat, accompagné de deux cens moutons, tous couverts de laine blanche et noire jusques aux yeux ; après cette bande passa quatre-vingt ou cent bœufs conduits par le jeune Fontaine, qui estoient nouvellement venus de Poissy, et qui s'estoient reposez en son chasteau de la Bouverie ; en après, comme un entremets, entrèrent deux cens autres moutons, tout ainsi que les autres precedés ; après ceux-ci passèrent six autres gras bœufs malheureux, car ils avoient laissé la peau chez le père Audouart, et

1. C'est-à-dire en temps de moisson.

s'en allèrent cacher à Beauvais. Cela fait, monsieur le coquilbert entra aussi secretement comme une souris, et le receut le capitaine la Rue avec tant d'amitié que rien plus; et après les acolades et bienvenues faites, allèrent boire chez le père Valenson; mais partout il y a du malheur et du peril, comme dit le saint apôtre : car une meschante mousche, qui estoit en sentinelle, fut presque cause de ruiner les coquilberts, et en fut le père Louvet[1] adverti; tellement que la paix qui avoit esté si longtemps entre les coquilberts et les mouches fut rompue.

Louvet lève une compagnie nouvelle de mousches bovynes, picquantes et ardentes; il envoie commissions de tous costez, Poupart de çà, Poupart de là, Benard à pied, Benard à cheval, les gardes renforcées à toutes les portes, tellement que jamais la guerre des Guelphes et Gibelins ni fit œuvre pareille. On avoit desjà le pied dans l'estrier pour donner le combat, les petites collations estoient cordées, et les coquilberts, estonnez comme fondeurs de cloches, ne savoient à quel sainct se vouer; l'on fait plusieurs assemblées, le conseil se tient par plusieurs fois; enfin monsieur du Pied-Fourché[2] envoye à madame de la Douane la republique de la nouvelle imposition; envoya ambassadeur à messieurs de la Marée et de la Draperie;

---

1. C'est « ce grand fermier Louvet » dont il est parlé dans la *première journée* des *Caquets de l'Accouchée*. (V. notre édition, p. 40-41.) Il n'en est nulle part ailleurs parlé aussi longuement qu'ici.

2. Le *pied fourché* étoit la ferme d'un impôt établi aux portes de quelques villes sur les animaux ayant, comme le bœuf, le mouton, le porc, la chèvre, le pied fourché.

monsieur du Port Saint-Paul à monsieur du Port Saint-Nicolas, anges de grève[1] à la Tournelle, et le rendez-vous à Malaquest[2], où la paix fut traictée, Maistre Guillaume, mon amy, et les coquilberts, mouches et moulcherons s'allièrent ensemble par un lien indissoluble d'amitié, et firent comme les Romains et les Sabins, s'espousans les uns les autres; tellement que par le moyen de cette alliance le pauvre père Louvet fut metamorphosé comme Acteon, qui fut mangé de ses chiens propres : car toute son armée de mouches, tant capitaines que soldats, devindrent coquilberts, et fut traicté à la Turque; et, n'eust esté Maubuisson où il se sauva, il eust esté mangé tout en vie. Ce néantmoins il luy demeura encore quelques mousches

1. Les crocheteurs de la place de Grève. Le nom qu'on leur donne ici leur venoit de leurs crochets, simulant des ailes sur leur dos. On lit à la scène 3 de l'acte 3 de *l'Eugène* de Jodelle :

FLORIMOND.
Laquais, trouve des crocheteurs.
PIERRE.
J'y vais, monsieur ; et, quant à eux,
Ils voleront bien tost icy :
N'ont-ils pas des aisles aussy ?

2. Le quai ou plutôt le *port Malaquest*, ainsi qu'on l'appeloit alors. (*Registres de l'Hôtel de Ville pendant la Fronde*, t. 1er, p. 107.) Ce nom de *Malaquest*, qui n'a jamais été expliqué d'une façon satisfaisante, pourroit bien trouver son origine dans les assemblées de contrebandiers qui se tenoient, comme on le voit ici, sur ce port alors désert, et d'autant plus propice à cacher ces bandes et à recéler leurs vols qu'il étoit couvert de piles de bois de chauffage. (*Registres de l'Hôtel de Ville...*, t. 1er, p. 184.)

qui estoyent des vieilles bandes, qui ne se voulurent
acorder, comme le capitaine Boucher, le sergent
Poupart et autres capitaines reformez, qui vivent
encore en esperance de remonter au dessus de leurs
affaires avec le temps. Comme de fait le capitaine
Boucher surprint un coquilbert qui s'estoit venu loger à la Nostre-Dame de Mars aux faulxbourgs
Saint-Germain, qui fut plumé comme un canart; il
s'estoit caché dans les chausses de Gerbault, et s'estoit rendu invisible à plusieurs mouches durant la
guerre; il s'estoit formé en bottes de soye et avoit
passé sous cette forme par plusieurs fois, mais il y
vint à la malheure.

Quand il est grand'année de coquilberts, tu ne vis
jamais tant de fermiers devenir marchands de safran.
Il n'est pas les chambrières de cuisine et filles de
chambre qui ne coquilbardent; l'on ne parle plus
de ferrer la mule, il n'y a plus que les coquilberts
en campagne : voilà, M. Guil., comme le monde
vivoit de ce temps-là et vit encore au monde.— Escoute, escoute, Piedaigrette, dit M. Guil. : nostre
maistre y prend bien garde, et de près ; allons-nous-
en d'icy ; as-tu le rameau d'or d'Æneus? Allons, allons, voilà le père Caron qui nous attend sur le bord
du Stix pour passer ; aussi bien ay-je la teste rompue
des cris et urlements de ces usuriers de l'autre
monde et de ces avaricieux qui sont là-bas dans ces
paluz infernaux jugés par Minos et Radamanthe ; il
me tarde que je ne sois chez M. Jamet[1].— Allons, dit

---

1. Le financier Sébastien Zamet, seigneur de trois cent
mille écus de rente, comme il s'appeloit lui-même.

Piedaigrette, quand tu voudras, et sortons hors
d'ici. Ayant donc passé Stix, nous beusmes ensemble avec le père Caron, qui est vrayement bon vieillard, et, estant sorti des Champs-Élisées, Piedaigrette dit : Allons par quelque chemin écarté, de peur
des mousches de monsieur Largentier de Troyes[1], qui
est venu de nouveau faire la guerre aux coquilberts
de Paris. — Et quelle guerre est-ce? dit monsieur Guil :
C'est pis que celle de Louvet ; il s'est emparé du château des quatre fils Aymon ; il a pris pour maistre
mousche le père Adam ; il l'envoye sous terre et fait
plus de trouble au royaume avec son escritoire. Estant doncques le Père aux pieds et M. Guil. prests à
se separer, Piedaigrette luy recommanda toutes ses
affaires, atendu la faveur qu'il avoit en court, le pria
d'avoir souvenance en son *memento* des folles enchères d'un pauvre coquillebardier ; et, s'estant dit
l'un à l'autre un long *vale*, et adieu ! M. Guil., adieu !
Piedaigrette, adieu! adieu ! M.Guil. s'en va au Louvre,
et Piedaigrette à la taverne chez le père Charpin, où
il rencontra le père Gauderon qui beuvoit demi-setier
du muscat de Vitry, auquel ayant compté plusieurs
choses, recommencèrent à succer le tampon, et de là
en sa maison, ou à grand'peine ses jambes de fuzeaux
peurent reporter sa teste de veau, et atend au coing
de son feu le paquet pour porter aux Champs-Élisées.

Et quant à maistre Guillaume, estant près du
Louvre, il s'en va chez M. de Montauban[2], auquel

1. G. L'Argentier, administ. du bail des fermes sous
Henri IV. V. Grosley, *OEuvres posthumes*, 1, p. 14—19.
2. Moysset, dit Montauban, du nom de sa ville natale,
étoit trésorier de l'épargne. V., sur lui et sur ses manœu-

il donna advis de la descente des coquilberts, qui se preparoient à luy faire la guerre, et qu'il se tint bien sur ses gardes, qu'il acheptast un resveil-matin [1] à messieurs ses commis pour n'estre endormis en ses affaires ; et que pour luy il achetast des lunettes pour y voir plus clair, et qu'il advertist en passant M. de Soisy pour les trente sols ; que Marquenat n'oubliast ses galoches quand il iroit aux portes, à cause des boues, et que, quand il iroit voir messieurs les receveurs à cause du temps, il les advertist de ne se point battre et esgratigner, et puis boire à cline-musette, et qu'il print bien garde que ses mousches ne devinssent coquilberts comme du temps du père Louvet, et beaucoup d'autres bons advertissemens touchant la coquillebarderie, et de là en sa maison, atendant nouvelles du temps.

Ne faut-il point parler de rire quelquefois
Ou dire verité en paroles couvertes,
Estre toujours caché comme un sauvage aux bois ?
La porte d'un bon cœur a tout bien est ouverte ;
Mais que pourroit-on dire d'avoir ceste arrogance,
Avoir tracé la voye à mille inventions,
Voire tousjours avoir une vaine esperance,

vres financières faites de connivence avec M. de Luynes, notre édition des *Caquets de l'Accouchée*, p. 184, 241. — V. sur sa querelle avec l'Argentier, qu'il fit arrêter en 1609, Grosley, *ibid.*

1. C'étoit une invention qui commençoit à être en usage. Quand Henri III, la veille de l'assassinat du duc de Guise, eut commandé à du Halde de le réveiller à quatre heures, celui-ci régla son *réveil* pour cette heure, et fut exact.

Retrouver le chemin de mes conceptions.
Après que mon destin aura repris son cours,
J'espère que j'auray quelque contentement,
S'il y a de l'espoir en tous mes vains discours
Je ne manqueray point à mon avancement :
Nul ne peut parvenir sans avoir du tourment.

Les Ballieux des ordures du monde[1], *nouvellement imprimé pour la première impretion par le commandement de nostre Puissant l'Econome.*

A Rouen, *chez Abraham Cousturier, tenant sa boutique près la grande porte du Palais, au sacrifice d'Abraham.*

In-8.

la vicissitude estrange !
Toutes choses courent au change ;
Le ferme est fondé sur le point ;
Autres fois l'on ne voyoit point
Tant de crocheteurs par le monde,
De vigilans faiseurs de ronde,

---

1. Nous connoissons plusieurs éditions de cette pièce, qui, toutefois, n'en est pas restée moins rare. Une seule porte une date : c'est celle où notre pièce, ayant pour titre *les Ballieurs des ordures du monde*, se trouve à la suite de *la Gazette...*, Paris, *jouxte la coppie imprimée à Rouen* par Jean Petit, 1609, in-12. (V. Viollet-Leduc, *Biblioth. poétique*, p. 349-350.) Nous n'avons pu retrouver l'édition originale de Jean Petit. En revanche, nous en avons trouvé une autre qui avoit échappé à tous les bibliographes. Elle a pour titre : *le Donnez-vous garde du temps qui court* ; s. l. n. d., et est, en plusieurs parties, beaucoup plus correcte que

De porteurs de paquetz pliez [1],
De grands faiseurs de bons-adiez [2],
Tant de faineans par la rue,
De questeurs de franches repues,
De sires Jeans escornifleurs,
De piqueurs de dez, d'enjolleurs,
De francs taupins, de fripelippes [3],
De moyne-laiz, de francatrippes [4],
De bouffons, de sots, de cocus,
De truchemens, courtiers de culs,
De charlatens planteurs de bourdes,
D'ypocrites, de limes sourdes,
De chicaneurs, de patelins,
De trompeurs, de maistre Gonnins,
De r'habilleurs de pucellages,
De faiseurs de faux mariages,
De nourrices avant le temps,

celle donnée par Abraham Cousturier et reproduite ici. Elle nous a donc été fort utile pour les corrections. Nous n'indiquerons que les principales variantes. On a donné à Chartres, chez Garnier fils, en 1833, une réimpression à 32 exemplaires de l'édition d'Abraham Cousturier.

1. On désignoit ainsi les espions. Plus tard, on n'appela *porte-paquets* que les personnes qui rapportent à d'autres le mal qu'on dit d'eux. V. *Dict.* de Furetière.

2. Diseurs de bonjours inutiles, *bona dies*; grands faiseurs de protestations, comme le sont les Italiens, auxquels ce mot de *bonadié* est emprunté.

3. *Gourmand.* Le peuple dit encore *frippe-sauce.* Leroux *Dict. com.*, donne à ce mot un sens obscène.

4. Le *Franca-Trippa* des farces italiennes. Son nom se trouve déjà francisé dans la 18e *Serée* de G. Bouchet.

De plaisants, de Rogers Bon-Temps,
De flannières.[1], de macquerelles,
De faiseurs de laict aux mamelles ;
De faux tesmoins, faux rapporteurs,
De fabulistes, de menteurs,
De semeurs de fausses sciences,
D'escamoteurs de consciences,
De corrupteurs de magistrats,
Bref, mille et mille autres fatras,
Qui, pullulant parmy les hommes
En ce maudit siècle où nous sommes,
N'empoisonnoient l'antiquité.
La Deesse de verité
Sur son cube estoit toute nue ;
Justice marchoit retenue,
Sans colère, faveur ne choix,
Au gouvernement de ses loix ;
L'orrible vipère d'envie
De l'enfer n'estoit point sortie ;
La noblesse aimoit la vertu ;
Le noble en estoit revestu ;
C'estoit son clinquant, son pennache,
Son pend'-oreille, sa moustache ;
L'Esglise en sa splendeur estoit,
Et dedans ses flancs ne portoit
Tant de serviteurs d'Elisée ;
Sa robbe n'estoit divisée
Par ces Simons magiciens [2],

1. *Flâneuses, coureuses.* Pour toute femme prenant du plaisir, on disoit qu'elle étoit *flanière.* V. la 132e lettre de Voiture, à Mlle de Rambouillet.

2. Simon le Magicien, fameux hérésiarque du premier

Et l'on ne donnoit point aux chiens
Le pain des enfans légitimes;
Le pasteur mesnageoit ses dismes,
Sans les bailler aux hommes lais.
Mais sus donc, prenons nos balais,
Balions toutes ces ordures,
Ostons premier ces charges dures,
Ces porteurs de nouveaux capots,
Ces subsides, empruns, impots,
Fermiers, fermières et monopoles,
Ces chaudepisses, ces verolles,
Ces raptasseurs de nez pourris,
Verds blez, par les camars devis,
Ces Gilles Jeans, ces carrelages [1],
Et aultres tels maquerellages,
Sources de tant de potions,
De poudres, de decoctions,
De diettes, de robbes grises,
Et de semblables marchandises
Qui purgent la bource et le corps.
Chassons en mesme temps dehors
Ces subtilles revenderesses,
Ces lampronières [2] manieresses,
Qui, faisant semblant de porter

siècle, fut le chef de la secte dite des Simoniaques. V., sur lui, *les Actes des Apôtres*, liv. 8, ch. 4, et le mémoire de M. H. Schlurick, *De Simonis magi fatis Romanis commentatio historica et critica* (Meissen, Klinkicht, 1844, in-4).

1. *Festin, ripaille.* Pour une bombance on disoit une *carrelure*, un bon *carrelage* de ventre.

2. Coureuses de nuit, le *lampron*, petite lampe de deux sols en main. V. Richelet.

A madame pour achapter
Quelque chaisne d'or singulière,
Ou luy lever sa penilière,
Luy racoustrer son bilboquet,
L'entrefesson et le brisquet,
(Car ce sont là leurs doctes termes),
Ces croche-cons à bouches fermes,
Entremeslent dans leurs discours
Mille petits propos d'amours,
Et, mettant la main sur la motte,
Glissent le poulet soubz la cotte.
Chassons encor, jetons à l'eau
Ces vieilles lampes de bordeau,
Mamelles molles et fanées
Comme vessies surannées,
Culs de postillon endurcis,
Cols de cigoigne restroissis,
Dents dechaussées et pourries,
Arrangées en dants de sies ;
Nez morfondus, yeulx enfoncez,
Vieils fronts ridez et replissez
Comme un gardecul de village ;
Vieille perruque à triple estage,
Vieilles eschines de chameau,
Poitrines de maigre pourceau,
Ventres pendants, jambes de lates,
Croupions pointus, fesses plates ;
Vieils hâvres ouverts à tous vents,
Vieilles lanternes de couvents,
Vieilles barques abandonnées,
Vieilles masures ruinées,
Vieilles granges, vieils culs rompus,

Vieux fleaux de quoy l'on ne bat plus,
Vieilles brayettes, vieilles bragues[1],
Fourreaux crevez et molles dagues;
Vieilles caisses et vieux cabas,
Viel estalage, vieux haras.
Videz, sortez, vieille antiquaille;
Vous ne servez de rien qui vaille.
Ballayons encor fermement
Ces revendeurs d'entendement
De memoire artificielle[2],

1. Hauts-de-chausses à l'ancienne mode, qui avoient fait donner aux *beaux* de l'autre siècle le nom de *braguards*. Dans le patois gascon, ce mot désigne le pis d'une vache.

2. Depuis le milieu du XVIe siècle, les inventeurs de mnémonique avoient été nombreux. Sous François Ier, Giulio Camillo Delminio ne demandoit que trois mois pour rendre un homme capable de traiter en latin quelque matière que ce fût, avec une éloquence toute cicéronienne. Il reçut du roi trois cents écus pour rédiger son invention en principes, ce qu'il n'exécuta qu'imparfaitement dans ses deux petits traités : *Idea del teatro* et *Discorso in materia di esso teatro*. Etienne Dolet, dans ses lettres et dans ses poésies, parle de lui comme d'un escroc dont le roi avoit été la dupe. Sous Louis XIII, autre système : on apprit la grammaire à Gaston d'Orléans à l'aide d'une méthode qui mettoit en action noms, adjectifs, adverbes, etc., et en faisoit comme autant de régiments, de bataillons, s'accordant ou guerroyant entre eux. (V. de Meyer, *Galerie du XVIe siècle*, t. 2, p. 177.) Un peu plus tard, Sivestius, chanoine de Louvain, enseignoit l'espagnol en huit jours au vice-chancelier d'Anne d'Autriche, et en dix au P. Oliva, à Rome. Il s'en vante, du moins, dans une lettre écrite en 1671, et conservée à Mons dans la correspondance de Arnould Lewaitte. V. *Nouv. arch. histor. des Pays-Bas*, t. 6, p. 444.

Ces esponges de damoyselles,
Leurs fards, leurs pignes, leurs miroers,
Leurs affiquets, leurs esventouers,
Leurs brusques branslemens de fesses,
Leurs petits chiens excuse-vesses,
Leurs cajols [1], leurs attraits charmeurs,
Ris fardés, regars ravisseurs,
Leurs finesses, leurs pomperies,
Leurs passe-temps, leurs railleries,
Leurs secrettes esmotions,
Leurs desguisées passions,
Leurs soupirs feints, leurs larmes feintes,
Le flatter de leurs douces plaintes,
Les bons coups qu'ils font à l'escart,
Leurs servantes de chambre en quart,
Leurs bals, festins, et mascarades,
Leurs masse-pains et marmelades,
Leur chaud satirion [2] confit,
Et autres esperons de lict.
Mais abatons la grande araigne
Qui chasse aux bidets d'Alemaigne,
Et cet autre qui en ce coing
Estend ses voiles de si loing.
Voyez-vous ces quatre araignées,
Comme elles sont embesongnées
A tendre leurs reths au passant!

1. On écrivoit *cageols*. C'étoient de petits piéges en forme de cages pour prendre les oiseaux. Son dérivé *cajolerie* n'a pas fait beaucoup dévier le mot de son premier sens.

2. La racine de cette plante passoit pour un aphrodisiaque énergique.

Allons donc vivement houssant
Ceste petite libertine :
Elle est chaste comme Faustine,
Et de son venimeux poison
Gâte mainte honneste maison.
Sus donc, qu'elle soit balloyée.
Cette place est bien nettoyée ;
La plus grosse ordure est dehors :
Allons visiter d'autres bords,
Et chassons de nos republiques
Les histrions, les empiriques,
Les beuveurs de vin par excez,
Les rajeunisseurs de procez,
Soliciteurs, faiseurs de clauses,
Bailleurs d'avis, vendeurs de causes,
Les Zizames [1], les Arabins,
Les grands babillards aux festins,
Les Carneades [2], les sophistes,
Les sarcophages atheistes,
Tous ces nouveaux reformateurs,
Et ces alquimistes souffleurs,
Qui, pour un lingot soubs la cendre,
Trouvent un licol pour les pendre.
Nous voulons aussi baloyer
Le legiste [3] qui sçait ployer,
Les bergers qui ont deux houlettes,
Les collations de sœurettes,
Tant de baiseurs par charité,
Et petits presens de piété [4],

1. Les *zigannes* ou *zingari*, bohémiens.—2. On sait qu'il y a un philosophe sceptique de ce nom. — 3. Variante : *rigistre*.— 4. Variante : *pitié*.

Et autres pratiques devotes,
Les causes de tant de riottes.
De tant de licts privez d'amour,
De tant de pains perdus au four,
De tant de napes adirées [1],
De tant de futailles vidées [2],
De tant de lardiers tous videz,
De tant de scandalles semez,
Et qui font rire à plaine gorge
Les saincts de la nouvelle forge,
Car, parmy ces devotions,
L'on voit bien peu d'Estochions [3],
Paules, Marcelles, Fabiolles,
Et de semblables christicolles,
De S. Hierosme encore moins.
Chassons encor tous faux tesmoins,
Tous examens signez sans lire,
Le prescheur qui n'ose tout dire,
Le pescheur qui à toute main
Prend tout poisson avec son ain [4],
Les medecins qui sont trop riches,
Les pharmacopolles trop chiches,
Les chirurgiens trop piteux,
Les pages qui sont trop honteux,
Une nourrisse trop songearde,

1. Variante : *égarées*.
2. Variante : *mantes deschirées*.
3. Sainte Eustochie ou Eustochium, qui, comme sainte Paule, avec laquelle elle se voua à la retraite, et comme les autres saintes femmes nommées ici, fut disciple de saint Jérôme.
4. Ce mot, qui vient du latin *hamus* et signifie *hameçon*, est encore très en usage dans quelques provinces.

Une nonnain trop fertillarde,
Un confesseur trop indulgent,
Un contable [1] trop negligent,
Un secretaire trop prolixe,
Une trop jeunette obstetrice [2],
Un brasseur près de mauvaise eau,
Un paticier près d'un bordeau [3],
Un boucher de puante alaine,
Une servante trop mondaine,
Un escolier près d'un tripot,
Un tavernier auprès du pot,
Un meusnier près de sa tremie,
Un jaloux près d'une abbaye.
Nous chassons aussi ces sorciers,
Nourrissons d'esprits familiers,
Permutations clericalles,
Bigamies sacerdotalles,
Ces aliances de nonnains,
Advocats prenans des deux mains,
Procureurs qui sont sans malice,
Sergeans qui doivent leurs offices,
Greffiers qui babillent souvent,
Les commis qui n'ont point d'argent,

1. Var. : *un connétable négligent.*
2. *Sage-femme.* C'est le mot latin *obstetrix.*
3. Les pâtissiers tenoient cabaret dans leur arrière-boutique, et le *bordeau* n'étoit jamais loin du cabaret. Il n'y avoit donc que la femme tarée qui s'aventurât chez le pâtissier, et qui même osât passer sans rougir devant sa porte. De là, selon l'abbé Tuet, dans ses *Matinées sénonoises,* de là le proverbe : *Elle a honte bue, elle a passé pardevant l'huis du pâtissier.* V. notre *Hist. des hôtelleries et cabarets,* t. 2, p. 279.

Le juge qui n'a qu'une oreille,
Celuy qui dit : à la pareille ;
Le regent qui ne fesse pas,
Valets trop long-temps au repas,
Laquets cheminans des machoires,
Tabeillions sans escritoires,
Le receveur qui s'apauvrit,
Le financier qui s'enrichit,
Le poète qui tient de la Lune,
Le chantre qui tient de Saturne [1],
Le barguigneur [2] Mercurial,
Le contemplatif jovial,
Les enucques qui veulent frire,
Coquus qui veulent d'autres rire,
Bègues qui veulent discourir,
Les boiteux qui veulent courir,
Aveugles jugeant du visible,
Savetiers qui lisent la Bible [3],

---

1. C'est-à-dire qui dévore tout ce qu'il trouve.

2. Le mot *barguigneur* ou *barquineur*, qui, comme le verbe dont il est le dérivé, venoit d'une métaphore empruntée au jeu de l'oie (voy. *Biblioth. de l'école des chartes*, 2ᵉ série, t. 2. p. 304), signifioit marchander à outrance. Il étoit ancien dans la langue. (V. *Ducatiana*, t. 2, p. 458-459.) Parmi les *ordonnances* que Monteil possédoit manuscrites, il s'en trouvoit une du XVᵉ siècle sur la taxe du blé, par laquelle défense est faite aux *barguigneurs* de *barguigner*, c'est-à-dire de marchander avant l'ouverture du marché. V. Monteil, *Traité des matériaux manuscrits*, t. 2, p. 306-307.

3. La profession très méditative des cordonniers, qui produit aujourd'hui tant de socialistes et envoie tant de recrues en Icarie, avoit fourni alors un grand nombre d'adep-

Les femmes qui veulent prescher,
Ladre qui craint l'autre toucher,
Cordonniers portant les pantoufles,
Les chats qui veulent porter moufles [1].
Sur tout gardons-nous aujourd'huy
De l'envieux qui loue autruy,
Du loup qui faict du charitable,
Du pourceau qui dort sous la table,
De la mouche sur l'elephant,
Du singe qui berse l'enfant,
De l'ours qui nous monstre sa patte,
Du renard qui les pousles flatte,
Du lion qui a beu du vin,
Des syrènes du far messin [2],
Du cancre qui hume les huistres,
Et des asnes de franc arbitres.
Il se faut conserver aussi

---

tes à toutes les sectes de nouvelle invention. Le *New-York-State-Herald* du mois de septembre 1842 a donné de ces savetiers mystiques une longue liste, en tête de laquélle se trouvent : Fox, le fondateur de la secte des Quakers; Davis Parens, théologien allemand; Roger Sherman, homme d'Etat américain, etc. On nous signale une dissertation publiée en Allemagne au XVIIIe siècle sous le titre : *De Sutoribus fanaticis*. Les livres de religion se ressentoient par leur titre du premier métier de ceux qui les avoient écrits : c'étoient *les Pantoufles d'humilité, les Souliers à hauts talons pour ceux qui ne sont que des nains dans la sainteté*. V. Lud. Lalanne, *Curios. bibliogr.*, p. 251, 254.

1. *Gants.* V. sur ce mot une curieuse anecdote dans les *Variétés* de Sablier, 3, 200.

2. Le détroit de Messine, qui s'appelle le *phare*.

Du ris du tiran endurcy,
Des larmes d'une courtisane,
Des finesses de la chicane,
De la baguette d'un huissier,
De la navette d'un telier [1],
D'un *et cœtera* de notaire,
D'un *qui pro co* d'apotiquaire,
Des blandices d'un macquereau,
Des accolades d'un bourreau,
De l'inquisition d'Espagne,
Des coupe-bources de Bretaigne,
D'un *fé dé de* [2] italien,
Et d'un *certes* à bon escien,
D'un *veritablement* de thraistre
Et d'un chien qui n'a point de maistre,
De la main d'un bon escrivain,
De la cuisine d'un vilain,
Du couteau du flamen [3] yvrongne,
Et du *cap de Dious* de Gascongne,
Du *sacremente* d'Allemant [4],
Et de la fureur du Normant [5],
De la goittre savoisienne,
De la crotte parisienne,

1. Var. : *tissier*.
2. Var. : *fe de fe*. C'est le *par ma foi* italien.
3. Var. : *d'un flamand*.
4. Var. : *du sacramenn*. Juron des Allemands.
5. A Paris, on disoit encore, dans la litanie : *A furore Normanorum libera nos, Domine.* V. notre tome 1er, p. 97.

De la verolle de Rouen[1].
Mais nous voicy à Sainct-Aignan,
O dieux! que d'ordures estranges!
Que de culs cachez dans les granges!
Que de bouteilles, de flacons!
Que de bons jans, que de jambons!
Que de fleurettes refoulées!
Que de filles despucelées!
Que de beaux collets defraisez,
De buscs rompus, de ceints brisetz!
Que de mains sous les vertugades!
Que d'andouilles, que de salades,
De jonchée, de cervelats,
De tables, de pots et de plats!
Que de fringuantes damoiselles!
Quel tintamarre de vielles,
De viollons et de hault-bois!
Que de putains dedans les bois!
Que de collerettes rompues!
Et que de fesses toutes nues!
Que de beaux tetins descouverts!
Que d'enfans auront les yeux verts!
Qu'il faudra eslargir de robbes,
Et desplisser de garde-robbes!
Que de matrones empeschées!
Que de gardes! que d'accouchées[2]!

1. Un proverbe disoit: Vérolle de Rouen et crotte de Paris ne s'en vont jamais qu'avec la pièce. (*Francion*, 1663, in-8, p. 557.)
2. Ces deux vers manquent dans *le Donnez-vous garde*.

Que de baptesmes clandestins !
Et que de pères et parrains !
Balions donc ces villenies,
Ces dances, ces follastreries,
Ces blancques, ces jeux de hazart,
Ces discoureurs d'amour à part,
Ces vivandiers de foires franches,
Taverniers pour quatre dimanches,
Et chassons encore au baley
Ces beaux tireurs de pape gay [1].
Que leurs arcs et leurs cordes roides
Abattent les roupies froides
Qui pendent aux nez morfondus
Des enfans de Caulx refondus.
 Or voylà bien des places nettes :
Nos tasches seront bientost faictes ;
Il ne reste qu'à balier
La loyauté du couturier,
La paresse du laquais basque,
Le trop grand courage d'un flasque [2],
Les gouttes d'un jeune sauteur,
La grand blancheur d'un ramonneur,
Le trop grand sillence des femmes,
Les bastars des chastrez infames ;
Mais du tout dechassons allieurs,
Ces fols poetastres rimailleurs,

1. C'est l'ancien nom du *perroquet*. Il étoit resté pour désigner ces petits oiseaux de carte ou de bois qu'on mettoit au sommet d'une perche pour servir de but aux tireurs d'arquebuse.

2. Lâche, paresseux.

Dont la rithme est si mal limée
Et la lime si mal rithmée,
Qu'un bon rithmeur, rime limant,
Leur rithme relime en rithmant.
C'est faict, allons, quittons l'ouvrage,
Ne nous lassons point davantage.
Hercul bien empesché seroit
Sy toute la terre il vouloit
Rendre d'ordure repurgée
Comme il fit l'estable d'Augée.

Aux Dames [1].

Mignonnes, j'ay voulu, excusant vostre amour,
A visages masquez jouer vos personnages,
Ce seroit allumer la chandelle en plein jour;
Aux pelerins cognus, il ne faut point d'image.

Le poète qui a descouvert vos abus
A senti la rigueur de vostre ame irritée;
Mais ne le faictes plus, il n'en parlera plus:
L'effet cesse à l'instant que la cause est ostée.

S'il vous est malaisé de quitter ce plaisir,
Il nous est encor plus malaisé de nous taire.
Vous avez trop d'amour, et nous trop de loisir;
Nous aymons d'en parler, vous aymez de le faire.

1. Cette fin manque dans *le Donnez-vous garde*, etc.

Faictes doncque le vœu de quitter vos amours
Quand vous aurez perdu vos chaleurs et vos flammes,
Et nous vous promettons d'en quitter le discours
Quand ses brusques fureurs auront quité vos ames.

Mais pourquoy, direz-vous, nous blasmer en jaloux?
Si nous faisons l'amour, il n'y va que du nostre.
Mais, si nous en parlons, pourquoy vous fachez-vous?
Nostre langue est à nous comme le cul est vostre.

Donc, courtizan, alors qu'on te pique, il te faut
En cacher l'aiguillon, n'en faire point de compte.
Le singe, pour cacher sa honte, monte haut;
Mais plus il est monté, plus il monstre sa honte.

Discours veritable des visions advenues au premier et second jour d'aoust dernier 1589 à la personne de l'empereur des Turcs, sultan Amurat[1]*, en la ville de Constantinople, avec les protestations qu'il a fait pour la manutention du christianisme, qu'il pretend recevoir; ensemble la lettre qu'il a envoyée au roy d'Espaigne par le conseil d'un chrestien, et les guerres qu'il a contre ses vassaux pour ceste occasion, comme verrez par ce discours.*

A Lyon, par Jean Patrasson.
Avec permission.
In-8.

Les Protestations chrestiennes du grand Empereur des Turcs, envoyées par lettres au roy d'Espaigne.

ar plusieurs poincts de la saincte Escripture il se verifiera que souvent Dieu nous advertit des choses qui nous touchent, et nostre honneur, salut et santé, et de sa

1. C'est Amurat III, successeur de Sélim II, son père,

volonté aussi, par signes, visions, songes et autres moyens qu'il luy plaist, ausquels, si nous y pensions bien, nous et nos affaires se porteroient trop mieux qu'ils ne font : tesmoins les songes de Joseph fils de Jacob, et de Joseph espoux de la vierge Marie. Sainct Pierre, au second chapitre des Actes des apostres, recite la prophetie de Joel, par laquelle il desmontre que ce n'estoit point chose nouvelle si Dieu envoyoit des visions et des songes. Il y a d'autres passages que je laisse aux theologiens. Quant aux histoires humaines, on y a veu beaucoup d'issues et experiences, comme de la mère de Virgile, qui songea, lorsqu'elle estoit enceinte de luy, qu'elle voioit croistre une branche de laurier, et elle accoucha d'un poète à qui on a attribué la couronne de laurier. Aussi la mère de Paris, qui songea qu'elle enfantoit un flambeau ardent qui brusloit tout le pays; ce qui advint, car Paris, dont elle estoit enceinte, fut cause de la ruine et destruction de Troye. Le roy Astiages songea, quand sa fille estoit enceinte, qu'il voioit sortir du corps d'icelle une vigne croissant si fort que ses rameaux couvroient toutes les regions de son domaine; ce qui advint : car elle engendra Cirus, roy de Perse, qui fut maistre et seigneur de tous ses pays. Je pourrois encor alleguer Philippes de Macedoine, père du grand Alexandre, dont Aristandre, philosophe, interpreta le songe, selon laquelle interpretation advint. Les songes aussi de Ciceron, d'Hannibal, de Calpurnie, mère de Cesar,

---

et le même qui, par l'un des épisodes de son règne, inspira à Racine sa tragédie de *Bajazet*. Il régna de 1574 à 1595.

et plusieurs autres qui ont eu des visions nocturnes dont les effects sont advenus. Ce qui m'a emeu (outre l'envie que j'ay de faire part à tous catholiques de ce qui viendra à ma cognoissance pour l'augmentation de nostre saincte foy) à mettre en lumière ce present discours, lequel j'ay recouvré d'un marchant espagnol, et iceluy traduit de langage espagnol en nostre langue françoise, afin que tout homme de bien, en lisant iceluy, cognoisse de combien Dieu nous aime et a souvenance de la chrestienté, voulant admettre en icelle pour renfort le grand empereur de Turquie, qui commence à embrasser la loy de Dieu et à quitter le paganisme, avec intention de rendre son peuple chrestien, comme j'espère vous deduire par ceste vraye histoire [1].

Le grand seigneur turc, tenant sa cour le premier jour d'aoust dernier, mil cinq cens quatrevingts-neuf, à Constantinople, ville où il s'aime et plaist merveilleusement, fait un grand festin, auquel il convoque et appelle au disner tous les plus apparens seigneurs de la Turquie et ses autres meil-

---

[1]. Loin de se relâcher de la rigueur des sultans ses prédécesseurs contre les chrétiens, et d'avoir les velléités de conversion qu'on lui prête ici, Amurat fut l'un de ceux qui déployèrent le plus de sévérité. Il alla jusqu'à vouloir changer en mosquées quelques unes des églises encore consacrées au culte : Saint-François à Galata, Sainte-Anne et Saint-Sébastien. Il en avoit déjà donné l'ordre, quand l'ambassadeur de France, M. de Germigny, intervint et le fit retirer à force de démarches et d'instances. V. Hammer, *Hist. de l'empire ottoman*, t. 7, p. 139.

leurs amis, lesquels, receus qu'ils furent de luy gayement et de bon œil, ne parlèrent en tout le repas que des diversitez des religions qui courent maintenant par le monde, estonnez de quoy les rois n'y mettent ordre, et ne font de sorte que, si la douceur n'y a lieu, par la contrainte tous leurs subjets soient reünis en une seule foy ; prisant et estimant le roy d'Espaigne par sus tous autres rois, en ce qu'il soigne merveilleusement bien à telle chose. Ce que le grand seigneur escoutoit diligemment et avec une joye indicible, donnant son advis sur le tout, jusques à ce qu'il fut temps de se lever de table, où incontinent, au son armonieux de divers instrumens, ils se mirent à danser à leur mode avec les dames, qui s'estoient ce jour très richement parées, chacune d'elles desirant et convoitant grandement emporter le prix de beauté sur les autres.

Ainsi le jour se passa en toute jouissance et plaisir, et, venu le soir, le grand seigneur mangea peu à son souper, resvant assiduellement sur les devis et discours du disner, et se remettant en memoire toutes les particularitez mises en avant touchant la loy chrestienne ; enfin il se couche tout pensif et s'endort ; et, ayant jà faict deux sommes et passé les deux tiers de la nuict, luy fut advis qu'il estoit en son throsne assis et vestu de ses habits imperiaux, et tout devant luy le grand pontife de la loi mahommetiste qui lisoit l'Alcoran avec grande reverence, comme autrefois il avoit accoustumé de faire en sa presence. Lors tout soudainement entre en son palais un grand et espouventable lion, lequel avoit une croix un peu eslevée en l'air sur le chef, et en l'une de ses pattes un flambeau fort gros allumé ; ce lion, à son arrivée, faict trois tours à l'entour du palais, puis se jecte sur le pontife qui lisoit l'Alcoran, et lui arrache icelui et le brule en un moment, puis prend le pontife, et de ses griffes le met en tant de pièces que l'on ne les eust sceu nombrer. Le grand seigneur, voiant tel massacre, se lève de son throsne et veut prendre la fuite ; mais il est arresté tout court par le lion, qui de griffes et dents met en pièces tout son habit imperial, jusques à la chemise, de façon qu'il demeure tout nud, appelant ses gens au secours, mais en vain, car personne ne se presentoit pour lui aider. Lors, demi-mort de fraieur, il se jecte à genoux devant le lion, qui, prenant de lui compassion, lui commence à lecher les mains, et lui pose en icelles la croix qu'il portoit sur son chef et lui dict en langage sarrazin : Ceci est la croix en laquelle tu dois cheminer, sinon tu es perdu. Et, aiant le lion proferé telles parolles, il s'esvanouit et laissa le grand seigneur en tel estat, lequel, estant esveillé, demeura si esperdu et espouventé de son songe qu'il fut longuement sans pouvoir parler. Enfin il appelle ses gens et se faict habiller soudainement, et, levé qu'il fut, mande le souverain pontife et les plus grands prestres de sa loy, lesquels, estonnez de ce que le grand seigneur les envoioit querir si matin, vont en grande haste vers Sa Majesté. Eux arrivez, tout tremblant encor il leur conte ce songe, leur demandant l'explication d'icelui ; mais tous, après l'avoir oui par plusieurs fois discourir, asseurent ce monarque que ce n'estoit qu'un songe leger et vain, auquel il ne devoit prendre garde, et que cela procedoit d'une repletion d'humeurs qui lui faisoient faire telz songes horribles.

L'empereur de Turquie ne se pouvoit contenter de telle response, soustenant tousjours que cela lui presageoit quelque mal futur. Toutefois, vaincu de leurs belles remonstrances, il est contrainct de se contenter pour ceste fois et de les renvoier en leurs maisons. Ce jour fut passé assez melancoliquement par le grand seigneur, qui tousjours estoit triste et pensif. Le soir venu, il se coucha comme il avoit de coustume ; et, à pareille heure qu'il avoit faict ce songe le jour precedent, il en faict ceste seconde nuict encores un semblable, et y estoit d'abondant adjousté que le lion, après l'avoir mis nud, le foulle aux piedz et lui met la croix en la bouche, puis avec son flambeau brulle et redige en cendre le palais et le principal temple de Constantinople, luy redisant les premiers propos, à sçavoir : Ceci est la voye en laquelle tu doibs cheminer, sinon tu es perdu. L'empereur de Turquie, eveillé, se lève soudainement, comme il avoit fait le jour precedent, et envoie de rechef querir le grand pontife et ses compagnons. Eux venus en toute diligence, il leur reitère ce songe second, tout ainsi qu'il est cy-devant discouru, dont ils demeurent grandement emerveillez, doutant que cela signifiast quelque sinistre malheur à eux ou au païs. Toutes fois, aussi resolus que le jour precedent, ils taschent d'affronter le grand seigneur par une excuse semblable à la première, luy disant d'abondant qu'il ne se devoit soucier de tels songes ny mettre cela en sa teste ; qu'il estoit le plus grand seigneur de tout le monde, le plus riche, le plus redouté, et pouvant mettre de front deux cens mil hommes pour saccager ses ennemis, si aucuns s'eslevoient encontre sa grandeur inexpugnable ; et pour autant, qu'il ne se devoit soucier que de faire bonne chère et se donner du plaisir. Mais toutes ces piperies ne peurent contenter l'esprit de ce monarque, qui, d'un sourcil refroncé, avec fortes menaces, leur dit qu'il ne failloit point l'ensorceler de telles parolles follement inventées, et qu'il sçavoit très bien que Dieu, par tels songes, le vouloit advertir de quelque grande chose ; au moien de quoy il les interpelloit de luy dire sur-le-champ l'interpretation, si mieux n'aimoient perdre la vie. Ces pauvres mahommetistes, voiant l'empereur en telle collère, commencèrent à douter de leurs vies ; au moyen de quoy, pour adoucir son ire, se prosternèrent à ses genoux, et, après luy avoir demandé misericorde, s'excusèrent en ce qu'ils n'estoient pas bien fondez en l'astrologie, et que la divination leur estoit cachée, pour ne s'estre jamais amusez à telles estudes ; mais que, pour monstrer qu'ils ne desiroient qu'à luy porter obeissance comme à leur souverain seigneur, ils envoiroient querir certains sçavans philosophes et magiciens, qui luy interpreteroient de point en point les dits songes. Le grand seigneur, un peu appaisé, commande que deux des dits prestres de la loy iroient querir lesdits philosophes, et que cependant le grand pontife et les autres demeureroient en ostage soubs bonne et seure garde. Suivant ceste jussion, deux d'entr'eux sont deleguez, qui diligentent de telle façon que dans

trois heures après ils amènent quatorze philosophes
et sages du païs, expers negromanciens. Ces philosophes arrivez, le grand seigneur leur recite ses songes de point en point, leur enchargeant, sur peine
d'estre demembrez par les mains des bourreaux (qui
est une espèce de tourment inventé en la Turquie
depuis le règne dudit empereur), de luy dire sur-le-
champ l'interpretation desdits songes. A ce commandement, les philosophes s'assemblent et consultent
sur cette matière, qui leur semble si ardue, difficile
et haute, qu'ils ne peurent trouver en toutes leurs
explications aucune certitude ny tomber d'accord, occasion que, pressez de dire ce qu'il leur en sembloit,
ils declarèrent tout haut qu'ils cognoissoient bien que
cela denotoit quelque malheur futur à la Turquie ;
mais de comprendre comment ny le moien de l'eviter,
ils ne le pouvoient ; chose qui mist le grand seigneur
en telle fureur, qu'il ordonna que sur l'heure ils fussent livrez ès mains des bourreaux et mis à mort;
ce que les bachats alloient faire executer, quand l'un
des dits philosophes se prosterne aux genoux du
grand seigneur, et, lui baisant le soulier, le prie de
lui donner audience avant que l'on procedast à son
jugement. L'empereur, vaincu de ses prières, ne lui
voulut denier une si honneste demande ; au moien
de quoi le philosophe, d'un visage asseuré, lui dit
que, s'il lui plaisoit de lui pardonner une faute assez
legère qu'il avoit commise envers Sa Majesté, il lui
feroit veoir un homme qui le mettroit hors de peine.
Le grand seigneur, joieux de telle chose, lui repli-
que que non seulement il lui pardonnoit telle faute,

mais cent mille autres (si tant il en avoit commises), tant grandes fussent-elles, et de ce lui jura et promit.

Lors le philosophe lui usa de tels propos : Monseigneur, il y a environ quinze ans que j'achetay un chrestien, lequel avoit esté pris sur mer par vostre grand admiral en une rencontre navalle. Cet homme est si docte et si sçavant qu'autre qui vive (comme je croy) ne le sçauroit surpasser, et n'y a science dont il n'aie cognoissance, ce que j'ay esprouvé par plusieurs et diverses fois, tant pour moi que pour autrui ; et, pour recompense de ses labeurs, je luy ay permis tousjours de vivre tacitement en sa religion, sans le molester d'aucune servitude (chose qui contrevient à vostre edict). Mais, puis qu'il vous a pleu me pardonner, si me voulez permettre d'aller chez moi, je le vous ameneray, m'asseurant que par lui vous sçaurez ce que desirez. Le grand seigneur, aise outre mesure d'un tel advertissement, lui enchargea d'aller querir le chrestien duquel il se vantoit ; ce que le philosophe fit incontinent. Or est-il à noter que le chrestien, qui estoit un homme de soixante ans, avoit eu revelation de ce songe la nuict au precedent, par une voix divine, qui lui avoit manifesté le tout ; au moien de quoy tout aussi tost que le grand seigneur lui eut fait le discours dudit songe sans attendre aucunement, il lui usa de tel langage : Excellent monarque des Turcs, puisque tu as desir de tirer de moy l'explication de ton songe, je te la donneray avec verité, non que cela vienne de moy, mais de Dieu, qui m'a d'icelle adverti pour te le communiquer. Croy donc que le lion pourtant une

212   VISIONS ADVENUES

croix au sommet de la teste et un flambeau allumé
en l'une de ses pattes, duquel il brulla l'Alcoran de
Mahommet, puis depeça en mourceaux le grand
pontife qui le lisoit, ne signifie autre chose que la
fureur espouvantable du Dieu vivant, laquelle mettra
en ruine et combustion ta fausse loy et tous ceux
qui te instruisent et maintiennent en icelle dedans
bref temps, et te rendra despouillé et denué de tous
les royaumes que tu possèdes[1], tout ainsi que le
lion t'a mis nud, ayant laceré tes habits royaux,
si le plus tost que tu pourras tu ne te fais chrestien,

---

1. Il est certain qu'alors déjà il couroit chez les Turcs
des prédictions qui leur donnoient beaucoup à craindre de
la part des peuples chrétiens, et surtout des François. On
le sait par un très curieux passage du *Journal de l'Estoille*,
qui jusqu'ici n'a pas été assez remarqué. Il y est dit, sous
la date de mars 1601 : « En ce mois arriva à Paris, de la
part de Mahomet, empereur des Turcs, le nommé Barthélemy de Cuœur, natif de Marseille, chrétien renié et médecin de Sa Altesse et son envoyé, sans pourtant avoir ni la
suite ni le titre d'ambassadeur. Il présenta au roy un cimeterre et un poignard dont les gardes et les fourreaux estoient
d'or garnis de rubis, avec un pennache de plumes de héron
dont le tuyau estoit couvert de turquoises et autres pierres
précieuses. Entre autres choses que cet envoyé demanda au
roi, fut de rappeler le duc de Mercœur de la Hongrie, qui
estoit général des troupes de l'empereur. Le roy lui demanda
pourquoy les Turcs craignoient tant ce duc. C'est, respondit-il, qu'entre les prophéties que les Turcs croyent, il y en
a une qui porte que l'épée des François chassera les Turcs
de l'Europe et renversera leur empire, et que, depuis que
le duc de Mercœur combattoit contre les Turcs, tous les
bachas l'appréhendoient. Le roy luy dit alors que le duc de

establissant la loy de Jesus-Christ en tous tes païs, ce que te demonstre le lion, en ce qu'il te mist la croix en la main, puis, au second songe, te la mist en la bouche. Regarde donc à ce que tu auras à faire pour le mieux, et sauve ton ame et ton pays. Le chrestien n'eut sitost achevé son dire, que le grand pontife, enrageant de despit, luy donna sur la joue tel soufflet qu'il le tomba [1] à la renverse, l'appellant faux pro-

Mercœur estoit à la vérité son sujet, mais qu'il estoit prince du sang de la maison de Lorraine, qui n'appartient pas à la couronne de France, et que les troupes qu'il a en Hongrie n'ont pas été levées en France, mais en Lorraine, et qu'il ne fait la guerre que comme vassal de l'empire, et qu'estant chrestien, il ne peut pas empescher qu'il ne serve l'empereur... » (*Supplément au Journal du règne de Henri IV*, 1736, in–8, t. 2, p. 271.) — D'autres prédictions, non moins bien démenties que celle-ci par ce qui se passe depuis deux ans, annonçoient, au contraire, l'expulsion des Turcs par les Russes. La plus curieuse, due à l'astrologue arabe Mousta-Eddin, fut imprimée à Saint-Pétersbourg en 1789, puis à Moscou en 1828. On peut consulter, sur les prophéties contre les Turcs, le *Télégraphe de Moscou* (juin 1828, p. 510) et un curieux article de M. Alph. Bonneau (*Presse*, 21 mai 1854). Nous en finirons avec ces prédictions par celle qui est la plus singulière, en raison de ce qui se passe aujourd'hui; nous devons de la connoître à M. L. Lacour : « ARTICULUS QUARTUS. Hoc regnum (Mahometistarum) et secta penitus destructa et abolita erunt anno domini 1854 (*sic*) vel 1856.» (Fr. Francisci Quaresmii *Elucidatio terræ sanctæ historica, theologica, moralis*, Antverpiæ, ex officina Balt. Moreti, 2 vol. in-fol., MDCXXXIX, t. 1er, p. 265.)

1. On voit que l'expression des lutteurs, *tomber* quelqu'un, n'est pas nouvelle.

phète et seducteur, soustenant qu'il falloit le faire mourir : de façon qu'il y eut grande contension de part et d'autre. Pour laquelle appaiser, à cause qu'il estoit jà tard, le grand seigneur remist la solution de tel affaire au lendemain, et cependant ordonna que tous seroient mis pour la nuit en bonne et seure garde; ce qui fut fait. L'empereur de Turquie, retiré et couché, sur l'heure de minuict s'esveille et commence à se remettre devant les yeux de l'esprit l'explication de son songe; et, comme il estoit à y penser soigneusement pour en tirer quelque commodité de vie heureuse, une grande lumière se presenta devant son lict qui remplit toute sa chambre. Lors iceluy, levant les yeux en l'air, entend une voix qui lui dit : Pauvre homme ! à quoy penses-tu? Pourquoy tardes-tu à prendre ma loy et à rejetter celle en laquelle tu vis diaboliquement? Sçaches que, si tu ne fais ce que le chrestien t'a dit, ta ruine est proche, et t'aviendra comme il t'a denoncé, car Dieu l'a ainsi arresté et determiné, de laquelle chose je t'advertis pour la dernière fois. Tels propos achevez, la voix se teut, et demeura le grand seigneur en son lict tout perplex et transi jusqu'au jour, qu'il se leva et fist appeler devant luy les plus grans princes et bachats de sa cour, et semblablement le chrestien avec les philosophes et les prestres de la loy de Mahommet, en la presence desquels il declara les propos que la voix luy avoit revelez pour son salut; à ceste cause, qu'il avoit deliberé de se faire chrestien, et quitter la loi damnable de Mahommet, desirant se gouverner d'ores en avant par le conseil du chrestien son fidelle interprète et expositeur de ces songes et visions nocturnes. A ces mots, le grand pontife et tous ses compagnons demeurent bien estourdis, se regardans l'un l'autre sans pouvoir dire mot, quand le grand seigneur commanda qu'ils fussent pris et livrez ès mains des bourreaux et mis en pièces, à la mode du pays, puis brullez et mis en cendre; ce qui fut executé peu après, à laquelle execution plusieurs Turcs, ayans sceu pourquoy on les faisoit mourir, prindrent les armes et se ruèrent sur la justice pour les sauver. Mais le grand seigneur, adverti de tel revoltement, y envoya ses gardes, qui taillèrent en pièces tous les contredisans, et rendirent la justice maistresse jusques à ce que la poudre des corps brullez de ces miserables fut jettée au vent. La justice donc parfaicte, le grand seigneur demande à ses princes et bachats s'ils vouloient pas comme luy prendre la loy catholique, apostolique et romaine, qui luy respondirent que ouy, hormis deux des plus apparens de l'assemblée, qui gaignèrent la grand place de Constantinople, tout devant le grand temple de Mahommet, où, avec une grande partie de mutins illec assemblez, opiniastres en leur loy mahommetiste, se bandèrent contre ceux qui vouloient suivre le vouloir du grand seigneur, tellement que à grans coups de cimmeterres et à coups de traicts, furent deffaicts par le tout de la ville environ huict mil, tant hommes que femmes; à quoy le seigneur remedia incontinent, car il envoia si bon nombre d'archers et gendarmes, que tous les rebelles furent deffaits et mis en route[1]. Cela fait, et le lendemain, le chrestien, par

---

1. *Route* ou *roupte*, pour déroute, de *ruptus*, rompu. Pasquier et Cl. Fauchet employent souvent ce mot dans ce sens.

le conseil duquel se gouverne à present le grand seigneur, supplia ledit empereur d'envoier lettres au roy d'Espaigne, contenant les adventures susdites, pour lui donner à entendre son vouloir et faire paix avec luy, esperant avoir des prestres pour enseigner la loy chrestienne au peuple et le baptiser; à quoy s'accorda ledit empereur de Turquie, et envoia audit roy d'Espaigne[1] lettres portant la teneur du present discours, outre ce qu'il luy fist dire de bouche. Prions Dieu qu'il luy plaise que ce commencement soit tel que toutes les nations du monde reçoivent sa saincte loy, pour après ceste vie temporelle estre participans de la gloire eternelle.

Amen.

1. Philippe II avoit en effet alors un ambassadeur près d'Amurat pour nouer avec lui des relations qui aboutirent à une longue trêve, puis à une paix définitive. V. Hammer, *Hist. de l'empire ottoman*, t. 7, p. 52, 140.

Le Pasquil du rencontre[1] *des Cocus
à Fontainebleau*[2].

In-8.

En m'acheminant l'autre jour
A Fontainebleau, beau sejour,
Pensant mon voyage parfaire
Et consulter un mien affaire,
Je rencontray en mon chemin
Un subject de rire tout plein :
Ce fut grand nombre de coc us
De diverses plumes vestus,
Les uns grands, les autres bien gros,
Autres à voler bien dispos;

1. Ce mot, comme *doute* et quelques autres, fut du masculin jusqu'à La Fontaine, qui a dit dans son conte de *Richard Minutolo* :

. . . . Et les dieux
En ce rencontre ont tout fait pour le mieux.

2. Dans le *Catalogue de l'histoire de France* (t. 1er, p. 544), cette pièce est mise sous le n° 2165, avec la date de 1623, et se trouve ainsi rangée dans la catégorie de celles qui furent faites cette année-là au sujet d'un assez long séjour de Louis XIII à Fontainebleau. V. notre tome 2, p. 134, note.

Les uns, vestus à la legère,
Tenoiont la place de derrière :
Comme les grues, sans desordre
Ils y voloient tous en bel ordre,
Faisant, ainsy que fait la foudre,
De tous cotez voler la poudre.
D'airondelles si grand ensemble,
Aucun n'a point veu, ce me semble,
Soit qu'en voulant la mer passer
Et nostre climat delaisser,
Elles aillent en autre contrée
Eviter les coups de Borée,
Ou soit qu'arrière retournans
En nostre saison au printemps ;
Au dedans de nos cheminées,
Qui du feu ne sont enfumées,
Ou bien en quelque autre endroict
Elles se logent plus à droict.
   Egarez furent mes esprits,
Me voyant tout à coup surpris
Et partout d'eux environné ;
Cela me rendit estonné.
Lors tout pensif je m'arrestay,
Et les comptemplant m'apprestay
Pour entendre ce qu'ils vouloyent
Et pour quelle fin ils m'avoyent
Ainsy de tout point entouré.
L'un, plus que les autres avancé,
D'un rouge plumage vestu,
Commença à chanter : Cocu !
Je suis vray cocu cocué,

Car la huppe[1] quy m'a couvé
S'est posé en mon nid le jour,
Y faisant son plaisant sejour.
Las! j'ay fait tout ce que j'ai peu
Pour chasser du nid ce Peu-Peu[2],
Et, n'en pouvant avoir raison,
Ce m'a esté occasion
Qu'à la justice me suis plainct;
Mais j'ay esté enfin contrainct
Me contenter de cent escus
Pour estre du rend des cocus,
Par la prière des amis
Qui pour ce en peine se sont mis,
Et ce quy m'a plus attristé,
C'est que par après j'ay esté
Contrainct de recognoistre un faict
Qu'en verité je n'ay pas faict.
Mais, comme font les malheureux,

1. On croyoit, d'après Aristote, que la huppe ne faisoit pas de nid et alloit pondre dans celui des autres oiseaux. Pline avoit fait au coucou la même réputation, et de là étoit venu le mot de *cocu*, pris, bien entendu, dans l'acception active, et non dans le sens passif, qui lui est indûment resté. Du temps de Henri Estienne, le *cocuant*, aussi bien que le *cocufié*, étoit appelé *cocu*. Le dernier même ne prenoit ce nom que par pure antiphrase. V. *Dial. du nouv. lang. franç. italianisé*, 1579, in-8, p. 93; les *Epithètes* de De La Porte, Paris, 1571, p. 69; et la brochure de M. de Pétigny, *Dissertation étymologique, historique et critique, sur les diverses origines du mot cocu...* Blois, 1835, in-18.

2. *Puput* est le nom onomatopique de la huppe. V. *Dict.* de Trévoux.

Je me conforte que plusieurs
Sont en ce monde recogneus
(Comme je suis) pour vrais cocus.
Les cocus, se sentant picquez
De ce chant, se sont ecriez
Après luy de confuse voix :
Pourquoy est-ce qu'avec abois
Tu nous chante telle chanson?
Ce n'est maintenant la saison
Que les cocus doivent chanter.
Laisse le printemps retourner,
Car, bien que cocus en tout temps
Chantent ès maisons doucement,
Chacun sçait bien, non par abus,
Que nous sommes hommes cocus,
Et si l'on ne le diroit pas :
Car le cocus a tant d'appas,
Que, comme dit le bon Pasquin,
Mieux vaut le cocu que coquin.
L'un, de la goutte se plaignant,
S'attristoit d'un aveuglement ;
Mais que pas ne se soucioit
Si pour cocu l'on le tenoit.
Un autre, qui est vrai badin,
Pensant à ses chants mettre fin,
Chanta : Que pensez-vous, cocus?
Nul aujourd'hui n'a des escus
S'il ne donne consentement
A sa femelle doucement,
Afin qu'ils soient tous recogneus
Estre comme moy vrais cocus ;
Pour estre bientost en credit

DES COCUS.

Et en tirer un bon profit ;
Pour acquerir un heritage
Quy entretiendra le mesnage.
Sus donc, point ne nous soucions,
Quoy que vrais cocus nous soyons,
Pourveu que nostre douce mille
Nous face foncer de la bille [1],
De rien il ne nous faut challoir [2] ;
Il fait toujours bon en avoir.
Il faut aussy que Landrumelle [3]
Soit comme la maistresse belle,
Et que du marpaut [4] le courrier
Entendent fort bien le mestier ;
Mais il nous faut bien engarder
Dessus l'endosse les ripper [5]
Pour n'offencer point le marpaut,
Afin qu'il ne face deffaut
De foncer à l'appointement
En jouissant de leur devant,

1. *Argent*, en argot. Il ne se trouve pas dans le dictionnaire argot-françois mis à la suite du poème de Grandval, *le Vice puni*, 1725, in-8, p. 106. — *Foncer* pour *donner* s'y trouve.

2. *Il ne faut nous soucier de rien*. L'expression *il ne m'en chaut* est long-temps restée dans le peuple.

3. Nous ne savons quel est ce mot, qui désigne certainement ici une soubrette complaisante, une *dariolette*.

4. *Monsieur, maître*. Il se trouve dans le *Dictionnaire* de Grandval. Sorel s'en est servi une fois dans *Francion*, édit. de 1663, in-8, p. 490.

5. C'est-à-dire les *étriller*, les *gronder pour leur peine*. *Avoir l'endosse, jeter l'endosse sur quelqu'un*, pour dire qu'on le fait responsable d'une chose, sont des locutions qui res-

Et pour ne point avoir du riffle [1]
Sur le timbre [2] ou sur le niffle [3],
Il nous faut bientost embier [4],
Et en la taude [5] le laisser,
En rivant fermement le bis [6]
A la personne du taudis.
Si vous n'entendez le narquois [7]
Et le vray jargon du matois [8],

tèrent dans la langue populaire. Marivaux s'est servi de la dernière à la scène 15 de *l'Epreuve*.

1. Dans l'argot moderne, *riffle* signifie *feu*; mais, dans celui du XVIIe siècle, il avoit un sens plus étendu, comme on le voit ici. Il s'entendoit pour *rebuffade*, *coup*, etc.

2. *La tête*. D'où le mot *timbré*, dans le sens de *fou*. V., dans le *Th. italien* de Gherardi, *la Précaution inutile*.

3. *Nez*. — *Renifler* est un dérivé de ce mot, plus populaire encore qu'argotique. La *mornifle* étoit un revers de main sur le *niffle*.

4. *S'en aller*. Dans le petit glossaire de Grandval, *bier* signifie aller.

5. Le *taudis*, la *maison*.

6. *Far l'atto venereo*.

7. On appeloit ainsi l'*argot* ou *jargon* des voleurs. « Un jour qu'on disoit à feu Armentières que M. d'Angoulême savoit je ne sais combien de langues : « Ma foi, dit-il, je « croyois qu'il ne savoit que *le narquois*. » (Tallemant, *Historiettes*, édit. in—12, t. 1er, p. 220.)

8. *Matois* s'entendoit alors pour mauvais garnement, filou, enfant perdu. « Mais, lit-on dans les *Contes d'Eutrapel* (Disputes entre Leupolde et Eutrapel) , depuis que j'eus hanté les lieux d'honneur, la place Maubert, les Halles..., couru tous les basteleurs de la ville et assemblées des enfants perdus et *Matois*, je fus un maistre galant. » V. encore L'Estoille, *Journal de Henri IV*, 4 juin 1596. Une pièce publiée

Il ne faut pas aller bien loing,
Mais seullement au port au foing :
En peu de temps vous l'apprendrez,
Et vrai narquoy en retiendrez.

 Je fus là longtemps arresté
Et par ces chansons retardé
De continuer mon chemin,
Jusques à ce qu'un mien voisin,
Quy avoit ouy tous ces desbats,
Me dit : Eh bien ! n'es-tu pas las
De tous ces cocus escouter
Et leur verité raconter ?
Un vray cocu en cocuage
Se dit maintenant le plus sage ;
C'est le jouet de maintenant
Et de plusieurs le passe-avant [1].
Tu les vois souvent par les rues
Cheminer hault comme des grues,
Contrefaisant les gens de bien,
Car toutes fois ce n'en est rien.

 Lors les cocus, sans plus rien dire,
Chacun en son nid se retire,

---

par notre ami M. de Montaiglon, dans son recueil de *Poésies du XVe et du XVIe siècle*, sous le titre de *le Valet à tout faire*, est intitulée, dans une autre édition, *le Mathois ou marchand meslé.* V. Ch. Nodier, *Nouv. mélanges d'une petite bibliothèque*, n° 583. — On appeloit aussi les *matois* enfants de la *mate.* V. Cotgrave, Moizant de Brieux, *Origine de quelques coutumes et façons de parler*, p. 15, et *les Aventures du baron de Fæneste*, liv. 3, ch. 1er.

1. Laisser-passer que les douaniers donnent aux marchands et voituriers.

Se sentant par ces mots taxés,
Et de mon voisin offensés.
Pour moy, estant delivré d'eux,
Je continuray fort joyeux
Mon chemin à Fontainebleau,
Pour là apprendre de nouveau
D'autres cocus que je sçauray,
Et tous leurs noms je vous diray ;
Mais durant ce voyage court,
Ce bon fripon, ce frippetourt,
Vous prie boire du matin
Soit blanc ou cleret de bon vin.
   Toutefois, devant que partir,
Nouvelles je veux departir,
Si vos oreilles debouchées
A les ouïr sont disposées ;
Ce qu'en bref à vous je veux dire,
Ce sera pour vous faire rire :
C'est que j'ay veu force corneilles
Quy parloient et disoient merveilles,
Et, comme apprises elles estoient
De jeunesse à parler, disoient
Que, s'estant sur arbres posées
Et assez longtemps reposées,
Elles avoient veu par un matin,
Dessous la treille d'un jardin,
Donner un barbarin clystère
Par devant, et non par derrière,
A quelqu'une que le cujus[1] .
Avoit pris cueillant du vert-jus ;

---

1. Pour le *quidam*.

DES COCUS.

Mais que, la porte ouverte estant,
Cela feut sceu tout promptement
Par une femme de peu de prix
Qui tiroit de l'eau à un puits,
Quy dist : Pour moy ne vous ostez,
Mais vostre besongne achevez.
Deux bons compagnons rubaniers
Qui travailloient à leurs mestiers,
Par la fenestre regardant,
Veirent bien tout ce mouvement,
Et d'une très bonne manière
Branler les quartiers de derrière,
Et la femme du loup les branles
Danser, la queue entre les jambes,
Faisant à son homme porter
Les cornes pour son front orner.
Bien souvent à telle pratique
Les femmes ouvrent leur boutique
Pour acquerir à leurs cocus
Un tresor infini d'escus.
Bien peu de cocus ont souffrance;
Cocus ont toujours abondance,
Jamais ils ne manquent de rien,
Et si, par un subtil moyen,
Ils accumulent leurs richesses
Par le doux mouvement des fesses
De leurs femmes, quy, en branlant,
Vont toujours tresors amassant.
Ce n'est donc pas petite gloire,
A ces cocus de plume noire,
D'estre cocus sans s'irriter.
Puis que nous voyons Jupiter

En son front des cornes paroistre [1].
Ne faut-il pas suivre son maistre?
Ce dieu, qui regit les humains,
Fait tout par de puissans desseins,
Et rien de mortel ne respire
Qui ne cognoisse son empire.
Vulcain, par Mars rendu cocu,
S'en est-il pas bien aperceu,
Et, par sa plus forte vengeance,
Forgeant des chesnes en diligence,
Se pleust lui-mesme d'avoir pris
En ses lacs Mars avec Cypris.
Ce n'est donc pas sans un subject,
Si l'amour estendit son traict
Aux femmes quy font residence
En la celeste demeurance
Du fameux sejour de nos roys,
(Où tout ploie sous leurs lois)
A Fontainebleau, le village
Où l'on ouyt souvent le ramage
Des cocus, cornards habitans,
De quy les femmes aux courtisans
Servent bien souvent de monture,
Picquées d'esperons de nature.
Ne soyez donc pas trop marris,
Marchands et bourgeois de Paris,
Si la court fait sa quarantaine
En ces bois où la douce haleine

1. Le Jupiter *Amoun* étoit, en effet, représenté sous la forme d'un homme *criocéphale*, ou à tête de bélier. V. Jacobi, *Dict. mythologique*.

Des nymphes de Fontainebleau
Captive les esprits plus beaux.
Soyez donc cocus volontaires,
Fort doux à vos bonnes commères,
Et, lors que vous les trouverez
Avec leurs amis accouplez,
Feignez d'avoir, comme escarboucle [1],
De l'air mauvais la veue trouble.
C'est un honneur que d'endurer
Des cornes sur son front germer :
Rien n'est aussi beau que des cornes.
Souvent on voit le capricorne
Toujours quelque bien presager.
Un autre signe mensonger
Ne nous predit jamais merveille,
Et jamais teste sans cervelle
N'eust la patience de Job.
C'est trop courre et aller au trot ;
Arrestons-nous vers la demeure
D'un beau chef-d'œuvre de nature
Quy veut donner à son païsant
Un très agreable present :
C'est ceste corne d'abondance
Qui fait que mon dessein s'avance
A vous deduire à petit bruict
Que les clairs astres de la nuict
Sont obscurcis par la chandelle
Qu'on offre au temple d'une belle

---

1. Entre autres faits racontés d'après Pline au sujet de l'*escarboucle*, on disoit que cette pierre lumineuse se ternissoit à l'air malsain.

Et sur l'autel ores vanté
De la nouvelle deité.
Mais je veux finir mon voyage,
Vous apprenant, en homme sage,
Qu'en ce lieu de Fontainebleau
On entend partout l'air nouveau
Du plaisant oiseau le ramage,
Qui dit Coucou en son langage.
Je n'ay pas maintenant loisir
De davantage en discourir.

Exemplaire punition du violement et assassinat commis par François de La Motte, lieutenant du sieur de Montestruc, en la garnison de Mets en Lorraine, à la fille d'un bourgeois de la dite ville, et executé à Paris le 5 decembre 1607.

M. DC. VII.
In-8.

Exemplaire punition du violement et assassinat commis par François de La Motte, sieur du dit lieu, et lieutenant de Montestruc, en la garnison de Mets.

omme ainsi soit que tous crimes soient poursuivis de la vengeance divine, si est-ce que le ravissement et le viol en sont talonnez le plus indefatigablement; la cause en est toute en posture : c'est qu'estant la virginité le miroir où le grand Dieu et les anges se mirent, celui qui, par le traict de quelque force et violence, deshonore et souille un si beau miroüer

et pourtraict, incite et excite le grand Dieu et les anges à prendre la raison de sa faute ; faute non, mais forfaict, mais horrible crime, mais sacrilége, mais parricide, mais execration abominable et abomination execrable. Et combien qu'ailleurs le grand Dieu marche lentement à la punition du crime, et se contente de s'eclater d'autant plus asprement sur les testes criminelles, reparant par la pesanteur du suplice les delais de la justice trop tardive, si est-ce qu'en ce regard elle ne veut prester à usure, et veut le principal et l'interest presque sur-le-champ. Les escritures, tant sacrées que profanes, ne sont peintes que de ces sanglants discours ; la justice n'a les oreilles journellement batues d'autres plaintes, et les roües et potences ne sont accravantées[1] que du poids de ces charongnes. Mais ce qui rend ce crime de violement plus detestable, c'est qu'il met le criminel tellement au delà de toute crainte de Dieu et de tous mouvemens et ressentimens d'humanité, qu'il veut laver sa faute avec des crimes plus enormes et detestables. Voilà comme, voulant fuir la justice, il s'y presente ; voulant enterrer sa faute, il la faict saillir en lumière, et, la voulant supprimer, il la fait parler et crier plus haut vengeance au ciel. Il n'est icy question de fouiller les escrits anciens ou modernes pour preuve, veu qu'il ne faut que les rues et carrefours de Paris pour en faire la leçon aux plus ignorans et grossiers. Aussi ne veux-je toucher qu'un seul de ces forfaicts, perpetré à Mets

---

1. *Accablées par le poids.* (*Dict.* de Furetière.) C'étoit, au XVIIe siècle, un mot très suranné.

en Lorraine, et chastié à Paris devant la Croix du Tirouer[1] le 5 decembre 1607[2].

Il y avoit un capitaine de la citadelle de Mets, homme preux et vaillant de sa personne, qui, durant ces dernières guerres, avoit acquis beaucoup de preuves de sa valeur; mais plus valeureux eust-il esté cent mille fois s'il eut recongneu et bien entendu que la valeur des valeurs est celle par laquelle nous emportons la victoire sur nous-mesmes et nos affections, et non pas sur les autres et sur les places fortes. Comme aussi vrayement n'y a-il de plus glorieux trophées que ceux que, sans le secours d'autres, nous érigeons nous-mesmes de nous-mesmes, et à la gloire desquels autre ne peut avoir part que nous-mesmes. Ce capitaine, jettant et tournant les yeux (esveillez et hardis) sur les beaux objets et rencontres que la fortune luy presentoit, allant par la rüe, avisa une fille d'âge encore tendre et d'honeste maison, mais de taille relevée, et où la grace et la beauté disputoyent ensemble pour l'honneur et le prix. Aussi ne croi-je que jamais estocade luy porta plus dangereuse playe dans le corps que la grace de

---

1. La petite place qui se trouvoit à la jonction de la rue Saint-Honoré et de la rue de l'Arbre-Sec, devant la croix dite du *trahoir* ou du *tiroir*, par altération, servoit souvent de lieu de supplice; mais on y pendoit seulement. C'est par exception qu'on y décapitoit, comme en cette circonstance. Ce supplice des condamnés de qualité étoit réservé à la place de Grève.

2. L'Estoille, qui est d'ordinaire si bien au courant de toutes ces exécutions, ne parle pas de celle-ci. Malherbe n'en fait pas non plus mention dans ses *lettres à Peiresc*.

ceste jeune beauté dedans l'ame. Aussi est-il retourné de toute autre, mais en celle-cy il y est demouré pour les gages. Il fust donc vaincu de l'amour que la beauté de ceste jeune fille luy coula dedans l'ame. Je redoute d'appeller amour dont est sorty un acte de haine si detestable, et d'appeler amant celuy qui a faict tel traictement à la personne aimée.

Tant il y a que, l'esclair de ceste beauté luy avant penetré dedans l'ame, il soubmist incontinent sa raison à ses sens, et sans coup destourner ni ferir se donna en proye à ses salles appetits. Miserable ! que de prendre la loy de ceux qui la debvoyent recevoir de lui que de s'abaisser aux pieds de tels maistres et tirans, suivre des aveugles pour guides, et de se laisser commander de ceux qu'il debvoit severement gourmander. Mais c'est un grand plaisir aux mal-heureux que de se plaire en leurs mal'-heurs, et de n'accuser pour cause de leurs mal'-heurs qu'eux-mesmes.

Ce pauvre mal-heureux donc, cognoissant que ce tyran d'amour s'estoit saisi du fort de son cœur, et qu'il y commandoit à baguette, et n'ayant jamais trouvé parmy les rencontres de la guerre place si bien gardée et de si difficile accès et approche que ceste beauté, se resolut de la marchander au prix de sa reputation, et l'achepter au peril de sa vie et fortune, la payer de l'usufruict d'icelle et en recevoir l'acquit des sanglantes mains d'un executeur de justice. Ha ! que l'ombre du plaisir est grande, et ce qu'il a de corps et de solidité petit ! Mais que la fin et commencement des plaisirs font une estrange Heraclite et Democrite l'un vers l'autre ! Il s'accosta pour surgir au port de ses desirs d'une maquerelle, laquelle lui promet, quoy qu'il couste, de faire choir le gibier dans ses filets. Pleust à Dieu que par les royaumes et provinces il y eut de bons limiers pour courir, eventer et lever ces pestes des monarchies, villes et citez, et que, les forests estant suffisantes pour leur faire un bucher, un bras justicier mist le feu au dedans et resjouït les cieux de l'odeur de si belles fumées !

Mais quoy ! le mestier en est trop commun ! plusieurs en auroient trop chaud en leur pourpoinct, et puis le bois seroit trop ardamment recueilli en France.

Quoy qu'il en soit, ce capitaine, sans l'achoison[1] de ceste peste, verroit encor sa vie et sa valeur debout ; ceste jeune et tendre pucelle, sa vie et son honneur ; et ses parens, leur joye, support et contentement.

Ceste vieille donc (peste de la jeunesse) avisa ceste fille qui marchandoit des bouquets, et, voyant qu'elle ne se trouvoit d'accord avec la jardinière, lui dist : Ma fille, venez avecques moy, et je vous en monstreray de plus beaux, et de plus belles fleurs, à plus raisonnable prix. Ce jeune tendron, portée de son jeune desir, et conduite de sa simplesse, se met à la suite de la vieille, comme un chevreuil qui, sous la conduite du boucher, va droit à la boucherie. Helas ! nous voyons bien le commencement des che-

---

1. Vieux mot qui s'employoit pour *occasion*, et qui dérivoit aussi d'*occasio*, selon Huet. V. un article de M. Littré, *Revue des Deux-Mondes*, 15 juillet 1855, p. 372.

mins que nous prenons, mais nous n'en descouvrons pas les progrès et l'avancement, et moins encor la fin. Ceste pauvrette s'en va pour trouver quelques bouquets et fleurettes, et ne pense pas qu'elle va perdre (sou la cruauté d'un bouc et vrayement boucquin) le bouquet des bouquets et la reine des fleurs, qui est la rose de sa virginité, voires mesmes sa propre vie.

Elle ne fust donc si tost entrée en la maison de ce capitaine, que ce fust de tirer les portes après elle, et d'elle extorquer par force ce que par voye de consentement et d'honneur l'on ne pouvait impetrer. Icy donc la simplesse fut opprimée par la malice, la trop legère creance par le mensonge, et la foible pudicité par les efforts ravisseurs de la lubricité.

Ce miserable donc tient et entretient quelques jours ceste fille en sa chambre comme esclave, à ses contentemens debordez, et le subjet et l'object de ses plaisirs non moins desreglez qu'aveuglez. Les parens cependant font de tous costez recherches de leur enfant, et la justice, importunée de leurs plaintes, faict assemblée de ceux sur qui pouvoit tomber le soupçon du crime. Commandemens sur prières, menaces sur commandemens, à quiconque la tient ou en entend parler, de l'enseigner ou de la remettre entre les mains des parens. Ce coupable, qui estoit present en l'assemblée, à qui toutes les paroles du juge sembloyent des coups de tonnerres, toutes ses œillades des eclairs poignans comme estocades, et tous ses commandemens et menaces des foudres qui canonnoient, tronçonnoient et fouldroioient en sa conscience, rapporte de ceste assemblée mille craintes, terreurs et mortelles frayeurs à la maison. Seroit-ce pas, dit-il, maintenant que la bonté divine seroit en mon regard parvenue au dernier periode de sa patience? Sens-je pas les coupables remors qui remuent mesnage et pincettent cruellement ma conscience? Vois-je pas l'espée, non de Denis[1], mais d'un cruel executeur, qui pend, attachée d'un simple fil, dessus moy, et menace ma criminelle teste? Quoy! faudra-il que je serve de spectacle à tout le monde sur un eschafaut, et qu'un glaive public limite et abrége honteusement le terme de mes jours? Ay-je esté tant et tant de fois prodigue de ma vie, en tant de dangereuses rencontres, pour estre finalement reservé à ceste honteuse mort? Que ne me rend la fortune les hazards des alarmes où je me suis tant de fois trouvé pour m'y faire ouvrir l'estomac d'un beau coup de picque au travers des entrailles! Que ne me fait le ciel plouvoir et gresler des milions de pruneaux et dragées sur la teste, pour perdre en mes armes une vie glorieuse, plustost que souffrir une mort si vergongneuse[2]!

Mais que dis-je? où suis-je? Y a-il pas moyen d'esviter ce coup? Suis-je desjà entre les bras de la jus-

---

1. L'épée de Denys le Tyran au dessus de la tête de Damoclès.

2. Ce mot est plus rare que *vergogne*, dont il est dérivé. On le trouve pourtant dans Montaigne et dans ce passage du 1er livre des *Poëmes* de Ronsard :

Ils faisoient bien souvent, sans nulle autre poursuite,
Tourner les ennemis en vergogneuse fuite.

tice, laquelle peut-estre ne pense à autre chose qu'à me punir? Y a-il pas moyen de derober ce faict à sa cognoissance, et quant et quant me delivrer de sa puissance?

Comme il estoit en ces altères[1], l'ennemy de nature, qui faict que les meschancetez servent aux meschants de degrez à plus grandes meschancetez, et qui, par les crimes execrables, leur en fraye le chemin, coula ce propos et ceste resolution en sa pensée : Que penses-tu faire? Que servent tant de plaintes et deliberations? Ne voy-tu pas que les premiers actes de ceste tragedie sont jouez? La beste est prise, tu en as faict curée et en as assouvi tes appetits; reste seulement la catastrophe. Estrangle donc celle qui te tient en peine; et, celant ton faict, tire-toy d'inquietude et tourmens. Toute asseurance est perdue si tu ne trouves ta vie en sa mort, et si sa ruine ne te sert d'ancre de salut.

Le miserable remache et embrasse aussitost ce meschant conseil, non toutes fois sans se sentir merveilleusement esbranlé de ces raisons au contraire : Quoy! de la Motte, pourras-tu concevoir une haine si mortelle contre celle qui, par le rapt de sa virginité, a commencé à t'aimer, et qui, par la perte de sa fleur, s'est domestiquée[2] en ton amour? Hé! ne vois-tu pas que ces bourasques et tempestes t'em-

---

[1]. « Inquiétudes d'esprit, passions véhémentes. » (*Dict.* de Furetière.) Ce mot étoit déjà vieux.

[2]. Montaigne s'est servi du même mot à peu près dans le même sens : « Il faut, dit-il, oster à la mort son estrangeté et la *domestiquer* à force d'y penser. »

portent d'abisme en abisme et de Scille en Caribde ! Veux-tu joindre à ce rapt, à cet inceste, à ce sacrilége abominable, un homicide, un meurtre, un parricide execrable? Veux-tu amasser le vol sur le viol, et te rendre voleur de sa vie aussi bien que violateur de sa pudicité? Quoy! faut-il que les lacs de tes bras, dont tu te pendois à son col, soyent maintenant deguisez en etoufans licols? Veux-tu changer tes embrassemens en estranglemens, tes mignardises en cruautez, et ces mots de : *Mon cœur et ma vie !* en ces termes : *Meurs ! meurs ! il faut mourir?* Pourras-tu respondre d'une mine farouche et furieuse à ceste face aprivoisée par le temps, et maintenant si gracieuse ? Souffriras-tu d'un œil renfrongné ceste œillade, laquelle dissipoit tes ennuis et mettoit la joye et l'allegresse en ton ame ? — Que feray-je (repliquoit à soy-mesme), et quel moyen de cacher ma faute aux hommes ? — Miserable ! penses-tu la cacher à celuy qui tout oït et tout voit? Mais penses-tu de te cacher à toy-mesme, et de faire que tu ne te trouves chez toy-mesme pour insupportable fardeau de la terre? — Mais il ne m'en chaud [1], pourveu que je puisse eviter la mort.—Si ne saurois-tu pourtant eviter les remords, qui te forgeront tous les jours mille espèces de mort en l'ame. Et puis penses-tu que la patience divine tiendra tousjours la main au sein, et que sa vengeance ne suive à la trace cette insupportable cruauté? Ces discours et raisons commençoyent à le fleschir, lorsque quelqu'un, frappant à la porte, luy mist telle frayeur en

---

1. V., sur cette locution, une note de la pièce précédente.

l'ame et telle apprehension de la justice, que sans plus grand delay il estrangle ceste pauvre fille en son estable, et la fait mettre dans une valise et porter par son serviteur (appelé Houppart) dans la rivière. Ce forfaict fut quelques mois incongnu ; mais ce qui le mist en evidence, ce fut un autre viol que le dit de la Motte fist en la personne de Nicolle Martel, fille de Claude Martel, soldat de la citadelle de Mets, lequel en fist sa requeste et sa plainte à M. d'Arquien, lieutenant pour Sa Majesté en la dite garnison. M. d'Arquien renvoye la cause devant M. de Selve, president de la ville de Mets, qui, ayant fait informer contre Louyse de la Villette, maquerelle, et accusée de l'avoir vendue au dit de la Motte, il feit emprisonner le dit sieur de la Motte, lequel recusant M. de Selve pour son juge, la cause en fut evoquée devant M. de Poisisse, par lequel, finalement, toutes informations et justifications faictes de part et d'autre, et la question donnée à la dite Louyse de la Villette et à Claudine et Houppart, serviteur et servante du dit de la Motte, il fut sceu et confessé que le dit de la Motte avoit fait estrangler ceste innocente fille du ministre de Combes et defloré la dite Louyse Martel. Occasion pourquoy le dit de la Motte receut l'arrest de sa mort au fort l'Evesque, à Paris, et fut condamné d'avoir la teste tranchée, et Claudine et Houppart, ses serviteur et servante, condamnez estre pendus ; lesquels furent executez devant la Croix du Tirouer.

Que peut servir au dit de la Motte d'avoir voulu receler son fait aux hommes et d'avoir voulu monstrer sa ferocité lors que l'on le vouloit lier pour le mener au suplice? Car il fust atterré par quatre crocheteurs dans la prison, et chargé à force sur le chariot et conduit sur l'echafaut, où, après avoir différé son supplice le plus qu'il pouvoit, et attendu en vain sa grace du roy, qu'il pensoit obtenir par le moyen de la royne Marguerite[1], la grace qué le roy lui feist fust qu'il auroit la teste tranchée et recevroit le digne salaire de sa meschanceté. Sur quoy un chacun peut recognoistre que l'homme ne se doit de la sorte precipiter à ses sensualitez, et que là où la crainte de Dieu et des hommes ne l'en destourneroit, la crainte du supplice doit pour le moins estre suffisante pour l'en destourner.

1. Elle avoit encore certain pouvoir sur l'esprit de Henri IV, son époux divorcé. V. notre tome 1er, p. 207. — Au mois de juin de cette même année, le roi lui avoit encore accordé une grâce. V. L'Estoille, à cette date.

Le Satyrique de la Court.

M.DC.XXIIII[1]. In-8.

 Un jour que mon humeur me rendoit solitaire,
Tout pensif et songeard, contre mon ordi-
          [naire,
Pour m'esgayer un peu et pour passer le
Je me deliberay d'aller jouer aux champs. [temps,
Mais comme je sortois des portes de la ville,
Je regarde venir devers moy une fille
Toute nuë de corps, de qui les cheveux blonds
Voletans descendoient jusques sur les talons,
Changeante à tout moment la couleur de sa face,
Et toutes fois tousjours avoit fort bonne grace.
Dans une de ses mains elle avoit un ciseau,
Et dans l'autre portoit un taffetas fort beau,

---

1. Ce n'est qu'une réimpression du *Discours nouveau sur la mode*, Paris, Pierre Ramier, rue des Carmes, à l'Image Saint-Martin, 1613, in-8, reproduit en 1850 par M. Eus. Castaigne dans le t. 4 du *Bulletin archéologique et historique de la Charente*, et tiré à part à 100 exemplaires.— Le *Pasquil de la cour*, mis à la suite de l'édition reproduite ici, ne se trouve pas dans la première. Il avoit d'abord été publié à part sous le même titre, Paris, 1623, in-8 de 11 pages.

Afin de s'en vestir; mais pour estre plus belle
Elle sembloit chercher une forme nouvelle [1].

    Enfin, comme je vis qu'elle approchoit de moy,
Je luy dis, tout surprins de merveille et d'esmoy :
A voir vostre façon et vostre beau visage,
Je croy que vous soyez de divin parentage ;
Vos yeux monstrent assez vostre divinité,
Et que vous ne tenez rien de l'humanité ;
Mais sans passer le jour à plus long-temps m'enquerre
Si vous estes des cieux ou fille de la terre,
Au nom de Jupiter, dites-moy vostre nom,

---

1. Henri Estienne, dans ses *Deux dialogues du nouveau langage françois italianisé*, à propos d'une discussion de son Celtophile et de son Philausone sur la mobilité perpétuelle de la mode, raconte l'anecdote de ce peintre qui, ayant à représenter tous les peuples de l'Europe avec leur costume national, n'imagina rien de mieux, pour figurer le François, que de le peindre nu avec une pièce d'étoffe sous le bras et une paire de ciseaux à la main. C'est certainement à ce tableau, ou plutôt à cette caricature, que l'auteur fait allusion ici. Une autre pièce du temps, *le Courtisan à la mode*, etc. (1625), p. 9, en parle d'une façon plus directe et avec plus de détails : « Il ne faut s'estonner, y est-il dit, si dans Rome, dans la gallerie du cardinal Fernèze (*sic*), que l'on estime estre l'une des plus admirables pour les peintures et autres singularitez qui s'en puissent trouver dans l'Europe, où, entre autres choses, l'on voit toutes les nations despeintes en leur naturel, avec leurs habits à la mode des pays, hormis le François, qui est despeint tout nud, ayant un roulleau d'estoffe soubs l'un de ses bras et en la main droicte des cizeaux, pour demonstrer que, de toutes les diversitez de l'univers, il n'y a que le François qui est seul à changer journellement de mode et façon pour se vestir et habiller, ce que les autres nations ne font jamais. »

Que je fasse partout voler vostre renom.
Elle, jettant sur moy une œillade divine,
Tire ce long discours du fond de sa poitrine :
　Je ne desire pas me faire des autels ;
Je ne suis que par trop cognuë des mortels ;
Je ne te cherche pas pour me faire paroistre :
Ma force et ma vertu me font assez cognoistre.
Toutes fois, je veux bien, puis que c'est ton plaisir,
Te disant qui je suis, contenter ton desir.
Je suis (comme tu dis) de la divine essence,
Mère du Changement, et fille d'Inconstance.
Jupin, Mars, Apollon, et le reste des dieux
Qui ont commandement dedans l'enclos des cieux,
N'ont pas tant de pouvoir en ceste terre ronde,
Certainement, qu'en a mon humeur vagabonde.
Je fais tous les humains sous mes loix se ranger,
Mais les François premier, qui ayment le changer ;
Les François, qui leur nom ont rendu redoutable
Dedans tous les cantons de la terre habitable,
Viennent s'assubjetir à mon commandement,
Aimans, comme je fais, beaucoup le changement.
En leur langue commune ils me nomment la Mode :
Car ainsi que je veux les hommes j'accommode.
Je leur ay fait porter, pour commencer au corps,
La moustache pendante [1] et les cheveux retors.
La France, en ce temps-là, s'estant accoustumée

---

1. On sait qu'on appeloit *moustaches* les cheveux tombant sur les côtés. Dans *la Mode qui court*, pièce du même temps (p. 3), il est parlé d'une « perruque acheptée au Palais, garn de sa moustache derrière l'oreille. »

Aux façons des bourgeois de la terre Idumée [1].
Après, j'ay faict couper ces cheveux qui pendoient
Et jusques au milieu de leur dos descendoient,
Et avec le trenchant mis bas leur chevelure,
Qui peu auparavant leur servoit de parure.
Mille fois j'ay changé le blondissant coton
Que l'avril de leurs ans leur fait croistre au menton;
Fait leur barbe tantost longue, tantost fourchuë,
Tantost large; à present on la prise pointuë [2];
C'est celle maintenant dont plus de cas on fait,
Qui ne la porte ainsi n'est pas homme bien fait;
Non plus que l'on ne peut estre de bonne grace
Si l'on n'a aux sourcils relevé la moustasse [3];

[1]. Les Juifs portoient toujours les cheveux pendants.

[2]. Ce fut la mode jusqu'au jour où Louis XIII, s'étant ingéré du métier de barbier barbant, « coupa, dit Tallemant, la barbe à tous les officiers de sa maison, et ne leur laissa qu'un petit toupet au menton. » Richelieu, à qui l'on ne faisoit pas si facilement la barbe, conserva seul la royale pointue. Une chanson faite alors, et conservée par Tallemant, disoit :

>   Helas! ma pauvre barbe,
>   Qu'est-ce qui t'a faite ainsi?
>   C'est le grand roi Louis
>   Treizième de ce nom,
>   Qui toute a ebarbé sa maison.
>   . . . .
>   Laissons la barbe en pointe
>   Au cousin de Richelieu,
>   Car, par la vertudieu!
>   Ce seroit trop oser
>   Que de la lui pretendre raser.

Tallemant, *Historiettes*, édit. in-12, t. 3, p. 68.

[3]. C'étoient ces moustaches en croc ou recroquillées en cerceau dont se moque Naudé dans le *Mascurat*, p. 187. La mode en venoit des Espagnols. Les courtisans s'en faisoient gloire :

Moustasse qu'on avoit jadis accoustumé
Porter rase, qui lors vouloit estre estimé.
Mais venons aux habits desquels leurs corps je couvre,
Où mon authorité encor mieux se descouvre.
Quelle nouvelleté n'ont souffert les chappeaux !
Combien leur ay-je fait de changemens nouveaux [1] !
Je leur ay fait donner la façon albanoise,
Qui a pour quelque temps eu le nom de françoise,
Puis je les ay fait plats avec un large bord.
Ceste façon plaisoit aussi bien à l'abord ;
Mais elle a maintenant perdu toute sa grace ;
On n'en fait plus d'estat, une autre a prins sa place,

« Ils vous respondront que leur habit, leur desmarche et leur barbe est à l'espagnolle. » (*Le Courtisan à la mode*, p. 8.)

1. On trouve dans une pièce déjà citée, la *Mode qui court* (*ibid.*), des détails sur ces diverses formes de chapeaux, ronds, pointus, hauts de forme, en *pot à beurre*, comme dit G. Naudé, ou à *l'albanoise*, comme on dit ici ; sur les cordons, les panaches, etc. « Les chapeliers, y est-il dit, se plaignent que tant de chouses (modes) nouvelles leur font perdre l'escrime en la fabrique des chappeaux. L'un les veut pointus en pyramide, à la façon des pains de sucre, qui dansent en cheminant sur la perruque...; d'autres les veulent plats à la cordelière, retroussez, en mauvais garçon (par signe seulement), avec un pennache cousu tout autour, de peur que le vent l'emporte ; d'autres en veulent en façon de turban, ronds et peu de bords... » *Le Courtisan à la mode* (p. 5) parle aussi de ces diverses formes, *chapeaux en preneurs de taupes, chapeaux hors d'escalade*, c'est-à-dire très pointus, très à pic. Dans *les Loix de la galanterie*, la même expression est employée, et il y est dit en outre : « L'on a porté des chapeaux fort hauts, et si pointus qu'un teston les eût couverts. » M. Castaigne cite en note sur *ces hauts chapeaux d'Albanois* un passage des *Œuvres morales*, *etc.*, de Jean des Caurres, fol. 602, verso.

Qui a la teste ronde avec les bords estroits,
Et semble mieux turban que chappeau de François;
Et comme le chappeau de façon renouvelle,
Fais-je pas au cordon une forme nouvelle?
Ne l'ai-je pas fait gros et puis après petit?
Tantost plat, tantost rond, selon mon appetit?
Je serois trop longtemps si je voulois te dire
Combien je fais par là ma puissance reluire.
Depuis deux ou trois ans seulement, les cordons
Ayans plus de vingt fois rechangé de façons,
Je leur ay pour un temps mis des boucles dorées;
Personne n'en a plus, on les a retirées;
Je les fais maintenant moitié d'un crespe fin
Bouffant en quatre plis, et moitié de satin.
Naguères l'on n'osoit hanter les damoiselles
Que l'on n'eust le colet bien garny de dentelles;
Maintenant on se rit et moque de ceux-là
Qui desirent encor paroistre avec cela.
Les fraizes et colets à bord sont en usage.
Sans faire mention de tout ce dentellage,
J'observe tout le mesme à l'endroit des rebras [1],
Les quels j'ay fait porter tantost haut, tantost bas,
Tantost pleins de dentelle, et quand je veux j'y prise
Avec le point couppé [2] l'ouvrage de Venise.
Mais ces braves rebras ont perdu leurs beautez;
Ceux à bords maintenant sont les plus usitez.
A leurs pourpoints je fais tousjours nouvelle forme :

1. *Repli, revers, parement.*
2. Le *point-couppé* étoit une dentelle à jour qu'on faisoit en collant du filet sur du quintin, et en perçant et emportant la toile qui étoit entre deux. V., sur le commerce du *point-couppé*, les notes d'une des pièces précédentes.

Ce qui plaisoit hier aujourd'huy est difforme.
Je les ay fait porter larges, longs, courts, estroits,
Je les ay fait changer de colet mille fois,
Tantost façon de dents, maintenant de rondace [1];
La nouvelle tousjours est de meilleure grace.
J'ay fait les aillerons larges d'un demy-pié,
Mesmes souvent pendans du bras jusqu'à moitié.
Pour un temps l'esguillette y a esté prisée,
Qui maintenant n'y sert de rien que de risée.
Les aillerons estroits sont les plus estimez.
Les busques ne sont plus comme jadis aymez.
Avec quoy l'on avoit accoustumé paroistre,
Les plus estroits pourpoints sont ceux qui sont en estre.
J'ay avec le trenchant decouppé leur satin
Pour monstrer le taftas bleu ou incarnadin
Qu'ils font mettre dessous ceste large taillure,
Qui est, à vray parler, vanité toute pure [2];
Encor cela est-il peu prisé si l'on n'a
Le satin verd aux gans ou velours incarna,
Ou bien de franges d'or une paire bordée [3]
Qui porte sur le bras une demy-coudée.
Pour se ceindre l'on a quitté le taffetas;
Personne maintenant n'en fait guère de cas,

1. *Rondache*, bouclier rond.
2. « Chouse (*la mode*) a encore fait ceci de bon, qu'elle a ramené l'antique origine des François, descendus de la belliqueuse nation d'Allemagne; car les hommes s'accoustument à porter chausses bouffantes de taffetas ou velours sortant par fentes dehors. » (*La Mode qui court*, etc., p. 6.)
3. Ces *gants à franges* étoient depuis long-temps à la mode. Dans une très curieuse pièce parue en 1588, *le Gan de Jean Godard, Parisien*..., nous lisons (*ad finem*) :

Si ce n'est un qui porte une longue sutenne [1]
Qui soit ou de damas ou de velours de Genne :
Car les ceinturons seuls maintenant sont receus
Qui sont en broderie ou de soye tisseus.
Je ne pense non plus que maintenant on puisse
Paroistre avec la chausse estroitte ou à la suisse [2],
Ou bien toute bouffante à l'entour de gros plis,
De crains sous la doublure, ou de coton remplis [3],
Aussi c'est estre fol que de penser paroistre
Vestu d'une façon qui a perdu son estre ;
Il faut s'accommoder ainsi comme l'on fait,
Refaire ses habits comme l'on les refait,

> Les hommes d'à present, qui connoissent combien
> Ils (les gants) nous font de profit, de plaisir et de bien,
> Les honorent aussi de mainte broderie
> Faite subtilement de riche orfevrerie,
> De senteurs, de parfums : les uns sont chiquetés
> De toutes parts à jour, les autres mouchetés
> D'artifice mignard; quelques autres de franges
> Bordent leur riche cuir, qui vient des lieux estranges.

1. *Soutane.*

2. Furetière, dans sa satire *le Jeu de boule des procureurs*, renvoie le *haut de chausses à la suisse* aux petits praticiens; la braguette y étoit très saillante. V. Montaigne, *Essais*, liv. 3, chap. 5, et *Vers à la Fronde sur la mode des hommes...* 1650.

3. Cette manière de *crinoline* non tissue étoit depuis longtemps en usage, surtout pour la toilette des femmes :

> Deçà des dames plus fines,
> Pour leur grossesse cacher,
> On voit la rue empescher,
> Portant de larges vasquines;
> Là marchent à graves pas,
> Renforcées par le bas,

Changer d'accoustrement aussitost que j'allume
Dans les cœurs le desir de changer de costume :
Car qui porte la chausse, encor que de velours,
Qui n'est froncée en haut et dessus les genoux,
Qui n'a de gros boutons aux costez une voye,
Ou de rang cinq ou six grands passemens de soye,
Appreste grand subject de rire à haute voix
A ceux qui vont suivant mes inconstantes loix ;
On le monstre du doigt, quand mesmes en science
Il seroit estimé des premiers de la France,
Ainsi qu'un qui voudroit en la sale d'un grand
Avec un bas de drap tenir le premier rang,
Ou bien qui oseroit avec un bas d'estame
En quelque bal public caresser une dame [1] :
Car il faut maintenant, qui veut se faire voir,
Aux jambes aussi bien qu'ailleurs la soye avoir,
Et de large taftas la jartière parée
Aux bouts de demy-pied de dentelle dorée [2],

> Celles qui deux culs supportent
> Sous les robes qu'elles portent,
> Desquels l'un, de chair, la nuit
> Leur sert à prendre deduict ;
> L'autre, de crins et de bourre,
> Autour leurs fesses embourre.
> (P. Le Loyer, la Nephelococugie, ou la Nuée des Cocus, comédie. Abel Langelier, 1579, in-12.)

1. Il n'appartenoit qu'aux lourdauds de province de paroître au bal avec des bas d'étame. « Le bal, dit Scarron, se donnoit tous les soirs, où de très méchants danseurs dansèrent de très mauvaises courantes, et où plusieurs jeunes gens de la ville dansèrent en bas de drap de Hollande ou d'Ussaa et en souliers cirés. » (Le Roman comique, 2ᵉ partie, chap. 17.)

2. « Après ce que dessus, Chouse (la mode) a inventé l'u

N'avoir pas les souliers camus comme autrefois [1],
Ny plats, à la façon des lourdauts villageois ;
Il les faut façonner d'une juste mesure,
Le talon eslevé et plein de decouppure.
Qui les porte autrement, il entendra tout haut
Que quelque courtisan l'appellera maraut ;
Comme qui trop hardy voudroit hanter le Louvre
N'ayant pas sur le pied une rose qui couvre
La moitié du soulier [2], ou qui en porte encor
Qu'il n'y ait à l'entour de la dentelle d'or.
Mais quiconque, d'honneur desireux, a envie
Au modelle de court de conformer sa vie,
Il ne faut pas tousjours estre chaussé ainsi ;
Il faut qu'il ait souvent la botte de Roussy [3],

sage des jarretières chasse-mouches, larges, à grandes franges, pour défendre à la crotte de toucher au bas, etc. » (*La Mode qui court*, etc.)

[1]. Ces souliers camus sont ce que Scarron, dans son *Epistre burlesque à madame de Hautefort*, appelle avec tant d'esprit :

Galoches à dormir debout.

[2]. « Mais voicy un autre tintamarre : tous se plaignent que les laitues pommées et roses sont fort renchéries depuis peu de temps. Les jardiniers n'en sont pas marris ; ils en rient tant qu'ils peuvent, car elles n'estoient en usage il y a environ deux ou trois mois qu'en salade ; maintenant Chouse (la mode) les fait servir en souliers, voire des laquais, palfreniers et gens de néant. Je croy que c'est pour tenir le soulier ferme, selon l'ordonnance :

Ne vagus in laxa pes tibi pelle natet,

afin que le soulier ne branle dans le pied. » (*La Mode qui court*, etc.)

[3]. Les bottes en cuir de Russie étoient alors à la mode. Tout le monde en vouloit, vieilles ou neuves, avec éperons

Et l'esperon aux pieds, encore qu'il ne pense
Que de passer le jour à l'entour d'une dense ;
Qu'il ait tousjours le dos d'une escharpe couvert
De taftas de couleur incarnat, bleu et vert,
Ou d'autre qu'il verra plus propre à sa vesture,
Aux deux bords enrichy d'or ou bien d'argenture,
Qui pende pour le moins sur le manteau d'un pié,
Et couvre du colet une grande moitié ;
Qu'il ait sur le costé pendant un cimeterre [1],
Comme portoient jadis les Perses à la guerre,

rouillés ou fourbis : « Les maistres cordonniers sont sur le poinct de se battre (quoi qu'il soit defendu) avec les savetiers de la Savaterie et de la Potterie, vers les halles ; car il n'y a qu'eux qui vendent des bottes frippées et des vieux esperons de la dernière guerre de Perpignan. Encore une aultre grande question s'esmeut entre les maquignons, vendeurs de chevaulx, avec les susdits savetiers ; car ils veulent savoir *sive jure, sive injuria*, d'estoc et de taille en un besoing, pourquoy ils vendent tant de bottes, et qu'eux ne vendent point de chevaux. La chose ayant esté desbattue, *in utramque partem, pro et contra*, les savatiers ont fanatiquement représenté que l'incommodité des boues étoit vrayement cause d'une telle confusion de bottes, mais qu'ils n'en estoient cause ; mais qu'un homme avoit plus tost trouvé vingt sols ou demy-escu pour une paire de bottes que vingt escus pour un cheval, joinct que les bottes sont fort propres pour espargner les souliers..., se garentir de crottes, espargner le foin, l'avoine, qu'il fauldroit pour un cheval ; et ce qui est plus considérable, c'est que, par ce moyen, un homme botté et esperonné est estimé homme d'honneur et presque gentil homme. Quoy qu'il n'ait pas de cheval, c'est tout un ; n'importe, l'estable en est plus nette. »(*La Mode qui court*, etc.) V. dans *Francion*, 1663, in-8, p. 557-559, l'éloge des bottes.

1. « Ceste meschante Chouse fait porter aujourd'huy......

Court, mais de bonne trempe, inutil toutes fois
Aux batailles que font maintenant les François;
La garde faite en croix ou en forme aquileine,
Toute luisante d'or ou d'esmail toute pleine;
Qu'il ait le manteau court, car d'en porter de longs,
Comme anciennement, qui battent les talons,
L'usage en est perdu, si ce n'est quelque prestre
Sage en théologie ou qui soit ès arts maistre,
Ou quelque conseiller, ou quelque president,
Ou un qui s'enrichit au Palais en plaidant :
Car sans risquer l'honneur ceste mode est permise
Aux hommes seulement de justice ou d'eglise,
Qui ne vont pas s'ils n'ont la sutenne dessous,
Qui leur pende beaucoup plus bas que les genous;
Qu'il l'ait, dis-je, si court que sa longueur ne puisse
Que couvrir tout au plus la moitié de la cuisse,
Doublé tout à l'entour d'un velours cramoisy
Ou d'autre qu'il aura chez un marchand choisy :
Car par trop à present du taftas on abuse,
Et chacun pour doublure à son manteau en use.
Le bourgeois, cy-devant, allant à un festin,
Avoit sur le manteau deux bandes de satin ;
Mais maintenant il faut, s'il veut estre honneste homme
L'avoir plein de taftas comme le gentilhomme ;
Pourquoy d'hanter la cour qui fait profession
Que l'on ne voit jamais manquer d'invention
Pour passer en beauté d'habits la populace.
Qui veut des courtisans tousjours suivre la trace,

l'escharpe sur l'espaule, à grandes franges pendantes en bas,
sortant soubs le manteau, qui sert pour porter un petit coutelas
de paix, à la façon des Arabes et Levantins. » (*La mode qui
court...*)

Il lui faut le velours, et sur nostre orizon,
Quand revient à son tour l'estivale saison,
Il luy faut, pour servir de legère vesture,
De simple taffetas un manteau sans doublure ;
Et s'il est quelque fois de chasser desireux,
Le cerf viste courant, ou le lièvre peureux,
Ou bien le loup, terreur de la rustique race,
L'escarlatte est l'habit ordinaire de chasse,
Aucune fois de court, pourveu qu'il soit paré
De trois ou quatre rangs de passement doré.
Mais mon pouvoir s'estend encor plus sur les femmes,
Soit bourgeoises ou bien damoiselles ou dames :
C'est moy seule qui fais leurs tresses et cheveux
Noüez, poudrez, frisez ainsi comme je veux :
Une dame ne peut jamais estre prisée
Si sa perruque n'est mignonnement frizée,
Si elle n'a son chef de poudre parfumé [1]
Et un millier de nœuds, qui çà, qui là semé
Par quatre, cinq ou six rangs, ou bien davantage,
Comme sa chevelure a plus ou moins d'estage,
Et qui n'a les cheveux aussi longs qu'il les faut ;
Elle peut aisement reparer ce deffaut :
Il ne faut qu'acheter une perruque neuve [2] ;

1. Hommes et femmes s'enfarinoient les cheveux de poudre de Chypre parfumée. V. *la Dispute et interrogatoire faicte par deux poëtes françois*, 1610, in-12, p. 15 ; *Francion*, p. 267 ; *Vers à la Fronde, sur la Mode des hommes*..... Scarron, dans l'*épistre* citée, reproche aux jouvençaux :

> Trop de gallons dessus les reins,
> A la tête de trop longs crins,
> Crins où, nonobstant la farine,
> L'humide graisse trop domine.

2. Les perruques commençoient d'être à la mode pour les

Qui a de quoy payer facilement en treuve ;
Mais c'est là la façon des dames : le soucy
Des bourgeoises n'est pas de se coiffer ainsi ;
Leur soin est de chercher un velours par figure [1]
Ou un velours rosé qui serve de doublure
Aux chaperons de drapt que tousjours elles ont,
Et de bien ageancer le moule sur le front,
Luy face aux deux costez de mesure pareille
Lever la chevelure au dessus de l'oreille.
Aux dames je fais cas d'un visage fardé :
A la court aujourd'huy c'est le plus regardé,
Car, quand bien elle auroit une fort belle face,
Si elle n'est pas fardée elle n'a pas de grace,
Et principalement le doit-elle estre alors
Que la ride commence à luy siller le corps,
Et que de jour en jour une blanche argenture
Va se peslemeslant dedans sa chevelure :
Car c'est alors qu'il faut faire mentir le temps
Pour se faire honnorer comme en ses jeunes ans ;
C'est lors qu'il est besoin se servir d'artifices
Afin de rabiller les ordinaires vices

hommes comme pour les femmes. Les hommes qui les vouloient longues et tombantes se les faisoient faire avec des cheveux de femme. (Mézeray, *Abrégé de l'Hist. de France*, 1698, in-12, t. 1, p. 253.) Une perruque blonde du bon *faiseur* se vendoit jusqu'à mille écus. Les cheveux propres aux perruques des dames valoient 150 livres l'once.

1. C'est-à-dire assorti à la figure, ce qui étoit un grand point. L'assortiment des diverses parties de la toilette fut une question non seulement de goût, mais de bienséance, pendant tout le XVIIe siècle. V. *l'Extraordinaire du Mercure*, janvier 1698, art. *Garde-robe des femmes*.

Que la triste vieillesse ameine pour recors
Aussi tost qu'elle vient se saisir de nos corps.
Aussi faut-il, durant le temps de son jeune aage
Soigneusement garder le teint de son visage ;
Il faut tousjours avoir le masque[1] sur les yeux,
De peur que peu à peu le clair flambeau des cieux
De ses traits eslancez ne bazanne la face,
Où de la femme gist la principalle grace :
Car ny les longs cheveux de son chef blondissant,
Ni de son large sein le tetin bondissant,
Ny les luisans esclairs de sa plaisante veüe
Ny son gentil maintien, ny sa forme meneüe,
Ne peuvent pas la rendre excellente en beauté
Si elle a sur le front de la difformité.
Mais je veux maintenant te dire en quelle sorte
Une galante femme en habits se comporte :
Il luy faut des carquans, chaisnes et bracelets,
Diamans, affiquets[2] et montans de colets,
Pour charger un mulet, et voires davantage,
Dont on pourroit avoir aisement un village ;

1. V. sur cet usage des masques notre t. 1, p. 307, note, et notre édition des *Caquets de l'Accouchée*, p. 105. Scarron, dans l'*épistre* citée, parle ainsi des masques à dentelle qu'on portoit de son temps :

>   Dirai-je comme ces fantasques
>   Qui portent dentelle à leurs masques
>   En chamarrent les trous des yeux,
>   Croyant que le masque en est mieux?

2. Les *affiquets*, qu'on trouve appelés *affiques* dans le *Blason des faulses amours*, étoient les longues épingles fichées (*affixæ*) dans les cheveux ou la coiffure. « Les *affiquets*, dit Nicot, s'affichent aux bonnets, aux chapeaux et choses semblables. » V. aussi Jacq. Bourgoing, *De origine et usu vulgarium linguarum*.

Et telle bien souvent porte ces ornemens
Qui n'aura pas cinq sols de rente tous les ans.
Encor cela est-il aux dames tolerable;
Mais la bourgeoise fait maintenant le semblable,
Qui ose bien porter des diamans au doigt
Qui cousteront cent francs, que peut-estre elle doit,
Et ayme mieux payer tous les ans une rente
Que n'avoir pas au col une chaisne pendante,
Qu'elle acheptera plus beaucoup que ne vaut pas
Ce que luy a laissé son père à son trespas.
Encore n'est-ce rien si elle n'a sur elle
Coliers et bracelets comme la damoiselle,
Et ne porte cent mille autres tels ornemens,
Toy-mesme tu peux bien cognoistre si je mens,
Qui ne sont en effect qu'une vaine despence,
Qui donne clairement preuve de ma puissance.
Et quand bien elle aura cela, ce n'est pas tout :
Sa vaine ambition n'est pas encore au bout ;
Il luy faut des rabas de la sorte que celles
Qui sont de cinq ou six villages damoiselles,
Cinq colets de dentelle haute de demy-pié[1],
L'un sur l'autre montez, qui ne vont qu'à moitié
De celuy de dessus, car elle n'est pas leste

---

1. V. sur ces collets notre édition des *Caquets*, p. 49 et *passim*. Ce qui est dit ici se retrouve en prose dans *la Mode qui court*, etc., page 8. « Le col garny d'affiquet, de collet à quatre ou cinq estages, d'un pied et demy pour monter au donjon de folie, voire telles qui n'ont un seul denier de rente; danger même que les porteuses de laict n'en prennent envie, comme elles ont faict autrefois sur le vin muscat; je n'en dy mot, puisqu'on en aura toujours des nouvelles à la pierre au laict. »

Si le premier ne passe une paulme la teste;
Elle a pour ses rabas ses fraizes eschangé,
Dont elle avoit jadis tousjours le col chargé
Quand elle desiroit avoir belle apparence,
Ou à quelque festin, ou bien à quelque dance;
Et lors il n'y avoit que celles qui estoient
D'une condition honneste qui portoient
Deux colets joincts ensemble avec doubles dentelles,
Et les estimoit-on à demy damoiselles.
L'on ne parloit alors sinon de celles-là
Qui avoient à l'entour du col ces colets-là.
Les voilà maintenant laissez aux artisannes,
Et je croy que bien tost aux pauvres paysannes
La volonté viendra de s'en servir aussi,
Et d'en couvrir leur col de halle tout noircy.
La femme du bourgeois, qui aime l'inconstance
Pour le moins tout autant que la dame de France,
Pour se couvrir le sein la façon a appris
D'user de points couppez ou ouvrages de pris,
Et non d'avoir le haut de la robe fermée
Comme elle avoit jadis de faire accoustumée,
Et comme font encor beaucoup de nations,
Où je ne fais pas tant qu'icy d'inventions;
Mais les dames, au moins pour la pluspart, n'ont cure
D'avoir en cest endroit aucune couverture :
Elles aiment bien mieux avoir le sein ouvert
Et plus de la moitié du tetin descouvert[1].

---

1. Parmi les poésies qui accompagnent l'*Adonis*, tragédie de Guillaume Le Breton, Nivernois, Paris, Ab. L'Angelier, 1597, p. in-12, s'en trouve une qui a pour titre : *Paradoxe que les femmes doivent marcher avec le sein découvert.* « Chouse, est-il dit aussi

Elles aiment bien mieux de leur blanche poitrine
Faire paroistre à nud la candeur albastrine,
D'où elles tirent plus de traits luxurieux
Cent et cent mille fois qu'elles ne font des yeux.
Des rebras enrichis d'une haute dentelle,
La bourgeoise s'en sert comme la damoiselle ;
Mais ceux qui ne vont point jusqu'à moitié du bras
De la dame de court bien venus ne sont pas.
Aux robes le taftas a perdu son usage
Envers celles qui sont de noble parentage.
Il leur faut le satin ou velours figuré,
Autour des aislerons [1] force bouton doré [2],

dans la *Mode qui court*, p. 8, a encore inventé de représenter le teton bondissant et relevé par engins au dehors, à la vue de quy voudra, pour donner passe-temps aux alterez, et suivant cela on dit :

>Jeanne qui faict de son teton parure
>Faict voir à tous que Jeanne veut pasture. »

D'après une autre pièce du temps, on voit qu'à l'église même la décence dans la parure n'étoit pas mieux observée : « Mais encore le pire, si vous entrez dans une église pour ouyr le sermon, vous voyrez ces poupines dames le tetin descouvert jusqu'au nombril, lequel en vous amusant à regarder, vous perdrez la sainte parole. » (*La dispute et interrogatoire faicte par deux poëtes françois...* Paris, 1610, *ad finem*.)

1. Ces *aislerons*, qui n'étoient que de gros nœuds de ruban largement étalés, avoient fait donner à l'ensemble de la garniture le nom de *petite oie*. V. une note de notre édition du *Roman bourgeois*, p. 70. C'est pour continuer la comparaison qu'on avoit appelé *jabot* « l'ouverture de la chemise sur l'estomach, laquelle il faut toujours voir avec ses ornements de dentelle. » (*Les Loix de la galanterie*, édit. Aug. Aubry, p. 16.)

2. « Ceste Chouse a apporté aussy du pays des Buttonières la

La manche detaillée à grande chiquetade ;
Le taftas seulement sert dessous de parade,
Voires le plus souvent les robes de satin
Qui sont de couleur rouge ou bien d'incarnadin
Des damoiselles sont les plus chères tenues,
Et dont journellement on les voit revestues.
La robe de taftas a prins d'ailleurs son cours :
La bourgeoise s'en sert maintenant tous les jours ;
Encore, quand il est question d'être leste
A quelque mariage ou bien à quelque feste,
Elle ose bien porter la robe de damas,
Qui pour se faire voir n'aguères n'avoit pas
Rien que robes de drap, ou bien robes de sarges,
Avec queuë par bas pendante et manches larges :
Car aux robes alors hautes manches portoient
Seulement celles qui de noble race estoient;
Mesmes lors le burail [1] estoit très rare chose,
Et le turc camelot, dont la bourgeoise n'ose
En faire maintenant sa robe seulement
Qui de son coffre soit le pire habillement.
Le grand vertugadin [2] est commun aux Françoises,
Dont usent maintenant librement les bourgeoises,
Tout de mesme que font les dames, si ce n'est
Qu'avec un plus petit la bourgeoise paroist :

façon des botons sans usage sur les manches, sur les chausses, devant, derrière, de costé et d'aultre, et n'y a moyen de paroistre autrement. » (*La Mode qui court*,... etc., p. 7.)

1. La *bure* ou *bureau*. V. plus haut, pag. 120.
2. Les *vertugales*, passées de mode, ainsi que les *vasquines*, dans la seconde moitié du XVIe siècle (voy. notre tome 2, p. 190), avoient reparu sous Louis XIII, agrandies et perfectionnées, avec le nouveau nom de vertugadin.

Car une dame n'est pas bien accommodée
Si son vertugadin n'est large une coudée.
Les cottes de taftas ont beaucoup de credit;
La bourgeoise s'en sert, sans aucun contredit,
Aussi communement qu'elle faisoit naguère
De drap et camelot, son estoffe ordinaire:
Car jadis celles qui damoiselles n'estoient
Aux cottes ny taftas ny damas ne portoient.
Le burail estoit lors l'estoffe plus commune
A celles qui avoient à leur gré la fortune;
Mais desjà, quand je dis commune, je n'entends
Dire l'estoffe dont elle usoit en tout temps.
Non, ce n'est pas ainsi comme je le veux prendre,
C'est mon intention autrement de l'entendre :
Je dis les cotillons qui plus en vogue estoient,
Et lesquels seulement les plus riches portoient,
Au lieu du taffetas dont à present chacune,
Soit qu'elle ait favorable ou contraire fortune,
Orgueilleuse se sert, enrichy bravement,
A l'entour, de six rangs de large passement,
Voire, mais du damas que j'avois en mon ame
Designé de garder pour l'habit de la dame,
Qui est contrainte avoir la robe de velours,
Et d'autres de damas et de taftas dessous,
Des bourgeoises en ce seulement dissemblable,
Jaçoit bien qu'elle porte une estoffe semblable,
Pour une cotte qu'a la femme du bourgeois,
La dame en a sur soy l'une sur l'autre trois,
Que toutes elle fait esgalement paroistre,
Et par là se fait plus que bourgeoise cognoistre.
A leur bas l'une et l'autre aime fort l'incarna,
La bourgeoise l'estame, et si la dame n'a

Sur les jambes la soye, elle n'est pas parée,
Bien qu'au reste elle fust richement accoustrée.
Les bourgeoises non plus que les dames ne vont
Nulle part maintenant qu'avec souliers à pont [1]
Qui aye aux deux costez une longue ouverture
Pour faire voir leurs bas, et dessus, pour parure,
Un beau cordon de soye, en nœuds d'amour lié,
Qui couvre du soulier presques une moitié.
Tout ordinairement prennent les damoiselles
L'echarpe de taftas pour paroistre plus belles;
La bourgeoise s'en sert tant seulement aux champs,
Soit hiver, soit esté, soit automne ou printemps;
Mesmes quand elle va dedans quelque village,
D'un masque elle ose bien se couvrir le visage.
Mais que fais-je? j'oublie à dire le plus beau :
Mets-je pas sur le dos des dames le manteau
Tout fourré par dedans, quand la froide gelée
Arreste les sillons de la liqueur salée?
Ne fay-je pas aussi les enfans des bourgeois
Aussi braves que ceux des princes et des rois,
Chargez de carquans d'or, et autour de leurs testes,
Pleins d'ornemens perleux qu'ils nomment serre-testes [2],
Avec accoustremens du moins de taffetas,
Bien souvent de velours ou d'un riche damas?

1. C'est-à-dire exhaussés d'un talon qui leur donnoit, posés à terre, la forme d'une arche de pont. Scarron, dans son *Épistre* déjà citée, parlant de la chaussure des dames, nous représente

Leur pied, que grand pont-levis hausse.

2. M. Castaigne a remarqué qu'il s'agit ici de la parure de tête dont a parlé d'Aubigné dans ses *Tragiques*, lorsqu'il nous a représenté Henri III

De cordons emperlez *la* chevelure pleine.

Leur fay-je pas tousjours pendre au bas des aureilles
Quelques perles de prix ou bien choses pareilles?
La chaisne d'or au col[1], aux mains les bracelets,
Au doigt les diamans, au front les affiquets,
Et autres tels fatras qui valent davantage
Que tout le revenu du bien de leur mesnage;
Mais je ne monstre pas seulement ma vertu
Aux façons des habits dont on est revestu :
C'est moy seule qui fais desguiser leur parole.
On a beau consommer tout son temps à l'ecolle,
Il faut, quiconque veut estre mignon de court,
Gouverner son langage à la mode qui court ;
Qui ne prononce pas *il diset*, *chouse*, *vandre*,
Parest, *contantemans*[2], fut-il un Alexandre,
S'il hante quelquefois avec un courtisan,
Sans doute qu'on dira que c'est un paysan,
Et qui veut se servir du françois ordinaire,
Quand il voudra parler sera contraint se taire.
Qui peut trouver un mot qui n'est pas usité
Est attentivement de chacun escouté,
Et celuy qui peut mieux desguiser son langage
Est aujourd'huy partout estimé le plus sage,

---

1. « Entre les femmes, il y a bien d'autres *niveleries*, j'entends entre les bourgeoises : celles qui ont les cheveux tirez ou la *chaisne sur la robbe* sont estimées davantage que les autres qui ne sont pas ainsi parées.» (*Hist. de Francion*, 1663, in-8, p. 260.)

2. « ... Plusieurs de ce siècle ... disent à tout propos *chouse*, *souleil*, etc. » (*Le Courtisan à la mode*, ... Paris, 1625, in-8, p. 4.) V., sur cette prononciation à la mode du temps de Louis XIII, *le Banquet des Muses*... du sieur Auvray (*les Nonpareils*), et notre *Essai historique sur l'orthographe*, Paris, 1849, in-8, p. 52-53.

Encore qu'il ne soit autre qu'un jeune sot,
Qui de latin ny grec n'ait veu jamais un mot,
Qui n'ait jamais rien fait que tenir des requestes,
Hanter les cabarets et faire force debtes.
Et si quelqu'un prononce ainsi comme il escript,
Quand de France il seroit le plus galand esprit,
Qui auroit employé sa jeunesse à apprendre,
Sans s'exercer à rien dont on l'ait peu reprendre,
Il sera bafoüé de quelque jeune veau
Qui ne prisera rien que ce qui est nouveau.
Bref, il faut observer, qui veut paroistre en France,
Au parler aussi bien qu'aux habits l'inconstance.
Mais pendant que je vay discourant avec toy,
La court pour mon absence est en un grand esmoy.
A Dieu! je m'en vay voir s'il faut que je reforme
Quelque chose aux habits qui paroisse difforme;
Je voy les courtisans desjà las de porter
Les façons que je viens de te representer.
Les passemens dorez reviendront en lumière;
Je m'en vay les remettre en leur vogue première.
Les marchands se faschoient de voir si longuement
Demeurer dans leur coffre un si beau passement :
Il faut les contenter, et que ceste richesse
Serve de parement à toute la noblesse.
  Si tost que ceste dame eust cessé de parler,
Soudain s'esvanouit comme fait un esclair,
Et moy, tout estonné, plus longtemps ne sejourne;
Mais dedans ma maison soudain je m'en retourne,
Jugeant bien à par moy que c'estoit verité
De ce qu'elle m'avoit jusqu'icy recité[1].

  1. Dans l'édition qu'a reproduite M. Cassaigne la pièce se termine par les mots : *A Dieu*.

Pasquil de la Court pour apprendre à discourir.

O vous, dames et damoiselles,
Qui desirez passer pour belles,
Et que sur vous on ait les yeux
Comme dessus les demy-dieux,
Si vous voulez, quoy que l'on gronde,
Apprendre le trictrac du monde
Et y vivre morallement
Sans fausser loy ne parlement,
C'est pour discourir à la mode,
Sans le Digeste et sans le Code;
Et puis, quand vous sçaurez parler,
Pour proprement vous habiller,
C'est une façon très nouvelle
Apportée de la Rochelle
Et reformée plusieurs fois
Par la marquise de Vallois.
A vous seule je la dedie
Avecque mon cœur et ma vie;
Vous la verrez, par cest escrit,
Digne de vostre bel esprit.
Lisez-le d'aussi bon courage
Que je vous le rends pour hommage.
Il faut doncques, en premier lieu,
Apprendre à bien parler de Dieu;
Et, bien que l'on n'y sçache notte,
Si faut-il faire la devoste,
Porter le cordon sainct François [1],

1. V. notre tome 2, p. 341, note.

Communier à chasque mois,
Admirer tout, tout veoir, tout faire,
Aller à vespre à l'Oratoire [1],
Sçavoir où sont les stations,
Que c'est que meditation,
Visiter l'ordre Saincte-Ursule [2],
Cognoistre le père Berulle [3],
Luy parler de devotion,
Des sœurs de l'Incarnation,
Participer à son extase,
Aller voir le père Athanase,
La marquise de Menelé [4],
Jeusner en temps de jubilé,
Sçavoir où sont les quarante heures [5],
Ne veoir aucun sans controller
Ses mœurs, sa façon de parler,
Se reserver pour sa conduicte
Père Chaillou, un jesuiste;
Aller conferer avec eux

1. V. sur ces offices de l'Oratoire, dont l'église venoit d'être bâtie, notre édition des *Caquets de l'Accouchée*, p. 82, note.

2. Les Ursulines s'étoient établies rue Saint-Jacques en 1612. On achevoit alors de bâtir leur église. C'est là que fut élevée Mlle d'Aubigné. V. *Fragm. des mémoires* du P. Laguille, *Archiv. litt. de l'Europe*, n° XXXV, p. 370.

3. Fondateur de l'Oratoire en France. V. notre édit. des *Caquets*, p. 79-80.

4. Nous n'avons pu trouver de renseignements sur le P. Athanase ni sur cette marquise, dont le nom doit être de Maignelay et non Menelé.

5. Prières publiques et continuelles faites pendant trois jours devant le Saint-Sacrement en des circonstances importantes. Il manque un vers à la suite de celui-ci.

Chasque journée une heure ou deux,
Avoir des tantes et cousines
Dans le convent des Carmelines [1]
Pour aller joüer en esté;
Veoir madame de Breauté [2],
Amasser force grains de Rome,
Avoir veu de près le sainct homme [3],
Garder de sa robbe un morceau
Pour enchasser en un tableau,
Parler des cas de consciences,
Selon qu'on voit les occurrances,
Appeller tousjours à garand
Arnoux, Granger et Seguerand [4],
Raconis [5], le petit minime;
Discourir un peu de la rime,
Et, si l'esprit n'est trop fasché,
Songer aux amours de Psiché;
Mettre un petit de sa science
A bien faire la reverance
A la Bocane [6] et la Dupont [7],

1. Les Carmélites de la rue du Bouloi, chez lesquelles se faisoient les retraites des dames de la cour. V. *Lettres de Sévigné*, 15 octobre 1677 et 25 mai 1680.

2. Femme d'Adrien de Bréauté, gentilhomme de la chambre, mort en 1610. V. le P. Le Long, t. 3, n° 31,885.

3. Le Pape.

4. Le P. Seguirand, confesseur du roi. V. notre tome 2, p. 134. Le père Arnoux l'étoit aussi.

5. V. plus haut une note de *la Chasse au vieil grognard de l'antiquité*.

6. C'est-à-dire à la manière de Bocan, le fameux maître de danse. V. sur lui une note de notre tome 1, p. 135.

7. Autre maître de danse, dont le nom est resté consacré par

Ainsi que les autres la font;
Et puis, pour ornement de teste,
Fussiez-vous une grosse beste,
Il faut faire tenir l'iris [1]
Sur le poil noir ou sur le gris,
Et pour cela sur la toilette
Avoir tousjours la boistelette,
Plaine de goume [2] de jasmin ;
Visiter madame Gamin [3]
Avecque la coiffe bessée,
La veue demi renversée,
Vous fourer dans son amitié,
Entendre d'elle avec pitié,
Et croire que la romanesque,
Le corps mort du comte de Fiesque,
Peut rendre aux aveugles les yeux
Et la jambe droicte aux boiteux,

l'air encore si populaire de *Dupont, mon ami,* sur lequel se dansoit, au commencement du XVIIe siècle, cette fameuse danse de la guimbarde que ce Dupont avoit peut-être réglée et mise à la mode. V. notre édit. des *Caquets*, p. 59.

1. Poudre d'iris, dont on se blanchissoit et parfumoit les cheveux « pour corrompre une plus mauvaise odeur... » (*La Mode qui court*, p. 7.)

2. *Gomme*.

3. Espèce de devineresse dans le genre de celle dont nous avons parlé dans notre tome 1er, p. 29, note. Il paroît, d'après ce qui suit, qu'elle avoit rapporté d'Italie, entre autres philtres, de la *poudre romanesque* et des reliques du comte Jean-Louis de Fiesque, dont elle se servoit pour ses enchantements. Ce comte de Fiesque est celui qui mourut en 1547, à Gênes, dans le plein succès de cette fameuse conspiration dont le cardinal de Retz s'est fait l'historien.

Tout ainsi que faisoient les autres
Qui estoient du temps des apostres.
Si on veut la mode imiter,
Il faut pour habit inventer
Se coiffer à la culebutte [1],
Relever ses tetons en butte,
Encore qu'ils fussent pendans,
Ou par l'aage ou par accidens;
Que si l'on a les dents gastées,
Faut les pommades frequentées,
L'opiate, le romarin,
Que l'on trouve chez Tabarin;
Faire de la petite bouche,
Sçavoir friser à l'escarmouche,
Avoir la poincte sur le front,
Qui ne s'estonne d'un affront
Si par hazard quelqu'un arrive,
L'emplastre paroistre excessive,
Puis que l'artifice aujourd'huy
A mis le naturel sous luy;
Faire des sourcils en arcade,
Les moustaches à l'estocade,
Et puis des yeux à l'assassin,
Pour faire naistre le destin,
Et, pour prendre l'amour par l'esle,
Mettre la mouche en sentinelle [2]

[1]. La *culebutte* étoit un nœud de rubans rejeté derrière la *coiffe-cornette*. (*Dict.* de Furetière.)

[2]. V. sur cette mode des *mouches*, qui faisoit alors fureur, une pièce du *Recueil de pièces en prose* de Ch. Sercy, 1661, in-12, t. 4, p. 54-55. V. aussi une longue pièce de M. L. de Laborde, *Palais-Mazarin*, p. 318, note 368.

Sur un teint poly et bien net ;
Avoir gands à la Cadenet,
Ou à la Philis tant aymable,
Le mouchoir à la conestable,
Et la chesne d'un bleu mourant
Qui tue le cœur de l'amant ;
Des perles grosses à la Branthe [1],
D'une blancheur très excellente,
A la Guimbarde le collet [2],
De la vraye croix au chapelet,
Du point couppé à la chemise
Pour parer celle qui l'a mise,
Et pour plus grande gayeté
La robbe à la commodité,
Si ce n'est que pour prendre l'aise
On laisse en arrière la fraise.
Il faut sçavoir s'accommoder,
Aux saisons et leur commander :
En hiver il faut la ratine [3],
En esté celle de la Chine,
Et le soulier à la Choisy,
De satin bleu ou cramoisy,

---

1. Tous ces mots (*gants à la Cadenet, mouchoirs à la conestable, perles à la Branthe*) prouvent à quel point le connétable de Luynes et ses deux frères Cadenet et Branthe étoient alors les rois de la mode. — Sur le luxe des mouchoirs parfumés, à glands, à franges, etc., V. *Vers à la fronde sur la Mode des hommes*.

2. V. une note de notre édition des *Caquets*, p. 59.

3. Petite étoffe de laine à poil frisé, dont la meilleure venoit de Florence, et qui servoit à doubler les habits d'hiver.

Avecques les bas de fiamette [1],
L'or esmaillé à l'esguillette.
Après, il faut de la maison
Retirer quelque salisson
Pour en former une servante,
Qui fera de la suffisante
Quand son collet sera bien mis ;
Luy monstrer qui sont ses amis
Qui sont esprouvez à la touche [2],
Et qui sçache, pour tout discours,
Redire cent fois tous les jours :
Asseurement, En conscience ;
Qui responde quand on la tance,
Et qui puisse dire : Il est vray ;
Ma foy, Madame, je le croy.
Bref, ce sera la damoiselle
Qui aura lavé la vaisselle.
Plus faut un carosse nouveau,
D'escarlatte ou de drap du sceau [3],
Avec le cocher à moustache,
Orné de son petit panache.
Laisser reposer le velour
Pour s'aller reposer en cour,
Et, pour le faire mieux paroistre,
Luy faut rehausser la fenestre,
Après avoir tout son galant
Qui contreface le vaillant,

1. C'est-à-dire de couleur rouge clair, comme la flamme.
2. Il manque ici un vers.
3. V. plus haut, sur cette étoffe commune, une note de *la Chasse au vieil grognard de l'antiquité.*

Encor que jamais son espée
N'ait esté dans le sang trempée,
Et qu'il n'ait jamais veu Sainct-Jean [1]
La Rochelle ny Montauban;
S'il en discourt, sont ses oreilles
Qui luy ont appris les merveilles.
Voilà, pour le vous faire court,
La vraye Mode de la court.

1. Saint-Jean-d'Angely, que M. de Soubise avoit rendu au roi le 25 juin 1621.

Les estranges tromperies de quelques Charlatans nouvellement arrivez à Paris (histoire plaisante et necessaire à toutes personnes pour s'en garantir), descouvertes aux despens d'un plaideur[1]*, par C. F. Duppé.*
A Paris, chez Robert Daufresne, rue S. Jacques, au Petit Jesus.

M.DC.XXIII. In-8.

Je ne croy pas que, de tous les proverbes qui ont jamais esté inventez par les hommes, il y en aye un plus veritable que celuy qui dit :
Heureux celuy qui, pour devenir sage,
Au mal d'autruy fait son aprentissage!
Mais aussi croy-je que celuy que je vay faire et inventer, estant très asseuré, treuvera son passeport parmi ceux qui ont faict des leçons de sagesse à leurs despens.

---

1. A cause de ce mot du 'titre, M. Leber a placé cette pièce dans un portefeuille de *facéties anciennes sur les plaideurs* (voy. son *Catalogue*, nº 2405), bien que rien ne s'y rapporte à des affaires de palais, comme on le verra.

Je dy donc que

Malheureux est celuy qui fait les autres sages,
Enseignant des leçons par son mauvais mesnage.

Ce que je prouve par ce discours :

Sçachez donc, mes frères plaideurs (espèce infinie d'hommes distinguée du genre suprême des autres par la difference accidentelle de nos procez), qu'estant arrivé il y a environ trois sepmaines de mon païs en cette ville (ventre affamé de nostre argent) pour y poursuivre et solliciter quelques procez, comme vous faites, je fis premierement rencontre d'une hostesse, laquelle, outre le grand argent qu'elle tiroit de mon giste, ferroit la mule sur tout ce qu'elle m'acheptoit. Sur cela je pensay à parmoy : Puisqu'on te vole visiblement l'argent mesme que tu portes sur toy, et que tu mets entre leurs mains, que fera-t'on de celuy que tu laisses en un buffet dedans ta chambre, duquel on peut avoir deux clefs? Je me resolus donc à porter tout mon balot sur moy, joinct aussi qu'il falloit souvent mettre la main à la bourse pour estre amy de mes advocats, procureurs, clercs, copistes, etc.

Comme donc un jour, estant quasi estouffé de la poussière de la salle du Palais, je pensois prendre de l'air sur le Pont-Neuf, et aprendre quelques nouvelles de ce temps, j'en appris, à la verité, de bien nouvelles pour moy, bien que mon aage, qui excède soixante ans, et la longue experience des affaires du monde, me deust, à vostre advis, avoir fait sçavant de ce que je ne sçavois pas. Mais aussi croyez qu'au temps passé et aux lieux où je fay mon séjour ordinaire on use d'une plus grande franchise

et sincerité. Comme donc je fus un peu au delà de
la maison qui est sur la rivière (je croy qu'on l'appelle Seurmitaine[1]), deux hommes me vindrent aborder, l'un desquels commence à me dire : Mousseur,
ce pistole n'est y pas bon? Je regarday la pistole et
dis qu'elle estoit bonne. Ce drole me dit : Moy la
baille à Mousseur pour mener o logis de moy, Polonnois, et perdu le truchement mien ; moy logé à
trois petits bestes blanches. Je croy qu'il vouloit
dire : Aux trois pigeons blancs. Son compagnon ne
faisoit pas semblant de rien, et monstroit vouloir
vistement mener l'estranger en son logis, lorsque
ce franc Polonnois me tira à part et me dit en son
jargon qu'il me bailleroit une pistole si je le voulois
aider à conduire, parce qu'il n'avoit pas beaucoup
de fiance à celuy qui le menoit, et qu'il avoit ouy
dire que dans Paris il y avoit force charlatans et
trompeurs (il le sçavoit bien, car il estoit du nombre); qu'il craignoit que celui-cy, au lieu de le bien
conduire, ne le menast en quelque lieu pour le devaliser et oster ses pistoles ; et en disant cela tira de
ses pochettes ses pleines mains d'or (ce qui m'a consolé lorsque depuis j'y ay pensé, disant que je ne
suis pas seul et premier duppé). Ce pauvre estranger me fit quelque pitié, joint aussi qu'il se disoit
estre malade, car il en avoit assez la mine, à cause
de sa couleur blesme, et qu'un petit garçon l'avoit
trompé et emporté un quart d'escu qu'il luy avoit
baillé pour se faire conduire à son logis. Moy qui,

1. *Samaritaine.* L'auteur fait exprès mal prononcer par
son provincial ce nom si connu des Parisiens.

en mon jeune aage, avois couru le païs, et qui sçavois la peine qu'il y a de se voir parmy des gens inconnus, fus tout aussitost esmeu de compassion, et, me laissant emporter à ses prières, je me mis en chemin pour le conduire. En marchant il me contoit la fidelité qu'en son païs on gardoit aux estrangers, et que c'estoit une grande œuvre de charité d'oster un homme des mains des voleurs et de le remettre en son chemin et lieu de seureté. Bref, tous ses discours m'excitoient à commiseration. Or, voicy, comme il se vit proche d'un cabaret, qu'ils avoient, à mon advis, atitré, il commence à dire que le cœur luy faisoit mal, qu'il n'avoit plus la force de se soustenir, et qu'une foiblesse l'avoit pris, et, se jectant sur moy, me supplia de ne l'abandonner point. Je fus en grande peine et tout estonné. Son compagnon, ou plustost le mien pour lors, car il m'aidoit à le conduire, qui estoit le medecin ordinaire d'une telle maladie, luy dit: Monsieur, il vous faut icy reposer dans ce cabaret et prendre un doigt de vin, cela vous passera. Le Polonnois feignoit d'avoir perdu la parole et ne respondoit point. Le compagnon me dit: De peur qu'il n'y tombe entre nos mains, menons-le dans ce cabaret. Ce que nous fismes, et entrasmes dans une petite chambre. Tout aussitost que nous fusmes dedans, le Polonnois s'appuye sur les coudes et dit que la teste lui faisoit mal. Son compagnon, qui entendoit le pair et la prèze [1], luy dit: Monsieur, c'est qu'il nous faut res-

---

1. Meyer donne ainsi l'origine de l'expression *entendre le pair*, qui s'introduisit dans la langue commerciale vers

jouyr, chanter, boire un doigt et prendre quelque récreation ; cela ne sera rien : ce n'est que le changement d'air qui vous cause ceste douleur. Enfin, ces deux droles joüoient si bien leurs personnages que je n'y recognoissois rien de mauvais. Croy que plus fin que moy y eust esté trompé. On nous allume donc du feu ; on mit du vin sur un bout de table, des cartes sur une autre. Nous luy presentons à boire et luy baillons courage. Ses esprits luy reviennent ; il nous remercie fort honnestement de la peine que nous avions pris pour luy, disant que veritablement sans nous il fust mort ; et en revanche il dit qu'il nous vouloit faire boire. Les discours que nous eusmes en beuvant seroient trop longs à raconter. (O ! que je payerai bien tantost mon escot !) Après donc que nous eusmes beu, il prit les cartes, et dit qu'il vouloit monstrer un jeu auquel il avoit depuis peu perdu cinquante-cinq pistoles ; mais il croyoit que c'estoit contre un magicien : car autrement il ne pouvoit pas perdre, et qu'il sçavoit bien le jeu. Aussi

le milieu du XVIe siècle : « Un si grand concours d'étrangers, dit-il, et surtout d'Italiens nés dans des souverainetés différentes, dont chacune et même chaque ville avoit son marc différent, devoit produire une confusion dans les monnoies en France, où tout avoit cours, même les fausses monnoies. De là vint ce proverbe : *Il entend le pair*, quand on vouloit annoncer un homme rompu aux affaires et habile ; car rien n'étoit plus difficile que de suivre le cours des changes de toutes les monnoies... » (*Galerie du XVIe siècle*, t. 1er, p. 147.) — Le mot *la preze* ajouté ici, et qui doit venir de l'italien *prezzo*, prix, valeur, ne dément pas cette explication.

vrayment l'entendoient-ils bien tous deux; mais je
ne l'entendois pas. Le Polonnois donc, ayant fait
trois piles ou monceaux de cartes, nous fit regarder
la carte du dessus du premier monceau, puis il nous
monstra celle de dessous du second monceau, et
nous fit mettre ce second monceau sur le premier ;
par ainsi la carte que nous avions veu la seconde
estoit sur celle que nous avions veu la première. Il
appelloit ceste seconde l'horloge. En troisiesme lieu,
il nous donnoit une carte du troisiesme monceau, et
la faisoit mettre où on vouloit dans le jeu. Or, cela
estant fait, il disoit que la première carte ne se trou-
veroit point après la seconde, qui estoit l'orloge, et
que neantmoins ce magicien la faisoit tousjours trouver, et luy gaigna beaucoup d'argent. Mon compagnon de conduite, mais non pas de fortune, dit qu'il
comprenoit bien le jeu et qu'il y joüeroit un escu si
monsieur le Polonnois vouloit. Le Polonnois, qui ne
demandoit pas mieux, accepta ceste offre. Ils commencèrent donc à joüer, et moy à les regarder et à
apprendre le jeu, ce que je fis incontinent, à cause
de sa grande facilité, bien que je n'eusse jamais joué
aux cartes. Tout aussi-tost donc que j'en eus la cognoissance, je vay plaindre la fortune de ce pauvre
estranger, pensant à par moy qu'il perdroit tout son
argent à ce jeu, et croyois qu'il estoit yvre ou insensé, et avois compassion de sa folie[1]. Sur ces entre-

1. C'étoit une manœuvre de ces fourbes de commencer
par perdre. Le petit suisse qui gagna tant d'argent au chevalier de Grammont se donna aux premières parties une
veine d'autant plus déplorable qu'il savoit bien qu'il auroit
sa revanche. V. *Mém.* de Grammont, chap. 3.

faites, deux hommes qui estoient de leur caballe entrèrent dedans la chambre, et avec nostre permission s'approchèrent fort courtoisement de la table et du feu, faisant semblant de ne se point recognoistre. O! qu'ils joüèrent bien tous leurs personnages! Comme ceux-cy eurent veu joüer une partie ou deux, ils dirent au Polonnois : Monsieur, nous vous conseillons de ne pas joüer davantage, car vous perdriez tout vostre bien à ce jeu-là. Je croyois, ayant ouy cela, qu'ils s'estoient emeus de la mesme compassion que moy, et fus bien aise de ce qu'ils avoient dit, car je ne l'osois dire. Neantmoins l'estranger françois disoit qu'il sçavoit bien le jeu, et qu'il y joüeroit trente pistoles, car il estoit picqué. Mon compagnon, qui avoit demeuré long-temps sans me rien dire, commença à me parler en cette sorte, cependant que l'estranger parloit aux deux survenus : Si j'avois assez d'argent pour joüer tout cela, je le joüerois : car vous voyez combien je suis asseuré de gaigner; mais si vous voulez en mettre la moitié, j'iray vistement emprunter d'un de mes amis, qui demeure là devant, ce qui me manque pour faire une telle somme; il fera bon porter chacun un habit aux despens du Polonnois. Les deux survenus s'offroient à estre de moitié. Moi, voyant que, puisque cet estranger estoit resolu à joüer, il valoit autant que j'eusse son argent comme les autres, je dis que je mettrois au jeu tout ce que j'aurois. Incontinent mon compagnon sort de la chambre et faict semblant d'aller emprunter de l'argent, pour couvrir leur meschanceté. Cependant je foüille en un petit recoin de ma pochète, et descouds un petit sachet dans lequel estoient bien vingt escus. Mon compagnon, estant venu, jette sur la table quinze pistoles pour sa part, et moy je dis que je n'avois que vingt escus. Le Polonnois, après avoir fait quelque difficulté de jouer si peu, consentit qu'on ne joüeroit que quarante escus de part et d'autre. Il conte donc ses quarante escus et les met dans un mouchoir, et nous fait mettre nostre argent dans un autre. C'estoit afin de l'emporter plus aisement. Cela fait, mon compagnon me dit : Or sus, prenez les cartes, vous joüerez aussi bien que moy : car nous sommes asseurez de gaigner. Moy, qui pensois ne pouvoir perdre, pris le jeu, et, l'ayant divisé en trois et veu la première carte, je regarday la seconde, qui estoit l'orloge, c'est-à-dire que lorsqu'elle viendroit elle me signifieroit que la première ensuiviroit; et, afin de ne l'oublier pas, je la regarday plus de trois fois. Mon compagnon me dit : Monstrez-moy l'orloge, que je le recognoisse, afin que quand il viendra je vous en advertisse. En disant cela il prit les cartes, et, feignant de regarder l'orloge, en mit une subtilement entre les deux, c'est à sçavoir entre l'orloge et la première, puis me rendit les cartes. Moy qui ne soupçonnois rien moins que cela, ne regarday pas après luy, et, ayant pris la troisiesme carte, je la mis bien au dessous de l'orloge, de peur qu'elle ne se trouvast entre les deux. Alors je commençay à tourner attentivement les cartes les unes après les autres, et frappois deux petits coups sur chacune, comme il falloit faire, en disant : Ce n'est pas celle-là, ce n'est pas celle-là, jusqu'à ce qu'ayant trouvé l'orloge, et mon compagnon m'ayant adverty, je dis : C'est celle-là, c'est celle-là : car j'en pensois estre bien asseuré. Mais l'orloge fut bien menteur, car au lieu de sonner une heure il en sonna cinq ; d'autant que, pour un as de cœur que je devois trouver, je rencontray un cinq de carreau. Je vous laisse à penser si la sueur me monta au visage ! Je demeuray aussi muet et fixe qu'une statuë de sel. Le Polonnois, au contraire, se leva de dessus son siége, prit les deux mouchoirs, fut guery, et trouva bien le chemin de son logis sans le demander. Ce ne fut pas tout : mon compagnon commence à crier contre moy, et dire que je luy avois fait perdre son argent ; qu'au lieu de mettre la troisiesme carte au dessous des autres, je l'avois lardée entre les deux (car la troisiesme carte estoit aussi un cinq de carreau). Neantmoins il me fit plus de peur que de mal, car il gaigna tout aussi-tost la porte avec les autres, et je restay seul, estonné comme un fondeur de cloches[1], ayant perdu le bon droict de mes procez et toute ma sepmaine par un samedy. A la sortie du cabaret, je pensois conter mon infortune à quelqu'un de mes amis ; mais ils se gaussèrent de moy, et me dirent que je n'estois pas le premier pris, que quelques uns estoient attrapez aux merelles, d'autres au filou[2], d'autres aux gobe-

1. Il faut ajouter : *dont la fonte ne réussit pas*. Ce proverbe se trouve dans tous les écrivains du XVIe siècle. Au lieu de *étonné*, on disoit souvent *ébahi*, *penaud*, ou bien encore *matté*, comme un *fondeur de cloches*.

2. On y jouoit avec un dé sexagone nommé *filou*, qui, roulé sur une table bien unie, gagnoit lorsqu'il ne se posoit pas sur celui de ses six pans qui n'étoit pas marqué de

lets, d'autres aux dez, et beaucoup d'autres jeux que je vous conseille de fuyr, et ne practiquer qu'avec gens de cognoissance. Pour conclusion, la misère et fascherie où ceste perte m'a reduit m'ont fait avoir pitié et compassion de tous les vrays estrangers qui viennent en ceste ville, principalement de vous, mes confrères plaideurs, occasion de quoy je vous ay voulu addresser ce discours pour vous faire riches de ma pauvreté et sçavans de mon ignorance.

Fin.

noir. Son nom lui venoit de ce qu'il étoit très facile de tromper à ce jeu, « soit en chargeant de plomb quelqu'un des endroits du dé, soit en inclinant un peu le plan sur lequel on le poussoit. » (*Dict.* de Furetière.)

La Pièce de cabinet, dédiée aux poètes du temps.
A Paris, chez Jean Pasle, au Palais, à l'entrée de la salle Dauphine, à la Pomme d'or couronnée.

M. DC. XLVIII.

Avec permission. In-4.

A Messieurs les Poètes.

ESSIEURS,

Cette pièce de cabinet ne s'estime pas indigne de l'entrée des vôtres, et pretend quelque place parmy les curiositez d'esprit dont ils sont enrichis. C'est une bouteille qui parle et qui raisonne, estant pleine de ce qui fait faire raison à la santé des plus grands princes d'une manière bien plus douce que leurs canons, que l'on nomme leur dernière raison, ne la font faire à leur puissance ; et, bien qu'elle ne parle qu'en gazouillant, elle ne laisse pas d'exprimer assez adroitement son origine, et les effects de la plus digne liqueur qui luy puisse acquerir de l'estime, s'en acquittant neantmoins un peu obscurement pour cacher ses mystères au vulgaire indiscret, qui a coustume de les profaner. Elle merite singulièrement d'estre considerée, lorsque, comme une autre Semelé, elle porte dans ses flancs ce gentil dieu de la joye et de la liberté, dont il a tiré son nom, à qui les plus severes Catons n'ont pas refusé leurs hommages, quand ils vouloient delasser leur esprit du soin des affaires publiques, ou du chagrin d'une trop profonde meditation. Elle n'a que des charmes innocens pour les honestes gens qui en usent de mesme, et n'est pas complice des excez que commettent les brutaux quand ils abusent de ses dons, que l'on compte entre les principaux lenitifs des misères humaines. L'auteur de cette pièce, qui ne vous est pas inconnu, se promet tant de vos bontez, qu'il s'asseure que l'adresse qu'il vous en fait ne vous sera pas desplaisante, et que vous agreerez la veneration qu'il voüe à vos belles qualitez par celle qu'il prend,

Messieurs,

De vostre très humble et très obeyssant serviteur,

CARNEAU[1].

---

1. Etienne Carneau, né à Chartres en 1610, entré dans l'ordre des Célestins en 1630, mort en 1671. Ayant été guéri de la fièvre par le *vin émétique d'antimoine*, il composa en faveur de cette panacée, et contre ses ennemis, *la Stimmimachie, ou le grand combat des médecins modernes touchant l'usage de l'anti-*

La Pièce de cabinet.

Stances énigmatiques.

ous qui par le nectar de vos doctes merveilles
Adoucissez le fiel des plus fascheux ennuis,
Prenez le passe-temps d'entendre qui je suis,
Et prestez à ces vers le cœur et les oreilles.

Je nais d'un fort brasier et d'un soufle traitable,
Et j'enfante sans peine un fruit qui tient du feu,
Qui par de vifs attraits s'acquiert un doux aveu,
Pour forcer le donjon de l'ame raisonnable.

J'ay fort peu de beauté, quoy qu'on me treuve belle,
N'ayant rien que le ventre, et la bouche, et le cou ;

---

moine, poème histori-comique, dédié à Messieurs les médecins de la faculté de Paris, par le sieur C. C. Paris, Jean Paslé, 1656, in-8. M. Viollet-Leduc possédoit un exemplaire de *la Stimmimachie*. Il en a parlé dans sa *Bibliothèque poétique*, p. 545; mais il ne semble pas avoir connu la pièce reproduite ici, et qui est une preuve que le goût du bon Célestin pour le vin ne s'arrêtoit pas au vin émétique. Quand il mourut, le P. Carneau étoit revenu aux idées pieuses. On le voit par l'épitaphe qu'il se composa lui-même en latin et en françois. Nous ne l'avons trouvée que dans le petit volume de Bordelon : *le Livre à la mode, ou Diversitez nouvelles*, Paris, 1696, in-8, p. 241, où elle est donnée d'après une histoire manuscrite des Célestins. Voici l'épitaphe françoise; nous vous ferons grâce de la latine, dont celle-ci, du reste, n'est que la traduction :

    Ci-gît qui, s'occupant et de vers et de prose,
    A pu quelque renom dans le monde acquérir :
    Il aima les beaux-arts ; mais, sur toute autre chose,
    Il médita de plus celui de bien mourir.

Toutesfois mon amour rend tant de monde fou,
Qu'aux plus paisibles lieux il sème la querelle.

Pour sauver des dangers le tresor que je porte,
Un art industrieux m'arme jusqu'au gosier;
Une belle tissure, ou de jonc ou d'osier,
Compose mes habits de différente sorte.

L'on me void jusqu'au cœur quand je suis toute nue,
Et l'œil qui me regarde en moy-mesme se peint;
Mais, si dans cet estat quelque estourdy m'atteint,
Souvent du moindre choc il me brise et me tue.

Je me plais neantmoins où je suis harcelée,
M'y voyant à la fin tout le monde soumis.
Ceux que je mets à bas sont mes meilleurs amis,
Et parfois nous tombons ensemble en la meslée.

Chez eux souvent je meurs, souvent je ressuscite,
Perdant cent fois mon sang, le recouvrant cent fois;
En me caressant trop on se met aux abois,
Et plus je fais de mal, d'autant plus on m'excite.

Je sçay, comme Circé, l'art de metamorphose
Pour transformer l'esprit de tous mes courtisans,
Les rendant furieux, ou brutaux, ou plaisans,
Selon que le climat ou l'humeur les dispose.

J'anime l'eloquence, et n'en suis pas pourveue:
Si l'on m'entend parler, ce n'est qu'en vomissant;
Mes trop frequens baisers rendent l'homme impuissant,
Et font errer ses pas en egarant sa veue.

D'une humeur sans pareille un dieu m'emplit le ventre,
Le teignant tour à tour des aimables couleurs
De la rose et du lys, les plus belles des fleurs,
Et le rouge et le blanc sont chez moy dans leur centre.

Le pauvre, me tenant quand je suis ainsi pleine,
Ne porte point d'envie aux tresors de Crœsus,
Et, traisnant des souliers et des bas descousus,
Il marche avec orgueil comme un grand capitaine.

Avec mon elixir le plus lasche courage
Triomphe quelquesfois des plus braves guerriers ;
J'ay des foudres pour nuire aux plus dignes lauriers,
Et pour faire un affront à leur illustre ombrage.

Sans moy, ce dieu fougueux qui preside à la guerre
Verroit ses gens sans cœur errans à l'abandon,
Et ce doux assassin qu'on nomme Cupidon
Verroit ses traits sans moy plus fresles que du verre.

On void fort peu la joye aux lieux d'où je m'absente,
Et l'on void la sagesse où je n'excède pas ;
Je preste à celle-cy quelquesfois des appas,
Animant ses raisons d'une emphase puissante.

Caton, à ce qu'on dit, recherchant quelque pointe
Pour attirer les cœurs à suivre ses discours,
La faisoit mieux paroistre et de mise et de cours
Quand ma bouche s'estoit à la sienne conjoincte[1].

Je me fais estimer la dixiesme des Muses,
Polissant les esprits sans beaucoup de façons ;

---

1. Narratur et prisci Catonis
    Sæpe mero caluisse virtus.
            (HORAT.)

Ce que J.-B. Rousseau paraphrase ainsi, dans son ode à l'abbé Courtin :

> La vertu du vieux Caton,
> Par les Romains tant prônée,
> Etoit souvent, nous dit-on,
> De salerne enluminée.

Et les moindres bergers font admirer leurs sons
Quand mon enthousiasme enfle leurs cornemuses.

Je montre au plus grossiers une amitié prodigue ;
M'admettant à leur table, ils joüissent de moy ;
Là je leur fais mesler tout à la bonne foy
Aux gazettes du temps cent contes de la Ligue.

Je leur fais estaler d'une grace authentique
Les guerres du passé, les siéges du present,
Et leur fais penetrer, en les subtilisant,
Les desseins du futur par esprit prophetique.

Mais les ingrats pour moy n'ont qu'une amitié feinte,
Puis qu'ayant espuisé mon sang et mes espris
Ils ne me voyent plus qu'avecques du mespris
Tant que d'un nouveau fruict je redevienne enceinte.

En effect, sans ce fruict je serois peu de chose,
Et n'aurois pas sujet de beaucoup me vanter ;
Mesmes il pourroit bien dans mes flancs se gaster
Si l'on ne m'ordonnoit d'avoir la bouche close.

Je ne suis que la gaine où ce glaive liquide
Recèle sa valeur et cache sa beauté[1] :
Tant qu'il loge chez moy, j'ay de la vanité ;
Lors qu'il en sort, je pleure, et deviens toute aride.

---

1. Cette métaphore nous rappelle un amusant lazzi d'Arlequin. « Mezetin vient sur le théâtre, portant quelque chose sous son manteau. Arlequin lui demande : Que portes-tu ? — Un poignard, dit Mezetin. Arlequin cherche, et voit que c'est une bouteille ; il la boit, et la rend ensuite à Mezetin en lui disant : Je te fais grâce du fourreau... » (*Biblioth. de cour*, 1746, in-8, t. 2, p. 177.)

Je porte en le portant poison et medecine,
Selon que l'abus regne ou la discretion;
Debitant le remède et la corruption,
J'offense et je gueris la teste et la poitrine.

C'est par luy qu'on me loue et que l'on me caresse
Luy seul fait que mon nom est par tout reveré,
Et que tant de mortels, d'un accent alteré,
M'invoquent au besoin comme quelque deesse.

Le voyageur lassé, l'artisan hors d'haleine,
Et le soldat recreu[1] s'empressent pour m'avoir,
Sçachans que mon genie a l'excellent pouvoir
De resveiller la force et d'adoucir la peine.

S'il faut faire un marché, l'on veut que je m'en mesle;
S'il s'agit d'un contrat, j'en conduis les ressors;
Si parmi les plaideurs il se fait des accors,
Pour les mieux affermir il faut que je les scèle.

Le malade en son lict, où la fievre le mate
Et le tient attaché d'un vigoureux lien,
Souvent pour m'aborder rebute Galien,
Et prise plus mon nom que celuy d'Hipocrate.

Plusieurs, pour m'accueillir, me font des sacrifices
De langues, de jambons, de fromages pourris,
Où l'on n'oit que mots gras entremeslez de ris,
Et les plus doux encens n'y sont que des espices.

Tout ce que la debauche a pris pour ses amorces,
Ces fusils de la soif, ces ragousts parfumez,

---

1. Pour *fatigué, harassé*. Ce mot commençoit à vieillir. Racine l'a souligné comme suranné dans l'exemplaire du *Quinte-Curce* de Vaugelas (1653, in-4, p. 248) qu'il possédoit, et qui est aujourd'hui à la Bibliothèque impériale.

Par qui les intestins sont enfin consumez,
Donnent à mes attraits de merveilleuses forces.

J'ay par tout du renom, hormis chez les infames
Dont l'orgueil s'est armé des cornes du croissant,
Qui, pour me tesmoigner un cœur mesconnoissant,
Sont traistres à leurs corps aussi bien qu'à leurs ames.

Je triomphe en ces jours qui rameinent les festes
De ce folastre Dieu que l'on feint deux fois né,
Qui, ne portant qu'un dard de pampre environné,
Fit voir aux Indiens ses premières conquestes.

Je n'ay pas moins d'honneur lors que la canicule,
Respandant ses brasiers jusqu'aux lieux plus secrets,
Fait que Diane sue aux plus fraisches forests,
Et craint que Cupidon, s'y glissant, ne la brûle.

Alors mes bons amis prennent beaucoup de peines
Pour eloigner de moy les rayons du soleil,
Et, pensans m'obliger d'un plaisir nonpareil,
Ils me font un beau lict du cristal des fonteines.

Flotant autour de moy, cet element m'agrée,
Mais je souffre à regret qu'il penetre au dedans,
Parce qu'il rompt la pointe à mes bouillons ardans,
Dont un cœur abatu s'eveille et se recrée.

Sa froideur, me privant de chaleur naturelle,
Prive mes nourrissons de mes riches douceurs,
Qui ravissent la gloire au ruisseau des neuf sœurs
En eschauffant l'esprit d'une fureur plus belle.

Mais, quand les intestins, debiles ou malades,
Se sentent menacez de quelques maux sanglans,
Pour moderer le dieu que je porte en mes flancs,
On me contraint par fois d'admettre les nayades.

Je ne sçaurois pourtant treuver bon ce meslange,
Aimant mieux tenir seul ce dieu, qui me cherit
Et fait qu'en tant de lieux tout le monde me rit,
Que tous les flots dorez du Pactole et du Gange.

Son odeur, preferable au doux parfum des roses,
Sçait donner à ma bouche un baume precieux,
Pour qui les dieux d'Ovide abandonnent les cieux,
Et font de meilleurs tours qu'en ses Metamorphoses.

Ils quittent le nectar que verse Ganymède,
Pour celuy que l'on gouste en mes baisers charmans;
Mesmes ce Jupiter, le plus chaud des amans,
Contre le mal d'amour cherche en moy du remède.

Apollon, degousté des liqueurs du Parnasse,
Qui n'eurent qu'un cheval pour premier eschanson,
M'appelle quand il fait quelque bonne chanson,
Et pour bien entonner ardemment il m'embrasse.

Cette eau de Castalie où l'on devient poète
N'inspire à ses poumons qu'un accent enrumé;
Mais quand il me courtise il se sent animé
D'un air qui rend sa voix plus divine et plus nette.

Les mignons de ce dieu font par moy des miracles
Et me doivent l'honneur de leurs plus beaux desseins;
Ma feconde vertu les produit par esseins,
Et mon gazouillement leur dicte des oracles.

C'est erreur de penser que dans la poesie
L'on puisse reussir à moins que de m'aymer;
Tous ceux que mes appas ne peuvent enflammer
N'ont jamais qu'une veine infertile et moisie.

Ce lyrique excellent de la muse romaine
Que Mecène appelloit le Pindare latin,

Eust-il pourveu ses vers d'un si fameux destin
Si ma douce fureur n'eust enrichy sa veine?

Sitost que son esprit sentoit la pituite
Offusquer tant soit peu ses nobles fonctions,
J'accourois au secours de ses conceptions,
Dont il m'attribuoit la gloire et le merite.

Fuyant la medecine et ses plus sçavans maistres,
Qui m'esloignoient de luy pour conserver ses yeux [1],
Il jugeoit leurs avis sots et pernicieux,
De nuire au bastiment pour sauver les fenestres [2].

Le copieux Ronsard, l'industrieux Jodele,
Le grave du Bellay, l'agreable Baïf,
Le tragique Garnier, et Belleau le naïf,
Me consultoient souvent comme oracle fidele.

Desportes m'invitoit à ses mignards ouvrages;
J'entretenois Bertaud dans ses divins élans,
Et, pour faire des vers plus forts et plus coulans,
Du Perron me mandoit par quelqu'un de ses pages.

Pour louer un vainqueur tout couvert de trophées,
Pour descrire un amant nageant dans les plaisirs,

---

1. On sait qu'Horace avoit les yeux malades, *lippi oculi.*
2. Ce trait a peut-être été inspiré par cette jolie épigramme de Marot :

> Le vin, qui trop cher m'est vendu,
> M'a la force des yeux ravie;
> Pour autant il m'est défendu,
> Dont tous les jours m'en croist l'envie;
> Mais, puisque luy seul est ma vie,
> Maugré des fortunes senestres!
> Les yeux ne seront pas les maistres :
> J'aime mieux perdre les fenêtres
> Que perdre toute la maison.

Et pour sonder un cœur jusqu'aux moindres desirs,
Mon odeur seulement les rendoit des Orphées.

Malherbe fut après des premiers de la liste
De ceux que j'ay placez parmy les demi-dieux,
Et si je ne poussois mon charme dans ses yeuz,
Il n'en voyoit aucun dans les yeux de Caliste [1].

Racan, Maynard, Gombault, Saint-Amant, Theophile,
Corneille, Scudery, Tristan, Metel [2], Rotrou,
Ont plus puisé chez moy de tresors par un trou
Qu'Ilion n'en perdit cessant d'estre une ville.

Par moy Faret, Beys [3], Colletet, Bensserade,
Desmarets, Mareschal [4], Sainct-Alexis, du Rier,
L'Estoile, Maistre Adam, Robinet [5], Pelletier [6],
Avoisinent les cieux d'un autre air qu'Encelade.

Ce malade plaisant, dont la folastre verve
Dispute le laurier aux plus sages autheurs,
Cet aimable Scaron est de mes amateurs [7],
Et pour me courtiser il quitteroit Minerve.

---

1. Plusieurs stances et sonnets de Malherbe sont adressés à cette Caliste, qui n'étoit autre que la vicomtesse d'Auchy. V. Tallemant, édit. in-12, t. 1er, p. 169; et notre t. 1er, p. 128.
2. Le fameux Metel de Boisrobert, le poète et le bouffon de Richelieu.
3. Charles Beys, le poète ami de Molière.
4. Antoine Maréchal, de qui l'on a un grand nombre d'œuvres dramatiques données de 1638 à 1645. V. *Catal. de la bibliothèque de M. de Soleinne*, nos 1045-1048.
5. Ch. Robinet, auteur de *Momus et le Nouvelliste*, et continuateur de *la Muse historique* de Loret.
6. Pierre Le Pelletier, dont s'est tant moqué Boileau.
7. Scarron buvoit bien, en effet. On trouve dans ses œuvres

Lysis, quoyque prelat, et Carneau, quoyque moine[1],
Lorsque leur veine cède à quelque infirmité,
Cherchent plustost en moy la perle de santé,
Qu'aux bouëtes de sené, de casse et d'antimoine.

Tous ces heros du temps, dont les rares genies
Tiennent ce que les arts ont de riche et de beau,
Ne pourroient pas sauver leurs œuvres du tombeau,
Si je ne gouvernois leurs doctes harmonies.

Je suis une des clefs du temple de Memoire;
Je l'ouvre aux bons esprits qui m'aiment sobrement,
Et le ferme aux bruteaux qui vivent salement,
Comblant ceux-cy de honte, et les autres de gloire.

Je declare la guerre à la melancolie,
Et fais lever le siege à ses illusions,
Pour remplir le cerveau de belles visions
Qui donnent de l'esclat à ma douce folie.

Que je suis obligée à cette illustre plante
Qui me fait renommer par son fruict savoureux,
Et que je veux de bien à ce pilote heureux
Qui logea tout le monde en sa maison flotante !

Ce vieillard fut prudent de le mettre en usage,
Descouvrant le secret d'en faire une liqueur,

un grand nombre de vers de remercîments pour les vins fins dont on lui faisoit envoi. Aucun présent ne lui agréoit davantage. V., dans notre *Paris démoli*, le chapitre *les Maisons de Scarron*, p. 338-339.

1. L'auteur, du moins, y met de la franchise. Il ne dissimule rien, ni son goût bachique, ni son état. Plus loin il médit de son cher antimoine, et dément sa *Stimmimachie*.

Pour se vanger des maux d'un element vainqueur
Et dissiper l'ennuy d'un general naufrage.

 Sans ce fruict, je serois ainsi qu'un corps sans ame,
Qu'une ame sans esprit, qu'un esprit sans raison,
Qu'un debile arbrisseau planté hors de saison,
Et qu'un fidele amant eloigné de sa dame.

 C'est par luy que je règne et regis les puissances
De l'homme, qui se dit le roy des animaux;
Par luy je suis l'arbitre et des biens et des maux,
Des noises et des ris, des combats et des danses [1].

Sonnet sur le mesme sujet.

Quand, par un double effort d'adresse et de courage,
Promethée enleva du haut du firmament
Ce qu'avoit de plus pur le plus noble element
Afin de donner vie à sa nouvelle image,

 Il vid proche d'un muid plein de fort bon breuvage
Bacchus, tout jeune encore, estendu plaisamment,
Assoupy de vapeurs, ronflant profondément,
Sans soucy des mortels et sans crainte d'outrage.

---

1. Nous dirons, pour en finir avec ce livret, qu'il a été mis en prose, sous le titre de la *Pièce charmante du cabinet découverte*. (Moreau, *Bibliographie des Mazarinades*, t. 1, p. 15.)

Luy, voyant qu'il pourroit, sans troubler son repos,
Le prendre adroitement, l'emporta sur son dos;
Et, pour luy preparer un sejour qui fust leste,

Il façonna mon corps comme un ciel portatif,
Clair, poly, transparent ainsi qu'un corps celeste,
Pour y garder chez luy cet illustre captif.

Priviléges et Reglemens de l'Archiconfrerie vulgairement dicte des Cervelles emouquées[1] ou des Ratiers.

Sans lieu ni date. In-8.

Les Capitouls, Consuls et Jurats[2] de l'archiconfrerie des Cervelles emouquées, ou Ratiers, s'estant assemblez au son du timble[3], suivant l'usage, le syndic d'icelle,

1. C'est-à-dire *émouchées*, d'où l'on a chassé les *mouches*, les *idées noires*. Comme trace de l'existence de cette confrérie, nous n'avons trouvé que cette seule pièce, qui suffit du reste pour témoigner de l'esprit qui y présidoit. Quant au nom de *ratiers*, que se donnoient les membres, il est bon de dire qu'au XVIIe siècle ce mot s'entendoit pour un homme de folle gaîté, d'imagination plaisamment extravagante. L'expression avoir des *rats*, c'est-à-dire des idées folles, est restée. Elle avoit été consacrée sous la Régence par une chanson dont le refrain, encore connu, étoit :
   Oui ce sont les rats
  Qui font que vous ne dormez guères, etc...
et sur l'air de laquelle avoit été réglée la fameuse contredanse nommée, à cause d'elle, *contredanse des Rats*.

2. Ces mots de *Capitouls* et *Jurais*, qui n'appartiennent

surnommé Agoranome [4], mareschal des logis dans la compagnie des porte-ferule, a remontré à leurs seigneuries que le defaut de cognoissance des prerogatives et statuts de l'archiconfrerie estoit cause que plusieurs personnages qui ont toutes les dispositions requises pour y estre agregés, et mesmes talens propres à luy attirer de plus en plus l'admiration des sages, differoient de s'y enroler.

A quoy il importoit d'autant plus de pourvoir que, l'archiconfrerie ayant resolu de publier un catalogue exact de tous et un chacun ses suppots, avec des remarques en forme de glose ou commentaire sur leurs caractère et exploits particuliers, les sujets en question ne manqueroient point, à la vue du recueil des priviléges et reglements, de donner au plustost leurs noms et qualités.

Ledit syndic ayant laissé ses conclusions sur le bureau de Dom Cyclope, greffier en chef des Cervelles emouquées ou Ratiers, et la matière mise en deliberation, tout consideré, iceux Capitouls, Syndics et Jurats, après avoir applaudi au zèle dudit syndic Agoranome pour la propagation de l'Archiconfre-

---

qu'aux municipalités du midi, de Toulouse, Bordeaux, etc., nous indiquent au moins, faute d'autres indications locales, dans quelle partie de la France se tenoient les assises de la folle confrérie.

3. *Timbre*, cloche. L'auteur joue sur les mots *timbre*, *timbré*, à cause de leur sens figuré, qui convenoit à son sujet.

4. Celui qui avoit le soin de la police des marchés. Il y avoit dix magistrats de ce nom à Athènes; leurs fonctions correspondoient, pour la plupart des attributions, à celles des édiles curules chez les Romain.

rie, ont unanimement ordonné et ordonnent le recueil et publication desdits priviléges et reglements, à condition de n'y inserer que ceux que l'on voit authorisés et maintenus par l'exemple de quelqu'un des notables d'icelle archiconfrerie, et qu'au préalable l'original d'iceux soit omologué dans la chancellerie du père Aigremine, conservateur desdits priviléges, comme aussi que copies d'yceluy original, duement timbrées, soient portées aux bureaux ordinaires, et notamment rue des Agaches[1], des Gauguiers[2] et des Baudets à Sainct Andru[3], à la place des jongleurs, à la fontaine aux Moucrons[4], etc.

S'ensuivent les priviléges, tant communs que speciaux, de tous et un chacun des suppots de l'archiconfrerie des Cervelles emouquées ou Ratiers, et tout ensemble les reglemens jugez necessaires pour fortifier lesdites Cervelles contre tous abus, forfaitures et meschefs par lesquels elles pourroient deroger aux hauteurs et preeminences de l'archiconfrerie.

Prime. — Toutes Cervelles emouquées ou Ratiers ont, par especial, le privilege de la singularité du raisonnement, qui les garantit de la confusion de se voir jamais ravalés jusqu'au sens commun.

1. *Agaces, pies.*
2. Lisez *goguier*, homme toujours de belle humeur, et en ses *gogues*, comme on lit en la 29e des *Cent Nouvelles nouvelles*, toujours *goguelu*, comme dit Rabelais, liv. 5, chap. 13.
3. Saint-André, petite ville du Bas-Languedoc, à peu de distance de Clermont, entre Montpellier et Lodève.
4. *Moucherons.*

Item.—Icelle archiconfrerie a le droit de s'incorporer personnages de toute espèce, figure et profession, tant laïquale qu'ecclesiastique et monacale, ci : comme porte-robbes, porte-perucques, porte-estolle, porte-aulmusse, porte-sabots, porte-sandales, porte-corde, porte-capuce, porte-ferules et porte-barbe.

Item. — Nuls postulans ne peuvent estre admis qu'ils n'aient souffert toutes les eclipses de raison à ce suffisantes et pertinentes pour meriter le susdit privilège fondamental, à savoir la singularité du raisonnement.

Item. — Nul acte ecrit, avertissement ou autre pièce quelconque, ne sera approuvée par les superieurs et officiers majeurs de l'archiconfrerie s'il n'est original[1] ou timbré.

Item. — Tous suppots d'icelle ont privilége, ès jours de jeûne et de carême, d'avaler hors du repas toute sorte de liquide, pourveu que toujours ils rejettent ce quy sera proposé de solide; et, advenant le cas qu'aucun y veuille contredire ou pratiquer le contraire, iceluy sera condamné au tribunal de l'archiconfrerie, comme fauteur d'une morale rigoureuse pour lui-mesme.

Item. — Indulgence en faveur de tout agregé ecclesiastique qui dit precipitamment son breviaire,

---

[1]. Ce mot commençoit alors à s'employer pour désigner un homme ayant dans l'esprit quelque chose de ridicule et d'extravagant. (*Dict.* de Furetières.) V. aussi, sur cette expression, un article philologique de l'académicien Arnault, *Revue de Paris*, 1re série, t. 9, p. 187.

et mesme la messe, pourveu qu'il lise gravement le *Mercure* et la *Gazette* [1].

Item. — Indulgence pour les maisons et communautés incorporées en icelle archiconfrerie qui jugeront de l'importance de leur estat et de la suffisance de leurs personnes par la grandeur de leurs robes, rabats et perruques, et regarderont comme vraie bienseance et gravité ce qui paroit à d'autres hauteur et pedenterie.

Item. — Indulgence pour tous religieux ou autres qui le matin, en vue de mieux passer la journée, seront attentifs à prendre l'eau bénite de l'archiconfrerie, c'est à savoir eau-de-vie, fenouillette [2], ratafiat, rossoly [3], etc.

Item. — Indulgence pour ceux et celles quy, à la place du Testament, liront avec foy le supplement de la Gazette de Hollande, comme l'evangile des archiconfrères.

Item. — Est permis aux eclesiastiques agregés

---

1. On eût pu trouver lecture plus attrayante, comme, par exemple, ces contes de *haulte gresse*, dont certain prêtre du XVIe siècle disoit en soupirant, après les avoir lus seulement deux ou trois fois : *Que n'est-ce breviaire?*

2. Sorte d'eau-de-vie de fenouil, dont la meilleure se faisoit avec du fenouil de Florence.

3. Le *rossoli* se faisoit avec de l'eau-de-vie brûlée, du sucre et de la cannelle. Les Italiens de la cour de Marie de Médicis l'avoient mis à la mode. Le meilleur est celui dont le Dictionnaire de Trévoux donne la recette d'après Dionis. On l'appeloit *rossoli du roy*, parceque Louis XIV en usa pendant un temps considérable, et s'en trouva toujours fort bien.

de publier et debiter de faux brefs, sans crainte aucune de l'excommunication portée contre les falsificateurs de lettres apostoliques.

Item. — Droit de sauvegarde et protection en faveur d'iceux quy seroient grevés de la meme peine pour avoir sçu, en matière spirituelle, decliner les juges d'eglises nonobstant toutes bulles et decrets à ce contraires.

Item. — Droit de franchise pour tous ceux qui tiendront estaminets[1] et academies de jeu, surtout les dimanches et festes et pendant le service.

Item. — Indulgence au religieux confesseur quy, pour avoir l'œil sur sa devote, la menera le soir sous le bras à la promenade.

Item. — Indulgence pour tous ceux quy, n'estant en usage de chanter en leur eglise les louanges du Seigneur, chanteront sur le theatre celles de Bacchus ou autres divinités païennes, y feront sonner les violons et batront la mesure.

Item. — Indulgence en faveur des religieux quy, ne pouvant recevoir les honoraires pour la celebration de leurs messes, auront volonté respective de soy respecter et dedommager aux derniers sacrements, en se faisant constituer heritiers et legataires universels par testamens et codicilles, et mesme sans le secours d'icelles pièces, en emportant bources, bagues et joyaux.

[1]. Ce mot étoit alors bien nouveau chez nous. Il y étoit venu de la Flandre espagnole, où il désignoit une *réunion*, un *cercle*, une *assemblée*, de même que le mot *estamiente*, dont il étoit le dérivé. V. notre *Histoire des Hôtelleries et Cabarets*, t. 2, p. 166.

Item. — Advenant qu'iceux religieux ne trouvent en icelles bources que des jetons au lieu de louis, iceux gagneront les pardons de l'ordre, à condition de ne plus se meprendre.

Item. — Indulgence pour tous monastères et communautés dont les caves, refectoires et maisons de campagne[1] seront fournis de vin en abondance, à effect d'estre plus sobres ès maisons d'autruy.

Item. — Indulgence pour tous prieurs et autres superieurs de couvents quy supposent que leurs inferieurs sont en voyage, tandis qu'ils sont encore dans la ville à boire, manger, jouer, ripailler, le jour et la nuit.

Item. — Indulgence pour le religieux quy, voyant demoiselle soy retirer en abbaye pour y voiler et vouer sa virginité au Seigneur, luy suggerera le retour au siècle[2] en vue de lui faire preferer l'alliance d'un homme à celle d'un Dieu.

---

1. Pour se faire une idée de l'abondance gastronomique des *villæ* monastiques, il faut lire ce que dit, dans ses *Mémoires*, l'abbé Blache, des immenses provisions entassées dans les caves de Montlouis, alors maison de campagne du P. La Chaise, aujourd'hui le cimetière auquel le fameux jésuite a donné son nom. V. *Revue rétrospect.*, 1re série, t. 1, et *Journal des Débats*, 8 juillet 1836.

2. Ce mot, d'où dérive directement l'adjectif *séculier*, se disoit pour monde en morale, par opposition à *céleste* et à *spirituel.* (*Dict.* de Trévoux.) — Cette expression étoit déjà employée au XVe siècle. « Celle bonne dame, lit-on au chapitre 25e du *Livre du chevalier de la Tour-Landry*, estoit jeune et avoit bien le cuer au siècle, et chantoist et dansoyt voulentiers. » (Edition elzevirienne, donnée par M. de Montaiglon, Paris, 1854, p. 55.)

Item. — Indulgence en faveur des religieux lesquels, ayant droit de dresser theatre pour le divertissement des archiconfrères, le dresseront en temps de caresme, et mesme de la passion, pour y donner farces avec dances et chansons bachiques[1].

Item. — Privilége à iceux religieux d'employer

---

1. On sait que, dans les colléges de jésuites, il étoit d'usage de donner, à certaines occasions, des représentations dramatiques, des tragédies, des comédies, même des opéras, puisque celui de *Jonathas* fut écrit par Carpentier pour le collége des jésuites de Paris. C'étoient les élèves qui jouoient et qui chantoient les rôles ; à chaque distribution, il y avoit un prix pour celui qui avoit le mieux fait son personnage. Le livre donné en récompense portoit cette mention : *Alumnus... pro bene actam personam... præmium feret*. Il en résulta que ces colléges de jésuites furent ce qu'est à peu près aujourd'hui notre Conservatoire. Une foule de bons chanteurs et de bons comédiens en sortirent, notamment Molière, Dancourt, Tribou de l'Opéra, et beaucoup d'autres dont les jésuites du collége de Clermont, à Paris, préparèrent la vocation, sauf à les faire excommunier lorsqu'ils prouvèrent trop bien qu'ils étoient leurs dignes élèves. — Il est dit ici que les religieux avoient *droit de dresser théâtre*, etc., et c'est à tort. La comédie n'étoit permise chez eux que par tolérance, en depit même de l'article 80 d'une ordonnance rendue à Blois en 1579, par laquelle toute espèce de comédies, même les petites représentations des bucoliques et des églogues, leur étoient interdites. Il est vrai que l'ordonnance ne fut jamais exécutée. On peut voir, sur ces spectacles des colléges, les *Mémoires de Bassompierre*, sous la date du lundi 7 septembre 1619; *les Aventures de Francion*, liv. 4; Lémontey, *Hist. de la régence*, t. 2, p. 350.

pour ceste bonne œuvre les couronnes d'argent à eux leguées pour la decoration des autels et des images.

Item. — Iceux pères qui n'auront faculté de confesser leurs devotes dans les eglises les pourront confesser sous les moulins champestres.

Item. — Iceux, nonobstant les bulles qui leur defendent de negocier, sous peine d'excommunication, pourront s'engager dans quelque commerce non repugnant à l'exterieur de leur institut, si comme avec marchand de charbon, etc.

Item. — Advenant que parmi les confrères se trouve un ecclesiastique qui n'ose donner sa decision lorsqu'il sera consulté, iceluy sera regardé comme l'oracle de l'archiconfrerie.

Item. — Tous suppots d'icelle, tant ecclésiastiques et religieux, se contenteront, et pour eux-mêmes et pour l'utilité du prochain, de la science que les docteurs appellent science moyenne [1], hoire et ayant-cause du feu P. Molina [2], guidon en la compagnie des porteferules.

Item. — Tous clercs et coutres [3] ou beneficiers

---

1. La science troisième ou moyenne, selon les théologiens, celle, disent-ils, par laquelle Dieu connoît ce que les anges et les hommes feroient en certains cas, en certaines circonstances, s'il avoit résolu de les y mettre.

2. Le fameux jésuite espagnol Louis Molina, dont le livre *De la concorde de la grâce et du libre arbitre* (Lisbonne, 1588, in-4) suscita les fameuses disputes sur la grâce et sur la prédestination. Molina, apôtre des *Molinistes*, étoit mort à Madrid le 12 octobre 1600.

3. Le *coutre* ou *coustre* étoit celui qui avoit le soin de son

de paroisse et autres eglises, sans distinction ny exception quelconque, pourront, pendant le service divin, se rendre aux porteaux et sacristies d'icelles pour y apprendre ou debiter nouvelles et y juger le prochain.

Item. — Tout frère questeur et proviseur de couvent qui soy advancera de traicter des matières de doctrines les plus relevées dans les boutiques, parloirs et autres lieux, sera escouté de tous archiconfrères et consœurs ni plus ni moins qu'un lecteur de jubilé.

Item. — Pourront les dames et demoiselles agregées à l'archiconfrerie aller à la messe poudrées et parées ainsy comme au bal, comme aussi preferer les messes basses aux grandes, et surtout la dernière : le tout pour le plus d'edification du prochain.

Item. — Pourront lesdites archiconsœurs se poster par humilité à genoux sur des bancs ou chaises, et prendre sur leurs eventails le sujet de leurs meditations.

Tous ceux et celles qui, se trouvant ès eglises, y auront causé de nouvelles et d'affaires en attendant le prédicateur, pourront s'abandonner au sommeil pendant la predication.

Item. — Y doit avoir en lieux competens inquisiteurs secrets et censeurs des livres, pour interdire, suprimer, enlever et même decacheter tous livres pernicieux à l'archiconfrerie et defendus par icelle,

---

ner les cloches et qui étoit gardien (*custos*, d'où son nom) des clefs de l'église. V. Ménage, *Hist. de Sablé*, liv. 2, chap. 3.

si comme epitres, evangiles, ordinaires de la messe, etc.

Item. — Est loisible à tous laïques agregés quy se meslent de corriger ou reprendre ceux qui offencent le Seigneur d'appuier sa reprimande ou correction de moult maledictions et imprecations.

Item. — Es lieux de public instruction où les maistres comme les disciples ne peuvent cacher aux clairvoyans l'insuffisance de leur doctrine, on pourvoira à l'honneur des escoles dans l'esprit du bourgeois et père de famille par l'appareil des thèses [1] et tragedies, et par la beauté des bâtimens.

Item. — L'inscription d'iceux bâtimens designera ceux quy ont receu l'argent pour les construire, et nullement ceux qui l'ont donné.

Item. — Tout ecclesiastique meditant l'erection de communauté nouvelle ne prendra ailleurs qu'au bureau de l'archiconfrerie les bulles et patentes que les autres vont demander au pape et au prince.

Item. — Et ceux patriarches de nouvelle espèce pourront se faire baiser les piés, ny plus ny moins que le pape.

Item. — Advenant qu'aucuns catholiques se four-

---

1. On déployoit une très grande pompe pour la réception des docteurs en toutes sortes de sciences, médecine, théologie, etc. On peut voir par le *Journal du voyage* de Locke en France (18 mars 1676) que l'appareil dont Molière entoure la réception d'Argan comme docteur n'a rien d'exagéré. (*Revue de Paris*, 1re série, t. 14, p. 13–14.) La thèse si pompeusement soutenue étoit elle-même illustrée d'une magnifique gravure. Elle étoit toujours bonne à prendre pour l'image, comme dit Toinette du *Malade imaginaire*.

voient jusqu'à manquer de respect pour l'archiconfrérie, iceux catholiques seront, par le seul faict, réputés chimatiques, et jansenistes, qui pis est; voire meme, si metier est, pendus en effigie aux yeux des souffre-ferules.

Item. — Au cas qu'iceux catholiques allèguent, pour soy justifier, certains decrets des papes bien et dument approuvés ès saints conciles, suivis et omologués en toutes provinces catholiques, apostoliques et romaines, sera maintenu par les archiconfrères qu'iceux decrets ne sont munis de lettre de placet à ce necessaire de par l'archiconfrerie.

Item. — Tout confrère qui voudra montrer son courage envers iceux catholiques redoutera leur presence et ne pourra signaler sa bravoure que par la fuite.

Item. — Pour lesdits cas d'esclipse et desertion, iceux archiconfrères tiendront pour certain que le scandale peut être preferé au danger du raisonnement et la faveur des ignorans l'emporter sur l'exemple des sages.

Item.—Attendu que la science, si elle n'est science moyenne [1], est le poison le plus funeste, comme est dit cy-dessus, à l'archiconfrerie, tous suppots et agregés d'icelle mettront en arrière les saints pères de l'eglise, en leur substituant les saints pères de la société, si comme abandonneront saint Augustin pour suivre Escobar et debusqueront saint Thomas [2] pour subroger à ses droits le porteferule Francolin.

1. V. une des notes précédentes.
2. La lutte avoit d'abord eu lieu entre les dominicains

Item. — Nul archiconfrère ne manquera d'observer pour ses demarches et entreprises les phases de la lune, comme estant l'astre tutelaire de l'archiconfrerie, et feront eclater leur ferveur surtout au temps de la première sève et du renouvellement d'icelle, comme faisant les deux principales solemnitez des Cervelles emouquées ou Ratiers.

Item. — A eux permis de raper, prendre et donner tabac[1] en leurs prières, messes et offices, pour eviter plus seurement les distractions.

Item. — Les directeurs et confesseurs agregés se proposeront soigneusement le bien des familles dans leur ministère.

Item. — Quiconque s'ingerera de blasmer iceux confesseurs, les accusant d'avarice, ou qui censurera leur intention à employer pour des visites les temps destinez à la prière, retraite et silence, sera deferé à l'archiconfrerie comme coupable de violer la charité du prochain.

Item. — Tout archiconfrère qui debource pour soy divertir florins, patacons[2] et ducats, en ne donnant

---

Thomistes et les jésuites *Molinistes*, tant à cause du livre de Molina cité tout à l'heure qu'au sujet de ses *Commentaires* sur la première partie de la Somme de saint Thomas.

1. Les priseurs râpoient encore leur tabac à chaque prise. M. du Sommerard possédoit une de ces *râpes-tabatières*, sur laquelle le Sganarelle du *Festin de Pierre* étoit représenté frottant sur sa râpe la carotte de tabac, au moment où il entre en scène sur ces vers :

> Quoi qu'en dise Aristote et sa docte cabale
> Le tabac est divin, il n'est rien qui l'égale.

2. Ou *patagon*, monnoie d'argent qui de 48 sols finit par

aux pauvres que la plus basse des espèces de monnoie, sera tenu pour aumonier.

Item. — Les predicateurs religieux prescheront eux-mêmes dans leurs eglises lorsqu'ils voudront critiquer les censeurs de leur morale ; mais ils choisiront des predicateurs estrangers pour en recevoir des eloges devant le public.

Item. — Tout religieux quy, se trouvant accompagné d'un sien frère ou convers, rencontrera un ecclesiastique, iceluy aura soin que le dit frère salue le premier l'ecclesiastique, afin que iceluy salue le premier le religieux.

Item. — Tout chasseur agregé prendra son mousquet pour tuer les souris, mais doit espargner les rats, comme animaux privilégiés par edits et patentes de l'archiconfrerie.

Collationné à l'original par moi,

SONGECREUX[1].

monter à 58. L'orthographe employée ici donneroit raison à Ménage, qui pense que ce mot venoit de *patac*, ancienne petite monnoie d'Avignon.

1. Nom de haute folie consacré par le livre de Gringore, *les Contreditz de Songecreux*; par un passage de Rabelais (liv. 1er, ch. 20), et aussi par *la Prenostication de maître Albert Songecreux Biscain* (1527), fameux almanach dont a parlé H. Estienne au chapitre 39 de son *Apologie pour Hérodote*.

*Advis de Guillaume de la Porte,
hotteux ès halles de la ville de Paris.*

Sans lieu ni date, in-8.

Le vaudeville des bouchers et le reglement faict pour la police publié [1] m'a donné subject de tracer ces lignes, pour vous declarer que, pensant apporter du remède, vous courés au mal. La raison en est parceque vous voulez paroistre de grands œconomes, et vous n'estes qu'abecedaires de maisons. D'où vient que, voulant retrancher le mal, vous le fomentés et le faictes pululler? Que si vous aviez consulté toutes sortes de qualités de personnes, ne vous attachant tant au pourpre [2], qui n'a le plus souvent que l'apparence ou l'appuy de l'argent, sans doute vous auriés faict tout autre reglement. Qui est celuy qui ne recognoisse le signalé defaut sur le

1. Nous ne savons quel est ce règlement de police concernant la boucherie; peut-être est-ce celui du 30 mai 1618. V. *Traité de la police*, t. 2, liv. 5. — Nous n'en trouvons pas qui se rapproche davantage de la date de cette pièce.
2. C'est-à-dire à la puissance.

prix du mouton, veu que chacun sçait qu'il y a grande disproportion du moindre au meilleur? A vostre compte, le plus gras mouton ne vaudroit que seize sols davantage que le plus chetif[1], veu qu'il y a mouton de neuf livres et autres de trois livres. Pour le veau, pareille raison. Ma cousine la Moignotte, que Dieu veulle conserver et luy restablir la santé! estant fermière de la grande ferme de Paré, elle avoit douze vaches, dont l'une avoit nom la Bourelière, laquelle faisoit des veaux aussi puissants que des bœufs du Poitou. Je vous laisse à penser quelle perte elle eust receu de les vendre à six livres, et le grand profit de vendre des avortons à pareil prix de six livres. Ces considerations, et autres que je veux deduire cy-après, font que je ne puis approuver ce reglement. Et d'autant qu'estant bourgeois de Paris, je faicts partie d'icelle, il me semble qu'au peril de la famine qui nous menace, je doibs dire mon opinion, pour estre receue ainsi qu'on le verra bon estre. Que si quelqu'un me debat mon droict de bourgeoisie, Pierre de la Porte et Guillemette des Rosières, surnommée Dix-sept-demi-septiers, mes père et mère, vous leveront ceste difficulté et vous diront qu'ils ont porté les crochets et la hoste vingt ans, servants à porter viandes et fruicts des halles. Je vous laisse à penser si j'ay quelque memoire du vineux mestier qui fait dire la verité. Ma qualité prouvée, venons au subject qui se presente. Toute

---

1. En 1600, le prix d'un beau mouton étoit de 4 livres. (Dupré de Saint-Maur, *Essai sur les monnoies*, année 1600.)

ville, republique ou royaume se maintient principalement de bled, vin, chair et bois : c'est pourquoy les bien reglées ont donné toute liberté de trafiquer à toutes sortes de personnes sans y imposer aucune dace[1] ny impost, afin que l'affluence y apporte vilité de prix, ce qui est très certain par l'abord des marchands, qui ne trafiquent que sur l'esperance du gain. Je sçay que le malheur du temps a apporté des subsides sur lesdits vivres ; mais lesdits subsides ne sont suffisans pour faire telle cherté qu'on s'en puisse plaindre, et je m'asseure que quelque jour nostre bon prince et roy retranchera en partie lesdits subsides : car je m'asseure que, Gondy et Jamet[2] à present estant morts, on ne verra plus tant de partisans composés d'Italiens et d'Espagnols, que je desirerois les uns estre placés au pol arctique, les autres au pol antarctique. *Dios me libre de tal gente!* Je ne parle des femmes desdits païs, car elles passent en la famille des maris.

Il est donc necessaire de donner liberté aux marchands forains de vendre leurs troupeaux et marchandises le prix qu'ils pourront, parceque, si vous leur faictes delivrer leur marchandise à perte, sans doubte ils n'y retourneront pour la seconde fois : je m'en raporte à la Verdure de Juvisi, s'il veut venir

1. *Taxe.*
2. Partisans italiens qui alors accaparoient toutes les affaires. V. la pièce précédente, *Rencontre de maître Guillaume et de Piédaigrette.* Jamet n'est autre que le fameux Zamet, mort en 1614.

perdre sur chaque chartée de veaux dix-neuf livres qu'il perdit vendredy dernier.

Il est utile de donner permission à tous maistres bouchers et compagnons ou autres vendre viandes en destail, afin de n'estre subject à un nombre [1].

Il est à propos de vendre les viandes à la livre, et le prix d'icelles en soit faict au rabais, ainsi qu'il se practique en Languedoc, Gascogne et autres provinces.

Davantage (avec permission de MM. les bouchers), parceque je vois plusieurs bonnes maisons où il faut quantité de moutons, d'autres familles qui se peuvent passer d'un quartier, et qu'ils se pourroient plaindre, soit de la maigreur des viandes, soit sur la difficulté d'avoir un quartier de derrière, que l'on appelle, en Musarabie [2], *trasero*, pour eviter à cet inconvenient, je voudrois faire dresser des escorcheries au dessus et au dessoubs de nostre ville de Paris [3], et près icelles quelques halles, où les marchands forains, deux fois la sepmaine, pourroient vénir vendre leur bestail, les manants et habitans de nostre ville, ou leurs domestiques pour eux, se

1. On voit que l'idée de demander la liberté du commerce de la boucherie n'est pas chose nouvelle.

2. C'est le nom qu'on donnoit à la partie de l'Espagne chrétienne placée sous la domination des Arabes.

3. L'établissement des tueries sur la rivière, au dessous de Paris, avoit souvent été demandé. On l'avoit même ordonné par arrêt du 7 septembre 1366. (*Traité de la police*, t. 2, liv. 5); mais jamais l'ordonnance n'avoit pu avoir d'exécution. (*Mélanges d'une grande bibliothèque*, Hh., p. 16-17.)

joignant deux, trois, plus ou moins, se transporte-
roient ausdits lieux et feroient achapt de leur necessité, et à l'instant feroient tuer leur mouton ou plusieurs, moyennant trois ou quatre sols qu'ils don-
neroient à des compagnons bouchers, qui seroient
bien aises de faire ce profict. En après, le mouton
pesé, l'on regarderoit la montance de chaque livre,
et chacun puis après prendroit sa provision. C'est un
mesnage qui se faict en plusieurs endroits de l'Europe, sur lequel vous faictes le tiers de profict. Je
le sçay par experience. Ma mère Guillemette me disoit bien qu'en voyant le monde on voit du pays, et
qu'à ne voir que des charbons on ne cognoist que des
tisons.

Or, d'autant que l'abondance est la mère de vilité,
je voudrois, pour y parvenir, faire defences de tuer
des aigneaux, sur peine du fouet[1], despuis le premier jour de janvier jusques au dernier juillet. Vous
faictes, en ce faisant, profiter les troupeaux, accrois-
tre les fumiers des laboureurs, qui s'abonissent par
la fiante de ces animauls, qui par après multiplient
les grains à foison par l'amendement que l'on faict
aux soles et jachères. Vous empeschés les bergers
de vendre les dits agneaux : vous retranchez la perte
des troupeaux que l'on donne à moitié.

---

1. Charles IX en 1563, Henri III en 1577, avoient fait
défense de vendre la chair des agneaux ; mais leurs ordonnances ne furent pas exécutées, et il fallut les faire revivre
en 1714, après beaucoup de réclamations du genre de celle
qu'on formule ici.

Pareil remède sur les veaux et autres espèces de vivres, lesquels ne voyent a peine la lumière par la friandise de ce temps.

Je voudrois faire defenses aux marchands de bled residans à Paris de serrer du grain dans Paris outre leur provision : car ils enlèvent le bled de deux ou trois marchés à bas pris pour vous le vendre puis après cherement. Je portois un jour à monsieur Criton du pain de la hale, et il montroit une oraison grecque à ses escoliers, escripte contre des marchands traficquans en bled, residans à Athènes[1], de la qualité susdicte ; et les dits escoliers, à cause que je portois du pain, ils me prenoient pour l'un de ces monopolistes, et me vouloient lapider ; et si le dit sieur ne fut venu, leur donnant à entendre que je n'estois marchand blatié grec[2], c'estoit faict de Guillaume de la Porte ! Il sera bien fin qui me fera vivre avec ces toques de malice !

1. Ce discours est celui de Lysias *contre les marchands de blé*. V., sur cette très intéressante *oraison*, le livre d'Auguste Bœckh, *Economie politique des Athéniens*, trad. par Laligant, t. 1, p. 138-141.

1. Les *blastiers* étoient ces marchands qui alloient acheter du blé dans les greniers de la campagne et qui le revendoient aux marchés des villes. Il y avoit à Paris une communauté de marchands *blastiers* sous saint Louis, qui leur donna des statuts. (*Traité de la police*, t. 2, liv. 5, ch. 2.) Plus tard, leur commerce déchut, et ils ne furent plus considérés que comme simples *regrattiers* et *grainiers*. (*Id.*, t. 6, liv. 5.) On agita même la question de l'utilité de leur commerce, et l'on fut sur le point de le défendre. (*Id., ibid.*)

Pour le bois, j'observerois les reglements anciens, à peine de contravention de la perte de la marchandise contre les marchans, et de privation et de confiscation des offices des officiers, qui, en leur presence, voyent enfraindre la taxe de la ville ; à quoy pour remedier, il y auroit des poteaux dans lesquels il y auroit une table (ce que les Arabes appellent *Arauzel*)[1] contenant la taxe de la ville, afin qu'un chascun fut adverti du prix de la marchandise [2].

Seroit fait defences d'acheter des bois, n'estoit pour estre promptement coupés et vendus à la saison, afin d'eviter aux monopoles. Il y a plusieurs bourses qui s'assemblent et enlèvent les bois, et les gardent un, deux, trois ans, jusques à cherté, et n'en font venir qu'à la derobée. Je vous donne advis qu'il y a un marchand d'Auxerre qui, sous la bourse d'un nommé Giman, bourgeois de Paris, a enlevé tout le marin [3] du pays de Morvan. Je vous laisse à

---

1. Chez les Chinois il y a une table pareille dressée sur la place publique, et indiquant, en outre du prix des vivres, celui des remèdes qui se vendent chez les apothicaires.

2. On trouve le commencement d'exécution d'un projet pareil dans l'ordonnance de mars 1577, par laquelle il étoit ordonné à l'hôtelier d'écrire sur la principale porte de son auberge le taux de tout ce qui se prenoit chez lui, le manger, le boire et le coucher. Deux ans après, une ordonnance du 21 mars compléta la première en réglant le tarif de toutes les denrées à consommer. C'est cette ordonnance qui se trouve mise en chanson dans la *Fleur des chansons nouvelles* (édit. Techener, p. 6-11).

3. Bois *merrain*, bon surtout pour les tonneliers, les treillageurs et les menuisiers.

penser s'il faudra passer par ses mains si le bois tortu chemine droit[1]; mais je m'asseure que monsieur le lieutenant general d'Auxerre y donnera bon ordre. Le commencement de la santé est de cognoistre la maladie, *el comienso de la salud, es conocer la dolencia del enfermo.*

Messieurs les maistres des forests, vous ne serez negligens de faire planter à la place des bois de haute futaye que l'on abat.

Je voudrois faire defendre aux cabaretiers d'asseoir en leurs tavernes fors pain et vin[2], et ce à personnes estrangers seulement.

Il y a un tas de gueules enfarinées qui n'ont pour leur dieu que la Pomme de pin, la Croix blanche, le Petit saint Anthoine[3], le cuisinié de monsieur de Bethune, que l'on dit à la Bastille, avec mille autres de ce poil, sans comprendre les logis où l'on traicte

1. Si la vigne donne.

2. C'étoit le droit des cabaretiers et taverniers « de vendre vin, donner à manger ou souffrir qu'on mange dans leur maison. » Colbert lui-même n'osa l'enfreindre : V. sa lettre à M. de Miromesnil du 16 octobre 1681, *Correspondance administrative de Louis XIV.*

3. On connoît la célébrité du cabaret de la *Pomme-de-Pin*, situé dans la Cité, près de l'église de la Madeleine et presqu'à l'entrée du pont Notre-Dame. Celui de la *Croix blanche* se trouvoit près du cimetière Saint-Jean, dans la petite rue, aujourd'hui détruite, à laquelle il avoit donné son nom. Le cabaret du *Petit-Saint-Antoine* s'appeloit ainsi à cause de la maison de chanoines près de laquelle il étoit situé dans la rue Saint-Antoine. V. notre *Histoire des hôtelleries et cabarets*, t. 2, p. 304, 333.

à deux, trois et quatre escus pour teste. Quelle abysme de despense ! Et le vice chatouille tellement les hommes qu'il n'y a fils de bonne mère qu'il n'y porte sa chandelle. Si compère Gaultier arrive, il faut le recevoir en un cabaret. Là, on trouve toute sorte de vins d'Orleans, de Beauce, Gascogne, d'Espagne, de Ciudad Real, Perogomez, Frontignan ; là, vous ne pouvés desirer aucun genre de viande qu'il ne vous soit servi. La colation ou dessert seconde l'entrée, tellement que vous estes servi plus qu'en roy. Au partir de là, pour faire chère entière, il faut aller voir les dames, ou plustost la verole.

Je me proposois vous toucher quelques remèdes, mais il m'est souvenu que monseigneur de Verdun (que chascun ne sauroit assez admirer, pour estre les louanges inferieures à ses vertus) est à present premier president au parlement de Paris, premier parlement de France[1]. Ma plainte suffit ; la paix qu'il a establie entre les mondains de Toulouse, y rendant la justice en qualité de premier president, asseure qu'il la donnera aux enfans de Paris, ou plustost à la confusion du siècle corrompu. Nous estions perdus (mes concitoiens) si nous n'eussions recouvert l'Hercule de nostre pays. Desjà j'avois faict resolution de vendre ma hotte et ma bonne casaque de toille, ayant perdu l'esperance de gagner ma vie

---

[1]. Messire Nicolas de Verdun avoit succédé en 1616 à M. Achille du Harlay dans la charge de premier président du parlement de Paris, qu'il occupa jusqu'en 1627. V. Blanchard, *Eloges de tous les premiers présidents*, 1645, in-8, p. 81.

320 Advis de Guillaume, Hotteux.

aux halles pour tirer des coups de pistolets aux portes en tirant pays pour aspirer la qualité de gondolier à Venise. A Dieu, jusques *al veder*.

L'an de grace 1611[1], le 2. jour de may, et de Guillaume de la Porte[2], de nostre aage le 27.

---

1. Il faut lire 1621.
2. Je serois tenté de croire que pour cette pièce, où il est tant question du commerce de la boucherie, le nom de Guillaume de la Porte a été pris en souvenir de Guheri de la Porte, qui au XIIIe siècle fit don aux religieux de Saint-Martin de la maison où fut établie la grande boucherie de l'Apport-Paris.

Les Misères de la Femme mariée, où se peuvent voir les peines et tourmens qu'elle reçoit durant sa vie, mis en forme de stances par Madame Liebault[1].

A Paris, chez Pierre Menier, demeurant à la Porte Sainct Victor. In-8.

---

*A Madame de Medine,
religieuse aux Ammurez de Rouen.*

Madame, les hommes, en general, sont si divers en leurs opinions, que, par manière de dire, chacun veut maintenir la sienne particulière avecques des raisons bien souvent qui sont du tout alienées de raison. Les philosophes du temps passé nous ont laissé à la memoire que la nature,

---

[1]. Cette madame Liébaut, dont les talents poétiques nous sont ici révélés, est Nicole Estienne, fille de l'imprimeur Charles Estienne, et femme du médecin Jean Liébaut, dont on a plusieurs ouvrages importants pour l'agriculture et la médecine. Elle étoit, dit-on, fort savante; ce qui suit prouve qu'elle avoit aussi beaucoup de sens et d'esprit. M. Brunet, dans son *Manuel*, t. 3, p. 131, parlant de cette pièce, dont il cite une autre édition publiée à Rouen, donne à l'auteur le nom grec d'Olympe, qui convenait assez à la fille d'un Estienne.

qui est le Dieu supresme, avoit mis entre mains aux hommes, pour s'en servir, certaine espèce de biens qu'ils appelloient indifferens, c'est-à-dire qui n'apportoient ny bien ny mal aux hommes, si non autant que les hommes les applicquoient à l'usage, fust à bien ou à mal, comme l'on peut dire de l'or, l'argent, le fer et autres metaux, et bref de toutes choses inanimées. Ainsi avons-nous en la police, tant civile que mesme en l'ecclesiastique, certaines choses qui sont indifferentes, et non pas necessaires du tout, comme, en celle-cy, nous autres, qui sommes plus zelés, ne sommes tenus de croire outre et pardessus ce qui est comprins dans les tables de la loy que Dieu nous a données par le bon père Moyse, et ce que l'Eglise nous commande de croire, le reste demeurant à la discretion d'un chacun. Que si l'on nous propose quelque chose davantage, c'est plustost par conseil que par ordonnance et commandement exprès. Tout de mesme en la police civile, prenant pour exemple le subjet du present livret que je vous ay adressé : car c'est bien une chose que le mariage, qui demeure entierement à la disposition volontaire des hommes contre les necessitez qu'y apportoient jadis les anciens ethniques et payens, ne differans en beaucoup de choses des bestes bruttes que de la seule parole. Et ce vaisseau d'election, monsieur sainct Paul, en parlant en ses epistres, dit en ces termes, que qui se marie fait bien, mais qui ne se marie pont fait encore mieux. Comme s'il vouloit entendre que l'on s'en abstint pour vouer à Dieu sa virginité, ce qui ne se peut toutes fois maintenir aisement ny observer un tel vœu sans y apporter pour aide et support la prière, le jeusne et la solitude, ainsi que vous faites, Madame, qui est un genre de vie, à la vérité, qui excelle d'autant le mariage, que la contemplative a tousjours esté preferée à l'active ; ce que Dieu mesme confirme de sa propre bouche en son sainct Evangile, parlant des deux sœurs qui avoient suivy divisement et l'une et l'autre vie, quand il dit que celle qui avoit delaissé la cure des choses terriennes pour vacquer à la priere avoit esleu la meilleure part, sans le prendre au subjet qui est traicté dans ce livret, ny pour les occasions qu'il rapporte concurer souvent avec le mariage, ce que vous verrez plus amplement comme le permettra vostre loisir, vous suppliant, au reste, de le prendre en bonne part, et que par la souvenance que j'ay eue de vous, vous, en pareil, ayez souvenance de moy en vos bonnes prieres, que Dieu vueille exaucer. Adieu.

Votre très humble et très affectionné,
CLAUDE LEVILLAIN.

Sonnet à la dicte dame.

on Dieu ! que l'homme est souvent miserable !
Souvent je dy, mais, las ! c'est pour tousjours,
Le long des nuicts, tout le long de ses jours,
Estant debout, ou assis à la table.

C'est un sablon inconstant et muable
Comme le vent ; c'est un fourneau d'amours,
Suivant ses veux par mille ordes destours,
Subjet d'envie et la chasse du diable.

Que s'il desire arrester ses malheurs,
Ainsi que toy, qu'il monstre ses douleurs
Au Medecin et de mort et de vie,

Disant : Mon Dieu, aye pitié de moy ;
Donne-moy paix et me retire à toy,
Car mon ame est de trop de maux suivie.

Les Misères de la Femme mariée [1].

uses, qui chastement passez vostre bel aage
Sans vous assujettir aux loix du mariage,
Sçachant combien la femme y endure de mal,
Favorisez-moy tant que je puisse descrire
Les travaux continus et le cruel martyre
Qui sans fin nous tallonne en ce joug nuptial.

Du soleil tout voyant la lampe journalière
Ne sçauroit remarquer, en faisant sa carrière,
Rien de plus miserable et de plus tourmenté
Que la femme subjette à ces hommes iniques
Qui, depourveuz d'amour, par leurs loix tiraniques,
Se font maistres du corps et de la volonté.

O grand Dieu tout-puissant ! si la femme, peu caute [2],
Contre ton sainct vouloir avoit fait quelque faute,
Tu la devois punir d'un moins aigre tourment ;
Mais, las ! ce n'est pas toy, Dieu remply de clemence,
Qui de tes serviteurs pourchasses la vengeance :
Tout ce mal'heur nous vient des hommes seulement.

Voyant que l'homme estoit triste, melancolique,
De soy-mesme ennemy, chagrin et fantastique,
Afin de corriger ce mauvais naturel,
Tu luy donnas la femme, en beautez excellente,

1. Ces stances semblent avoir été faites pour être la contre-partie de celles de Desportes *contre le mariage*.
2. Du latin *cautus*, prenant ses précautions, prévoyant.

DE LA FEMME MARIÉE. 325

Pour fidèle compagne, et non comme servante,
Enchargeant à tous deux un amour mutuel.

O bien heureux accord! ô sacrée alliance !
Present digne des cieux, gracieuse accointance,
Pleine de tout plaisir, de grace et de douceur,
Si l'homme audacieux n'eust, à sa fantaisie,
Changé tes douces loix en dure tyrannie
Ton miel en amertume, et ta paix en rigueur !

A peine maintenant sommes-nous hors d'enfance,
Et n'avons pas encor du monde cognoissance,
Que vous taschez desjà par dix mille moyens,
Par presens et discours, par des larmes contraintes,
A nous embarasser dedans vos labyrintes,
Vos cruelles prisons, vos dangereux liens.

Et comme l'oiseleur, pour les oiseaux attraire
En ses pipeuses rhets, sçait sa voix contrefaire,
Aussi vous, par escrits cauteleux et rusez,
Faites semblant d'offrir vos bien humbles services
A nous, qui, ne sçachant vos fraudes et malices,
Ne pensons que vos cœurs soient ainsi desguisez.

Nous sommes vostre cœur, nous sommes vos mais-
Ce ne sont que respects, ce ne sont que caresses; [tresses[1];
Le ciel, à vous ouïr, ne vous est rien au pris ;
Puis vous sçavez donner quelque anneau, quelque chaisne,

---

1. Ce mot, qui correspond, et, comme dit Henri Estienne (*Traicté de la conformité du langage françois avec le grec*, Paris, 1569, p. 46), qui « a convenance avec le latin *domina* », n'étoit pas d'un usage très ancien dans le langage des amoureux. Brantôme, en faisant remarquer que « ce mot de *maistresse* ne s'usoit » du temps du petit Jean de Saintré, semble indiquer, ce

Pour nous reduire après en immortelle gesne.
Ainsi par des appas le poisson se sent pris.

 Mais quelle deité ne seroit point surprise
En vous voyant user de si grande feintise?
Et voyant de vos yeux deux fontaines couler,
Qui penseroit, bon Dieu! qu'un si piteux visage,
Avec la cruauté d'un desloyal courage,
Couvassent le poison sous un brave parler?

 Ainsi donc, nous laissons la douceur de nos mères,
La maison paternelle, et nos sœurs et nos frères,
Pour à vostre vouloir, pauvrettes, consentir;
Et un seul petit mot promis à la legère
Nous fait vivre à jamais en peine et en misère,
En chagrin et douleur par un tard repentir.

 Le jour des nopces vient, jour plein de fascherie,
Bien qu'il soit desguisé de fraude et tromperie,
Borne de nos plaisirs, source de nos tourmens.
Si de bon jugement nos ames sont atteintes,
Nous descouvrons à l'œil que ces liesses feintes
Ne servent en nos maux que de desguisement.

 Le son des instrumens, les chansons nompareilles,
Qui d'accords mesurez ravissent les oreilles,
Les chemins tapissez, les habits somptueux,
Les banquets excessifs, la viande excellente,
Semblent representer la boisson mal plaisante,
Où l'on mesle parmy quelque miel gracieux.

qui est probable, qu'il datoit de son temps à lui. (*Dames galantes*, disc. 4.)—Il est employé ici dans le vrai sens qu'il dut d'abord avoir.

Encore maintenant, pour faire un mariage,
On songe seulement aux biens et au lignage,
Sans cognoistre les mœurs et les complexions ;
Par ainsi, ce lien trop rigoureux assemble
Deux contraires humeurs à tout jamais ensemble,
Dont viennent puis après mille discensions.

On ne sçauroit penser combien la jeune femme
Endure de tourment et au corps et à l'ame,
Subjette à un vieillard remply de cruauté
Qui jouit à son gré d'une jeunesse telle
Pour ce qu'il la veut faire ou dame ou damoiselle,
Et pour ce qu'il est grand en biens et dignité.

Luy qui avoit coustume auparavant, follastre,
De diverses amours ses jeunes ans esbattre,
Entretenant sa vie en toute oisiveté,
Se sent or' accablé de quelque mal funeste,
Qui, malgré qu'il en ait, dans son lit le moleste,
Assez digne loyer de sa lubricité.

La femme prend le soin d'apprester les viandes
Qui au goust du vieillard seront les plus friandes,
Sans prendre aucun repos ny la nuict ny le jour ;
Et luy, se souvenant de sa folle jeunesse,
Si tant soit peu sa femme aucune fois le laisse,
Pense qu'elle luy veut jouer un mauvais tour.

Et lors c'est grand pitié : car l'aspre jalouzie
Tourmente son esprit, le met en frenaisie,
Et chasse loin de luy tout humain sentiment.
Les plus aigres tourmens des ames criminelles
Ne sont pour approcher des peines moins cruelles
Que ceste pauvre femme endure injustement.

Aussi voit-on souvent qu'un homme mal-habille,
Indigne, espouzera quelque femme gentille,
Sage, de rare esprit et de bon jugement,
Mais luy, ne faisant cas de toute sa science
(Comme la cruauté suit tousjours l'ignorance),
L'en traitera plus mal et moins humainement.

Au lieu que si c'estoit un discret personnage,
Qui avec le sçavoir eust de raison l'usage,
Il la rechercheroit et en feroit grand cas,
Se reputant heureux que la grace divine
D'un don si precieux l'auroit estimé digne.
Mais certes un tel homme est bien rare icy-bas.

Si le cynique grec, au milieu d'une ville,
N'en peut trouver un seul entre plus de dix mille,
Tenant en plain midy la lanterne en sa main,
Je pense qu'il faudroit une torche bien claire
En ce temps corrompu, et se pourroit bien faire
Qu'on despendroit le temps et la lumière en vain.

Car vrayment c'est l'esprit et ceste ame divine,
Recognoissant du ciel sa première origine,
Qui fait le vertueux du nom d'homme appeller,
Et non pas celuy-là qui seulement s'arreste
Au corruptible corps, commun à toute beste
Qui vit dessous les eaux, sur la terre ou en l'air.

Il seroit donc besoin de grande prevoyance
Ains que faire un accord d'une telle importance,
Qui ne peut seulement que par mort prendre fin,
Attendu pour certain que ce n'est chose aisée,
A quelque homme que soit une femme espouzée,
De la voir sans ennuy, sans peine et sans chagrin.

DE LA FEMME MARIÉE. 329

S'elle en espouse un jeune, en plaisirs et liesse,
En delices et jeux passera sa jeunesse,
Despendra son argent sans qu'il amasse rien.
Bien que sa femme soit assez gentille et belle,
Si aura-il tousjours quelque amie nouvelle,
Et sera reputé des plus hommes de bien.

Car c'est par ce moyen que l'humaine folie
A du grand Jupiter la puissance establie,
Pour ce que, mesprisant sa Junon aux beaux yeux,
Sans esclaver[1] son cœur sous le joug d'hymenée,
Suivant sa volonté lasche et desordonnée,
Il sema ses amours en mille et mille lieux.

Et quoy ! voyons-nous pas qu'ils confessent eux-mes-
Si l'on se sent espris de quelque amour extrême, [mes,
Pour en estre delivre il se faut marier,
Puis, sans avoir esgard à serment ny promesses,
Faire ensemble l'amour à diverses maistresses,
Et non en un endroit sa volonté fier.

Si c'est quelque pauvre homme, helas ! qui pourroit
La honte, le mespris, le chagrin, le martyre   [dire
Qu'en son pauvre mesnage il luy faut endurer !
Elle seulle entretient sa petite famille,
Eslève ses enfans, les nourrit, les habille,
Contre-gardant son bien pour le faire durer.

---

1. Ce vieux mot, dont la perte est très regrettable, se trouve dans Montaigne (*Essais*, liv. 1, ch. 29). Desportes l'a employé dans les stances citées plus haut, ainsi que Ronsard dans son 49ᵉ sonnet :

> Ni ses beautés, en mille cœurs écrites
> N'ont esclavé ma libre affection.

Et toutes fois encor l'homme se glorifie
Que c'est par son labeur que la femme est nourrie,
Et qu'il apporte seul ce pain à la maison.
C'est beaucoup d'acquérir, mais plus encor je prise
Quand l'on sçait sagement garder la chose acquise :
L'un despend de fortune, et l'autre de raison.

S'elle en espouze un riche, il faut qu'elle s'attende
D'obeir à l'instant à tout ce qu'il commande,
Sans oser s'enquerir pour quoy c'est qu'il le fait.
Il veut faire le grand, et, superbe, desdaigne
Celle qu'il a choisie pour espouze et compaigne,
En faisant moins de cas que d'un simple valet.

Mais que luy peut servir d'avoir un homme riche,
S'il ne laisse pourtant d'estre villain et chiche ?
S'elle ne peut avoir ce qui est de besoin
Pour son petit mesnage ? Ou si, vaincu de honte,
Il donne quelque argent, de luy en rendre compte,
Comme une chambrière, il faut qu'elle ait le soin.

Et cependant monsieur, estant en compagnie,
Assez prodiguement ses escus il manie,
Et hors de son logis se donne du bon temps ;
Puis, quand il s'en revient, fasché pour quelque affaire,
Sur le sueil de son huis laisse la bonne chère [1].
Sa femme a tous les cris, d'autres le passe-temps.

Il cherche occasion de prendre une querelle,
Qui sera bien souvent pour un bout de chandelle,

---

1. C'est-à-dire bon accueil, bon visage. *Chère*, qui vient de l'italien *chiera* (mine), ne s'employoit pas alors dans un autre sens.

Pour un morceau de bois, pour un voirre cassé.
Elle, qui n'en peut mais, porte la folle enchère,
Et sur elle à la fin retombe la colère
Et l'injuste courroux de ce fol insensé.

Ainsi de tous costez la femme est miserable,
Subjette à la mercy de l'homme impitoyable,
Qui luy fait plus de maux qu'on ne peut endurer.
Le captif est plus aise, et le pauvre forçaire
Encor en ses mal heurs et l'un et l'autre espère ;
Mais elle doit sans plus à la mort esperer.

Ne s'en faut esbahir, puis qu'eux, pleins de malice,
N'ayans autre raison que leur seulle injustice,
Font et rompent les loix selon leur volonté,
Et, usurpans tous seuls, à tort, la seigneurie
Qui de Dieu nous estoit en commun departie,
Nous ravissent, cruels ! la chère liberté.

Je laisse maintenant l'incroyable tristesse
Que ceste pauvre femme endure en sa grossesse ;
Le danger où elle est durant l'enfantement,
La charge des enfans, si penible et fascheuse;
Combien pour son mary elle se rend soigneuse,
Dont elle ne reçoit pour loyer que tourment.

Je n'auray jamais fait si je veux entreprendre,
O Muses ! par mes vers de donner à entendre
Et nostre affliction et leur grand' cruauté,
Puis, en renouvellant tant de justes complaintes,
J'ay peur que de pitié vos ames soient atteintes,
Voyant que vostre sexe est ainsi maltraicté.

Les Priviléges et Fidelitez des Chastrez. Ensemble la responce aux griefs proposez en l'arrest donné contre eux au profit des femmes [1].

A Paris. In-8.

1619.

Le phylosophe ne dit jamais rien de plus vray, que tout ce quy est fait au monde a quelque fin ordonnée et quelque bien sans apparence auquel il tend : le feu sert contre le froid, l'eau contre le chaud, le noir contre le blanc, et tous les deux ensemble meslez pour la fortification de la veue.

Et comme la nature, voire l'autheur de la nature, ne fait aucune chose pour neant et quy ne porte avec soy quelque sorte de bien et d'utilité publique : *Deus et natura nihil faciunt frustra*, aussy

---

1. Il s'agit ici de quelque sentence burlesque du genre de celle-ci : *Arrest notable donné au profit des femmes contre l'impuissance des maris....* Paris, 1626, in-8º; ou bien même d'une sentence sérieuse, comme celle qui fut rendue le 8 février 1659 dans le procès si fameux de Mme de Langey contre son mari. V. Tallemant, édit. in-12, t. 10, p. 201.

les choses quy semblent inutiles au monde ont toutesfois quelques proprietez sans lesquelles la commune societé des estres ne se pourroit aisement conserver.

Il n'y a rien au monde quy semble plus ridicule que la personne d'un chastré. C'est grande pitié d'en entendre parler en l'audience des lavandières du pavé de la Grève et de l'Ecole Sainct-Germain [1], et principallement quelle melancholie pour une jeune dame quy a tel mary couché à ses costez! Ce ne sont que regrets, que soupirs, que larmes et que sanglots; il n'y a que gronderie, que haine et jalousie, pour ce que la dame desire ce que Monsieur ne luy peut donner, en luy deffendant de jouer au reversis avec son voisin, sur peine du baston. Voilà une estrange diablerie à l'hostel! La bosse, la peste, la fiebvre carte, rien n'est oublié en ceste douce musique quy vient de nature en becarre et de becar en becmol. Il n'y a rien de si flasque que luy quand on traite de combattre ; la coyonnerie, la poltronnerie s'ensuit, et le bonhomme s'evanouit à la porte au dedans de laquelle il ne peut parvenir qu'avec la teste et l'umble grève basse, tant il a les reins foibles et quy ne peuvent pas le soustenir! Et qu'au diable soit telle sorte de gens! dit l'adverse partie; au diable les chatrez qui mestent bien le feu au logis, mais ne le peuvent esteindre! Voilà ce que l'on peut dire et produire contre les chastrez sur la plainte des femmes.

1. C'est-à-dire quai de l'École de Saint-Germain-l'Auxerrois.

Mais aussy voicy les priviléges qu'ont telles manières de gens par dessus les autres hommes du monde.

En la cour du grand Turc et en la cour du prestre Jan, dit l'empereur des Abyssins, il n'y a hommes mieux gagez et respectez que les chastrez ; ils sont honorez de ces grands princes pour leur fidelité : le Turc en fait estat en son serail pour la garde de ses femmes, le prestre Jan pour la garde des siennes. Les deux empereurs sont bien asseurez que, de la part desdits eunuques, ils ne seront jamais cornards.

Le deuxième privilége des chastrez est qu'ils se peuvent resjouir en asseurance sans courir aucun risque de recevoir des affronts comme les autres hommes, quy ne se peuvent jouer sans danger et fascherie : car, pour un pauvre coup fait à la dérobée, le tablier lève, un enfant arrive au bout des neuf mois ; il s'envoye à la porte du drôle ; les voisins le voyent, les passans le cognoissent : chacun descouvre le secret du jeu. Voilà un pauvre decrié, condamné aux frais de l'accouchement, à la provision de la dame, à reparer son honneur et à prendre le fruict de son jardin. Or, les chastrez ne sont point en ceste peine-là ; on ne les peut accuser de ces accouchements desrobez, ny moins encore les condamner aux frais et despens des gardes et sages femmes, et les femmes ne sont point en danger de perir en travail avec eux.

Le troisième privilége des chastrez est qu'ils sont fort renommez en leurs fidelitez en fait de maquerellage : ils font seure garde de ce qu'ils ont en despot, et livrent fidellement la marchandise sans effort, sans qu'au moins le fruict y paroisse.

Le quatrième et dernier privilége est que moins que les autres ils sont subjects à estre jeannins et cornards : car une femme quy espouse un chastré vend sa liberté à vil prix, passe sa liberté en douleurs et regrets, et n'ose jouer avec asseurance, pource que, si une fois les maux de cœur et d'estomach arrivoient ou quelque colique venteuse et extraordinaire aux reins, le diable seroit bien au logis. Il n'y auroit pas moyen de faire croire au maistre de la maison qu'il seroit cause du bruit.

Voyez quel proffit apporte au mesnage d'espouser un chastré, puis qu'il rend les femmes femmes de bien, en depit de leur courage et de leur desir ; et, pour ce, c'est à tort qu'elles se plaignent des chastrez, lesquels, à bon droict, demandent absolution de l'arrest, avec despens.

Le Pont-Neuf frondé.
A Paris.
M. DC. LII[1].
In-4.

Mazarins, il faut tous partir;
Ma muse vous vient advertir
Que vous couriez comme des Basques
Deguisez en habits fantasques,
Pour vous fourer je ne sçais où,
C'est-à-dire en un petit trou.
La ville est ores trop suspecte
Pour des messieurs de votre secte;
Les cailloux y volent à tas
Sur tous ceux qui ne crient pas:
Vive le roy! vive les princes!
Vive ces apuis des provinces!
Ils vont recoigner les voleurs,
Partisans et monopoleurs,
Et par eux, tous tant que nous sommes,
Nous aurons pour rien pain et pommes.

1. Cette pièce est curieuse et rare, selon M. Moreau. (*Bibliographie des Mazarinades*, t. 2, p. 364, n° 2819.)

Mais, quand vous diriez tout cela,
Vous ne mettriez pas le hola :
On vous connoistroit à la mine ;
Chacun diroit : Eschine! eschine!
Ce sont pendars de Mazarins.
Et lors je vous tiendrois bien fins
Si, par un tour de passe-passe,
Vous amusiez la populace,
Qui viendroit à grands coups de poing
Faire tôpe sur vostre groing,
Sur tout si dans l'autre semaine,
Auprès de la Samaritaine,
Dame Anne[1] eust peu vous descouvrir :

1. Revendeuse des halles qu'on produisoit « comme une femme mystérieuse, parcequ'elle étoit la plus insolente et la plus hardie de son quartier. » (*Advis desinteressé sur la conduite de M. le coadjuteur...* (6 juillet 1651,) *ad finem.*) Dans une *mazarinade* portant la même date : *Lettre d'un marguillier de Paris à son curé sur la conduite de monseigneur le coadjuteur*, dame Anne et un nommé Pesche, son compère en rébellion, sont représentés comme étant « des enfans de chœur elevez par monseigneur le coadjuteur..., l'un et l'autre chantant les leçons du bréviaire qu'il leur avoit enseignées. » Les leçons de ce bréviaire, selon Mme de Motteville, étoient des « chansons infâmes contre le respect qui étoit dû à la reine. » Dame Anne, cette *coureuse* qui les chantoit, fut arrêtée. « Je le dis à la reine, continue Mme de Motteville, à la prière de Mme de Brienne, qui ne voulut pas lui en parler, par quelque motif que je ne pus savoir. Cette princesse ne me répondit rien, et je ne lui en parlai plus. Quelques jours après, la même Mme de Brienne me dit qu'elle avoit été voir cette dame Anne et qu'elle ne l'avoit plus trouvée dans sa prison, qu'elle étoit alors

FRONDÉ. 339

Vous auriez eu bien à souffrir.
Branquas, qui n'est pas une beste,
Ne fut jamais à telle feste
Qu'il se vit, un certain mardy,
Sur le Pont-Neuf, après midy,
Encore qu'il soit pour la Fronde,
Comme il le jure à tout le monde.
Il entendit crier bien fort :
Assomme! il en veut à Beaufort.
Lors, estourdy d'un : Tue! tue !
Il sent que sur luy l'on se rue ;
Il perd de ses cheveux dorez ;
Il voit ses habits deschirez,
Et, s'il n'eust bien dit : Ouy et voire,
On l'auroit contraint de trop boire.
Toutesfois, pour leur peine encor,
Il donna quelques louys d'or :
Si bien, pour seureté plus grande,
Que le battu paya l'amende ;
Encor ne fut-il pas fasché
D'en estre quitte à ce marché [1].

dans une chambre voisine, bien servie, bien couchée et bien nourrie, et qu'on ne savoit pas d'où pouvoit procéder cette merveille. Nous sûmes alors que la reine seule avoit fait cette belle action, et, quand nous lui en parlâmes, elle ne voulut pas nous écouter. Et l'histoire finit ainsi. » (*Mémoires de Mme de Motteville*, coll. Michaud, 2e série, X, 422.)

1. Cette vive algarade faite à M. de Brancas eut lieu, en effet, sur le Pont-Neuf, dans la semaine de Pâques 1652, au moment où tout ce qu'il y avoit de noblesse dans Paris se rendoit au devant de M. le Prince, qui revenoit après sa victoire de Bleneau. Brancas ne fut pas le seul maltraité : la

Ce vacarme cessoit à peine,
Et l'on alloit reprendre haleine,
Quand un carrosse orné de vert
Par fortune fut descouvert.
Il trainoit avecque vitesse
Vers le palais de son Altesse
La mareschale d'Ornano,
Qui souvent, comme un Godeno,
Montroit le nez à la portière,
Et puis se tiroit en arrière.
A voir son habit un peu neuf,
On la crut madame d'Elbeuf,
Qui (cecy dit par parenthèse)
Est dehors de ce diocèse [1].
A l'instant, sans plus consulter,
Le cocher vint à culbuter,
Et, frappé de plus d'une pierre,
Donna bien-tost du nez en terre.
Les laquais ne furent pas mieux :
Les rondins volèrent sur eux,

duchesse de Châtillon, Fontrailles, le marquis de Mouy, le commandeur de Saint-Simon, le prince de Tarente, le commandeur de Mercé, Mme de Bonnelle, la fille de Bullion, furent aussi insultés. Mme d'Ornano, comme on va le voir avec plus de détail, fut injuriée et volée. C'étoit un coup de main dont l'auteur de l'*Avis important et necessaire donné aux Parisiens*, qui entre à ce sujet dans quelques détails, accuse tout ensemble Mazarin et le coadjuteur.

1. Catherine Henriette, fille légitimée de Henri IV et de Gabrielle d'Estrées, et femme du duc d'Elbœuf, étoit en Angleterre depuis que ses intrigues contre Richelieu l'avoient fait exiler de la cour.

Mais avec tant de violence,
Que c'est un fort grand coup de chance
Qu'ils ne furent pas ajustez
Comme chair à petits pastez.
La mareschalle, epouventée,
Fut un peu trop près visitée :
Un chacun la vint saluer,
Non pas sans plusieurs coups ruer,
Et luy faire une reverence
Qui luy deplut, comme je pense :
Car, sans qu'elle le treuvast bon,
On la deschargea d'un manchon,
Pendant que les pauvres suivantes
Se laissoient foüiller dans leurs fentes,
Et ne gagnoient rien à crier
A haute voix, à plein gozier,
Les meschans ayant peu d'envie
De leur sauver bagues ny vie.
Or les anneaux on fricassa,
Et la vie on ne leur laissa
Qu'après que leur beau corps d'albastre
Eust esté battu comme plastre.
La populace, après cela,
N'en voulut pas demeurer là :
De mesme qu'un hidre feroce,
Elle deschira le carrosse ;
Le cuir n'eut aucune mercy ;
Les essieux sautèrent aussy,
Et les deux rideaux d'escarlatte
Tombèrent encor souz sa pate.
Les chevaux eurent du bon-heur,
Car on les mit en lieu d'honneur

Dans un cabaret assez proche,
Où loge un Suisse sans reproche,
Qui, de ce gage faisant cas,
Fit à la trouppe un grand repas,
Cependant que la mareschalle
Fut voir son altesse royale
Sur la mule des cordeliers,
Aux depens de ses beaux souliers.
Mais, tandis que je vous amuse,
J'oy desjà, si je ne m'abuse,
Un bruit de gens determinez
Dont vous serez fort mal menez.
Sus, pour sauver vos belles trongnes
Du baston ferré des yvrongnes,
De la fronde des escoliers,
Du tire-pied des savetiers,
De la griffe des harangères,
Du croc des dames chifonnières
Et du levier des porte-fais,
Dites-nous adieu pour jamais.

La Tromperie faicte à un Marchand par son Apprenty, lequel coucha avec sa femme, qui avoit peur de nuict, et de ce qui en advint; avec le Testament du Martyr amoureux.
A Paris, par François Du Chesne, imprimeur, demeurant rüe des Lavandières, près la place Maubert; et Anthoine Rousset, libraire, demeurant en la rüe Frementel.

Avec permission.
In-8.

En ceste histoire vous sera depainte l'esprit d'un homme conduit d'une charnelle affection, lequel, cuidant tromper sa moitié, se trouva trompé du tout.

En la riche ville de Lyon demeuroit un marchand, lequel avoit l'entendement plus propre à conduire l'estat de sa marchandise qu'à sagement faire l'amour; et, d'autant qu'il faisoit grand train par le moyen de son credit, l'un de ses compagnons lui bailla un sien filz pour apprenty, et de l'aage de dix-huict à vingt ans, marché conclud que, pour le tenir deux ans en sa maison et luy apprendre le commencement de l'estat qu'il conduisoit, luy forniroit content la somme de quarante escus d'or. Ce marchand (à grand peine estoient six mois passez) avoit espousé une jeune dame lyonnoise de riche maison et d'assez passable beauté. Comme advient souvent qu'une jeune femme, n'entendant les ruses qui despendent d'un mesnage, prend volontiers servante de son aage, sans soy deffier du changement, qui plaist souvent aux mariz, le semblable fit cette jeune dame, le mary de laquelle, dispost et assez bien nourry, devint amoureux de ceste chambrière[1], jeune, affettée[2] et grassette, laquelle il poursuivit si vivement, tant par belles paroles que promesses, que ceste garse, ou pour obeïr au commandement de son maistre, pensant faire service très agreable à sa maistresse, ou pour avoir quelquefois experimenté le mal qui fait les filles femmes, ne fut long-temps sans accorder liberalement la requeste du sire, qui se trouva fort content d'un si favorable accord ; restoit seulement le moyen du joindre, qui fut tel que, la nuit ensuivant, il iroit coucher avec elle, et luy donneroit, outre ses gages, un corset[3] du plus fin

1. V., sur ces connivences d'amour des maîtres et des chambrières, notre t. 1, p. 315 et suiv., et t. 2, p. 237-247.

2. *Recherchée, coquette.* Furetière veut que ce mot vienne du mot breton *affet*, baiser, « ce que les femmes coquettes cherchent. »

3. Corps de jupe sans manches, que portoient surtout les paysannes. Les plus coquettes les vouloient, comme celle-ci, en drap fin, en satin ou en damas.

drap de sa boutique. La chambrière, tant pour le
plaisir qu'elle attendoit que pour l'esperance du corset, fut contente. Ainsi le marchand, voyant que son
entreprise succedoit selon l'intention de son cœur,
bruslant d'un costé d'une longue attente, d'autre estant envelopé d'une crainte d'estre decouvert de sa
femme, ne peut trouver autre remède en sa lourde
teste que de tirer en secret son apprenty, et, se fiant
plus en sa sotte jeunesse qu'en son apparente folie,
luy dit : Escoute, j'ay une entreprinse necessaire
où il me faut aller cette nuict pour le fait de ma
marchandise, en laquelle je pourrois avoir grande
perte sans ma presence; mais parce que ta maistresse (craignant qu'il ne survinst quelque ennuyeuse
fortune) ne me voudroit donner congé, au moyen
de ce qu'elle est jeune, craintive de nuict et ne veut
coucher seule, pour ce que je t'ay cogneu fidelle,
quasi de son aage, et que tu as bon vouloir de me
servir loyallement pour l'honneur de tes parens, me
fiant en toy, sans luy rien dire, incontinent qu'elle
sera couchée et endormie, je te commande, pour
l'asseurer, de te coucher en ma place. Mais donnes-
toy garde de parler ou remuer tant soit peu, de peur
qu'elle ne te cognoisse : car tu serois à jamais perdu.
Ce lourdaut d'apprenty (qui n'avoit accoustumé telle
compagnie à son coucher) pleuroit quasi de l'execution d'une telle commission ; mais, pour ce qu'il avoit
receu exprès commandement de son père d'obeyr en
tout et partout à son maistre, n'osa contredire, de
crainte de quelque plainte qu'eust peu faire le sire
envers son père : de sorte qu'à l'heure qui luy avoit
esté ordonnée, avec une frayeur, tout tremblant se

coucha auprès de la dame. Le mari, d'autre costé (estimant avoir mis bon escorte pour son embusche), alla d'une gayeté de cœur chercher sa marchandise non plus loin que le lict de sa chambrière, de laquelle pour bien juger s'il fut mieux receu qu'attendu, je m'en rapporte à ceux qui se sont trouvez au labeur et plaisir d'un tel changement. L'aprenty, qui, au commencement de son coucher, trembloit de froid et de peur, sentant la challeur du lict et de la femme, commença à s'asseurer quelque peu. La dame, qui, au milieu de son somme, eut affection de sentir son mary, s'approcha plus près, estimant estre celuy duquel, selon Dieu, elle pouvoit chercher contentement.

Ce jeune garçon, sentant ses approches, cuide reculer, suivant le commandement de son maistre ; mais plus il fuyoit, plus la dame coulloit sa cuisse le long de la sienne, tellement qu'en ceste fuitte se trouva bord à bord du lict sans pouvoir reculer davantage s'il n'eust voulu tomber. En ses altères[1] demeura quelque temps si passionné et pressé, qu'une chaleur autre que la première luy causa si chaude fièvre, qu'oubliant le commandement du marchand, ne se peust garder de remuer si dextrement que de la maistresse fut receu pour son mary, et d'aprenty se fit tel maistre, que pour le bon traitement qu'ilz receurent l'un de l'autre, ne le print envye de parler un seul mot. Ainsi, tout estonné de

---

1. Ce mot signifie *inquiétudes*, et ne doit pas être pris ici dans le sens que lui donne Rabelais (liv. 1, chap. 23).

s'estre trouvé en si nouveau travail, n'oublia de soy
lever plus matin, de peur d'estre cogneu, et s'en
retourna tout gay en la boutique, sans se vanter de
la faveur qu'il avoit receu de la dame, laquelle, sur
les sept heures, prend le chemin du marché pour
acheter des vivres, et, retournant en la maison, rencontra son mary, qui estoit en la bouticque, lequel,
apercevant un gras chapon qu'elle tenoit, luy demanda s'il y avoit quelqu'un de ses parens à disner
au logis. La dame, passant plus outre, lui respond que
non. Le mary, qui n'avoit accoustumé de tenir si
gras ordinaire, ne fut content de cette responce, et
la poursuyvit l'interrogeant de son marché. Sa
femme, hochant la teste, lui replicque : Voire vrayement, un chapon ! il me semble que ne devez point
tant faire le courroucé, veu que l'avez si bien gaigné. Je ne sçay quel gibier aviez mangé : ceste nuict
vous estiez quasi enragé. A ce mot d'enragé, le
mary fut fort estonné d'une telle responce, et cogneut par là son evidente sottise ; tellement qu'en
ceste extrême cholère, sans plus parler du chapon,
rencontrant ce jeune garson, lequel, voyant les estranges menaces, et craignant la violence et fureur
de son maistre, sort du logis et se retire chez son
père, qui commença soudain à le reprendre d'une
rigoureuse façon, luy disant que c'estoit un enfant
qui estoit perdu, qui ne valoit rien et qui ne demandoit qu'à fuyr la bouticque. Ce pauvre garson,
ainsi chassé de tous costez sans sçavoir où soy retirer, n'osoit retourner à son maistre, et s'en alloit
promenant par la ville pour chercher lieu seur à se

cacher. Mais le père, allant à ses affaires, le rencontre, et, voyant que son filz avoit un visage si craintif et piteux, eust soudain opinion qu'il eust desrobé le sire, de quoy voulant sçavoir la verité, le rameine en sa maison, où tant d'amour que de rigueur le contraignit de confesser assez piteusement la verité du premier essay de sa jeunesse, et que le maistre, par force, l'avoit fait coucher avecq' la dame, dont depuis il s'estoit si fort courroucé contre luy qu'il l'avoit voulu tuer. Le père, ayant entendu un si bon tour (advenu par la sottise du marchand), s'appaise, et le va au plus tost chercher jusques en sa maison, où, après l'avoir salué, luy demande si son filz l'avoit desrobé, veu qu'il l'avoit chassé comme un larron, ce qu'où il se pourroit trouver veritable, luy-mesme en feroit la punition si violante qu'elle seroit exemplaire à tous, et que, au surplus, satisferoit entierement au tort et au larrecin. A quoy luy fut repondu par le sire (ayant encore le cerveau tout troublé de si recente tromperie) que non, mais que c'estoit un mauvais et affeté garson duquel il ne se serviroit jamais. Donc (dist le père), rendez-moy le surplus de mes quarante escuz, et vous payez du temps que l'avez tenu et qu'il vous a tant bien servy. Le marchand, despité outre mesure qu'en ce service avoit fait une si fâcheuse rencontre, ne pensoit à autre chose qu'à se plaindre et courroucer, tellement qu'ilz entrèrent en telles picques, que le père, ennuyé du refus, fit adjourner le marchand par devant le juge ordinaire de la ville pour luy payer le reste de l'argent ; et fut tellement procedé que, la cause playdée, l'aprenty fut interrogé, le fait descouvert, et le pauvre sire, avec une courte honte, condamné.

Si tous ceux (mes dames) qui aiment le change estoient punis de semblable punition, je crois qu'outre que le nombre en seroit grand, les maris seroient aussi d'autant plus sages à conserver leurs femmes, des quelles ils peuvent user en pleine liberté, et non chercher les chambrières pour en recevoir une fin si sote et honteuse. Mais où ce malheureux vice prend une fois racine, il ne cesse de pousser jusques à ce qu'il ait engendré en nos cœurs une tige si puante et infecte que le fruict n'en vaut jamais rien.

Le premier Testament du Martyr amoureux.

uis qu'en dueil et tourment
Je meurs par trop aymer,
Je fais mon testament
Dolent, triste et amer.
Je prie à mes amis
Qu'à la fin de mes jours,
Mon petit cœur soit mis
Dans le temple d'Amours.
Douze torches j'auray
De feu d'Ardent Desir;
En ce cercueil seray
Porté de Desplaisir.

Ceux qui me porteront
Auront chappeaux de saux [1],
Les quelz demonstreront
Mes amoureux assaux.

Les porteurs soyent : Regret,
Faux-Semblant et Reffus ;
Pour le quart, Dueil secret,
Pour qui je meurs confus.

Trois porteront le dueil :
Rigueur, Ennuy, Soucy,
Ayans la larme à l'œil,
Avecques Sans-Mercy.

Puis les cloches de pleurs
En bruit on sonnera.
Cruauté de sonneurs
S'il veut ordonnera.

Mon service fera
L'aumosnier de Pitié ;
Le dyacre sera
Le prestre d'Amitié.

Le soubz-diacre après,
Ce sera Bel-Acueil [2],
Qui ne se mettra près
De mon piteux cercueil.

---

1. Fait avec des menues branches de saule. Jusqu'au XVIIe siècle on dit *saux* pour *saule ;* mais l'Académie réforma tout à fait la première orthographe. Voiture pourtant écrit encore à Costar : « On dit quelquefois au pluriel des *saux* en poésie. » (Voiture, lettre 125e.)

2. On sait que c'est l'un des personnages allégoriques du *Roman de la Rose*.

Noires chappes auront,
Beau-Parler, Regard-Doux,
Qui l'office feront
En larmes sans courroux.
   A la fin, Noble-Cueur,
D'un cueur bien compassé,
Dira dedans le cueur :
Requiescant in pace.
   Ballades et rondeaux
D'amours seront donnez
Aux amoureux loyaux
Qui sont abandonnez.
   Je fais mes heritiers
Les habitants d'Honneur,
Qui aiment volontiers
Dames sans deshonneur ;
   Et l'execution
Du testament sera
Dame Compassion,
Le plus tost que pourra.
   Dessus moy soit escrit :
Cy gist un douloureux,
Le quel rendit l'esprit
Par trop estre amoureux.
   Je vous pry', vrais amans,
De n'aimer si très fort
Que n'en soyez amens
Et encouriez la mort.

Legat[1] *testamentaire du Prince des Sots à M. C. d'Acreigne, Tullois, advocat en parlement*[2], *pour avoir descrit la defaite de deux mille hommes de pied, avec la prise de vingt-cinq enseignes, par Monseigneur le duc de Guyse.*

Sans lieu ni date. In-8.

———

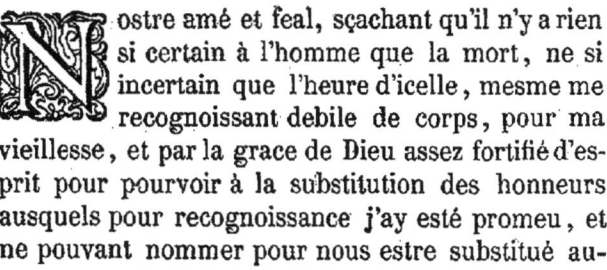ostre amé et feal, sçachant qu'il n'y a rien si certain à l'homme que la mort, ne si incertain que l'heure d'icelle, mesme me recognoissant debile de corps, pour ma vieillesse, et par la grace de Dieu assez fortifié d'esprit pour pourvoir à la substitution des honneurs ausquels pour recognoissance j'ay esté promeu, et ne pouvant nommer pour nous estre substitué au-

———

1. *Legs.* « Il ne se dit guère en ce sens que dans les pays de droit écrit. » (*Dict.* de Furetière.)

2. On a de ce maître Claude Dacreigne plusieurs pièces en faveur du parti du roi contre celui des princes : *Tombeau des Malcontents, dédié aux bons et fidèles François..*, 1615, in-8 ; *la Félicité des victoires et triomphes du roi*

cun plus capable que vous, ayant depuis cinq jours en çà conferé avec M. Agnan[1], qui nous est apparu embeguiné, enfariné, tel que les sots de mon royaume l'ont veu et practiqué en nostre hostel de Bourgongne, et luy, assez instruit de vos merites en ce cas requis, nous ayant instamment prié de la preference en vostre recommandation, pour luy complaire et satisfaire au desir que nous avons tousjours eu de vous advancer, pour l'esperance que vous vous acquitterez bien et loyaument de la charge à laquelle nous vous voulons appeler, le cas advenant que Dieu face son commandement de nous, et que vous nous surviviez, vous avons pour ces causes et autres à desduire cy-après au long et au large, haut et bas, en bloc et en tasche[2], tant en gros qu'en menu, donné nos lettres de nomination pour exercer icelle nostre charge plainement et absolument, et en prendre la possession et jouyssance incontinent après nostre trespas; et affin de vous installer plus facilement en icelle nostre charge, vous avons associé

pour l'accomplissement de son très auguste mariage..., par M. D.; Paris, in-8 ; *Stratagème et valeureuse entreprise du marquis de Spinola pour reconnoître les forteresses de la ville de Sedan..*, Paris, 1615, in-8.

1. Comédien de l'hôtel de Bourgogne. Nous ne le connoissons que par cette phrase de Tallemant, qui est la première de la 349ᵉ historiette, *Mondory, ou l'histoire des principaux comédiens françois* : « Agnan est le premier qui ait eu de la réputation à Paris. » (Éd. in-12, t. 10, p. 39.)

2. Expression qui n'avoit cours que dans le peuple de Paris, selon le Dictionnaire de Trévoux, et qui correspondoit à celle-ci : *en bloc et en tas.*

avec nous aux tiltres et priviléges desquels nous jouissons; et, pour eviter les fraiz qu'il vous conviendroit faire, nous vous en relevons, vous dispensant de comparoistre, tant en public qu'en privé, en l'estat que nature vous a relevé, sans qu'aucun de nos dits subjects vous en puisse porter envie, ausquels nous imposons silence, n'entendant qu'ils se formalisent en aucune manière s'ils ne vous voyent enchaperonné comme nous, pourveu que vous soyez tousjours en possession de vos oreilles d'asne, desquelles nature a faict chef-d'œuvre en vous, pour admirable eschantillon de vostre future grandeur, et pour rendre aucunement satisfaicts ceux qui pourroient contester avec vous, bien que nous ne soyons tenus de raisonner avec nos subjects autrement que selon nostre plaisir. Donné à Paris, etc. Nous voulons qu'ils sçachent que, pour l'effronterie, vous avez faict merveilles; pour l'ignorance, vous engendrez des monstres; pour l'estourdissement, vous le mettez en pratticque autant que les dromadaires que nous avons veu à Paris au bout du pont Neuf; pour les bourdes, vous en sçavez compter comme si vous veniez de loing; pour un parasite et escornifleur, vous y estes extremement naïf; pour le soldat, vous l'estes presque autant que Thersite; pour enchomiaste [1] et louangeur historiographe, autant que Cherille [2]; pour capitaine, autant que Crocodile, qui s'esvanouit sur le tombeau d'une grenouille qui, tombée dans l'embuscade des rats, fut escorchée toute

---

[1] *Faiseur d'éloges*, du mot grec ἐγκώμιον, louange.

[2] Mauvais poète grec qui vivoit au temps d'Alexandre,

vive¹ ; pour frippon, vous en avez esté passé maistre au collége de Lisieux ; pour gibier de mouchard, vous en avez faict chef-d'œuvre à celui de Mans² ; vous sçavez faire le mathois comme les cappettes de Montaigu³ ; en gourmandise, vous surpassez les souppiers de Reins.

Nous les renvoyons tous, pour estre plus amplement informez de vos merites, en la lecture de ce recit veritable de la deffaicte des troupes du prince de Condé par nostre cher et bien-aimé cousin le duc de Guise⁴, que vous avez ampliffiée, par la reigle

et dont Horace a parlé dans l'Art poétique et dans la 1re épître du liv. 2.

1. Nous n'avons pu retrouver le passage de la *Batrachomyomachie* auquel ceci semble faire allusion. Crocodile doit être mis ici pour Craugaside.

2. Le collége du Mans, moins célèbre que celui de Lisieux, étoit alors situé rue de Reims. C'est en 1683 seulement qu'il fut transporté rue d'Enfer, sur l'emplacement de l'hôtel Marillac. Il avoit été fondé en 1519 par Philippe de Luxembourg, évêque du Mans.

3. On appeloit *capettes*, à cause de leur petite *cape* étriquée, les écoliers du pauvre collége de Montaigu. V. notre *Paris démoli*, 2e édit., p. 74-75.

4. Il nous a été impossible de découvrir la pièce dont il s'agit, et que Cl. Dacreigne auroit faite à propos de quelque avantage, à peu près imaginaire, du duc de Guise, alors à la tête de l'armée royale, contre les troupes du prince de Condé. Nous ne connoissons, comme se rapportant aux faits dont il semble être ici question, qu'un livret sans nom d'auteur : *la Défaite des reitres et autres troupes de M. le prince de Condé, faite par monseigneur le duc de Guise devant la ville de Sainte-Foy, assiégée par les troupes du dit sieur prince*, Paris, 1615, in-8.

de multiplication arithmetique, de vingt pauvres malotrus à cinq cens francs-archers, ou francs-taupins, tant à pied qu'à cheval : l'un est aussi vray que l'autre. Ne m'en chaut, pourveu que dans Paris l'on vende encores les salades en saulce verde[1], pour avaler à petits morceaux les restes de la vache enragée de patience, exposée au collége de Clermont[2] par les bons pères jesuistes[3], pour amplifier la martyrologie du nombre des affidez à l'espagnole, en vertu des grains benists, selon l'invention du père Ignace, renouvellant les formulaires prattiqués par les heritiers de Salladin, en Amernie, contre les princes de l'Europe qui avoient traversé l'Asie et vouloient restablir un nouveau roy en Jerusalem[4]. J'ay veu representé en la sale de ma principauté par des personnages qui, non tant pour mon plaisir que pour faire argent, disoient avoir recouvert tous ces mystères de nostre vieil archive. J'espère que, si vous nous succedez, vous y serez re-

---

1. Régal de pauvres gens dont parle Rabelais, et qui se faisoit de blé vert et d'oseille pilée.

2. C'est le premier nom du collége de Louis-le-Grand, tenu par les jésuites.

3. On disoit indifféremment *jésuite* ou *jesuiste*, «*jésuite* toutefois plus communément », selon Voiture (*lettre citée*). Richelet, qui proscrit la seconde de ces deux orthographes, donne, pour prouver qu'on doit préférer l'autre, des exemples assez singuliers. V. la première édition de son *Dictionnaire*, si plein, comme on sait, d'allusions et d'équivoques satiriques.

4. Ce passage, qui est un spécimen du galimatias du sieur Dacreigne, doit avoir trait aux écrits qu'il publia

cogneu franc archier, car vous ne dementirez point
vostre mine, qui ne nous promet rien moins en vous
qu'un bon successeur, digne sur tous les francs sots
de tenir les resnes longuement, en tout heur et fe-
licité. Donné au Landy, le vingt et unziesme de nostre reigne, l'an present qui suit les autres. Et à vous
d'autant escrimez-vous de la marotte ; n'oubliez la
bouteille quand vous visiterez les huissiers de la Samaritaine, qui, attendant les passans pour continuer
leurs exploicts aux assignations quadrifessales,
Amen et sic per omnes casus, amen. Si je sçavois
que vous entendissiez mon haut aleman, je vous en
dirois davantage ; mais je m'impose silence pour
ceste heure, pour faire ouyr l'harmonie d'une chanson qui prophetise les veritez passées, pour ne
tromper personne à fausses enseignes, comme celles qu'on porta à Nostre-Dame du temps de la
Ligue.

pour célébrer le mariage du roi avec une princesse espagnole. (V. une des notes précédentes.) Il s'y trouve aussi
peut-être quelque allusion à la singulière pièce qu'il publia vers le même temps, et dans laquelle il est fort question de Turcs, de Saladin et de Jérusalem : *Conclusion de
la dernière assemblée faite par ceux de la religion pretendue
reformée dans la ville de Montauban, au pays de Quercy, où
est contenue la genereuse response de M. de Vic, conseiller
d'Estat y desputé par Sa Majesté, avec deux predictions qui
nous assurent la ruine de l'empire des Turcs en l'année 1616,
moyennant une bonne intelligence entre les princes chrestiens,*
par M. C. D. (M. C. D'Acraigne)..., Paris, 1615, in-8. —
Nous ajouterons qu'en 1651 parut une pièce où il étoit dit
que l'empire ottoman seroit détruit par un roi de France.
(Moreau), *Bibliog. des Mazarin.* II, n° 1100.

Ainsi signé : Angoulevent, prince des sots, et scellé de cire invisible; et sur le reply : Par monseigneur le prince des sots,

Bigot [1].

> Cet espouvantable carnage
> Qu'on oit publier dans Paris,
> Ce n'est qu'en un nouveau langage
> La mort des rats et des souris.
> D'Acreygne, d'estoc et de taille,
> Jouant çà et là des deux mains,
> Donne le gaing de la bataille
> A la vaillance des Lorains.
> Pour avoir descrite l'histoire
> De ces memorables assauts,
> Il joinct à ses tiltres la gloire
> D'estre nommé Prince des Sots.

---

1. Cette pièce est très curieuse en ce qu'elle est, avec un siècle tout entier de priorité, complétement semblable à ces *calottes* ou brevets de folie et de sottise que Aymon, et après lui M. de Torsac, envoyoient à tout personnage de leur temps qui s'étoit rendu digne, par actions, paroles ou écrits, d'être incorporé dans le régiment de la *calotte*. Ces brevets étoient en vers, et c'est une de leurs différences avec cette pièce. Gacon les a rimés pour la plupart. On en a fait un recueil considérable et fort difficile à compléter. V. les premières livraisons du *Journal de l'Amateur de livres*, le *Magasin pittoresque*, t. 9, p. 289-290, et les *Mémoires de Maurepas*, t. 3, p. 18-90.

Oraison funèbre de Caresme prenant, composée par le Serviteur du roy des Melons andardois[1].

M. DC. XXIII. In-8.

Pourquoi, cruelle Mort, trop injuste et sevère,
Nous oste-tu si tost ce prince debonnaire?
Pourquoy as-tu changé nostre contentement,
Nos liesses, nos joyes, en douleurs et tour-
Nous privant de celuy dont les graces divines [ment,
Esclattoient tous les jours au milieu des cuisines,
Qui a fait que les princes ont quitté les combats
Pour chercher les festins, les dances, les esbats;
Qui mesme a fait changer aux grands chefs de milice
La fureur en douceur, et quitter l'exercice

---

1. C'est-à-dire *melons d'Angers*, *Andardois* dérivant du mot *Andes*, ancien nom des Angevins. Les melons de l'Anjou étoient célèbres au moyen âge, à une époque où cette province eût mérité de partager le titre de *jardin de la France*, donné à la Touraine à cause des progrès qu'y avoit faits l'horticulture. V. *Théâtre d'agriculture*, in-4, t. 1, p. 151. — De tout temps on avoit pris le mot *melon* dans le sens burlesque qui lui est donné ici. Thersite, se moquant des Grecs, les appelle πεπωνες, melons (*Iliade*, chant 2, vers 235), et Tertullien reproche à Marcion d'avoir un melon à la place du cœur, *puponem loco cordis habere*. Notre expression *avoir un cœur de citrouille* vient de là.

Des armes pour chercher aux cuisines repos,
Où aux combats des dents ils se monstroient dispos ;
Et, festoyans sans fin de viande assaisonnée,
Comme chapons, poulets, langue de bœuf fumée [1],
Perdris, cailles, faisans, patez de venaison,
Lièvres, levraux, lapins, becasses de saison,
Oys sauvages, canards, pluviers et courlie,
Vaneaux et pigeonneaux, l'alouette jolie,
Sans conter le bœuf gras, poulets de fevrier,
Le veau, dont se traitoit l'artisan roturier,
Les masques desguisez de diverses manières,
En boesme, à l'entique, en paisans et bergères,
Accompagnez les uns de musique de voix,
Les autres de viollons, flageolets et hautbois,
Les phifres, les tambours, les trompettes gaillardes,
Faisoient retentir l'air en donnant les aubades?
Chacun à qui mieux mieux alloient solemnisant
De ce prince benin l'heureux advenement.
Mais, quoy ! cela n'est plus : ceste mort trop soudair
Finissant nos plaisirs, augmente nostre peine,
Nous l'oste, meurtrière, aussitost que venu,
Et quasi mesme avant qu'il fust de nous conu,
Change tous ces plaisirs en amères tristesses,
En jeûnes, en chagrins, en travaux, en angoisses,

---

1. Non seulement les ivrognes se faisoient un aiguillon de vin avec ces langues salées et fumées, mais aussi avec de longues tranches de bœuf salé « nommé communément *brésil* », qu'on apprêtoit à la vinaigrette. V. un passage du *De re cibaria* de Symphorien Champier, cité par Legrand d'Aussy, *Vie privée des François*, chap. 2, sect. 1re, et *Théâtre d'agriculture*, t. 2, p. 624.

Nos chapons en harans, en febves nos poulets,
Et nos langues de bœuf en vieux harans sorets,
Nos perdrix en moulue [1], nos cailles en anguillettes,
Et nos faisans en rais puantes et infectes.
Pastez de venaison seront changez en noix,
Nos lièvres et levraux et nos lapins en pois;
Oys sauvages et canards, pluviers et courlies,
Seront changez aussi pour des seiches pouries [2];
Et bref, tout le surplus de ces frians morceaux
Seront changez en raves, eschervises, naveaux;
Nos dances, nos ballets, mousmons [3] et masquarades,
Nos musiques de voix, en cris et hurlemant
Qu'on fera pour la mort de Caresme prenant.
Hé! qui sera celuy qui de ses deux paupières
Ne fera distiler deux coulantes rivières,
Lorsque, par le deceds de ce prince tant bon,
Il se verra exclus de manger d'un jambon?
Pleurez, pleurez, pleurez, pleurez en milles diables;
Hé! pleurez pour celuy qui faisoit que les tables

1. C'est ainsi qu'on appeloit la *morue* au XVIe siècle. « C'estoient moulues au beurre frais », dit Rabelais, liv. 4, chap. 32. Le Martinet de la 65e nouvelle de Des Perriers prononce aussi de cette manière : « Depuis, dit la Monnoye, commentant ce passage, on a dit *molue*, et enfin *morue*, qui est aujourd'hui le mot d'usage. »

2. Long poisson de mer dont la chair est très mauvaise à manger, et le même qui passoit alors pour produire l'encre nommée *sépia*. V. Lemery, *Traité des alimens*, p. 411.

3. *Momons*, sorte de mascarade qui, par son nom, est un souvenir évident du dieu Momus. Quelquefois c'étoit une idole burlesque ou obscène, comme dans le *Balet des andouilles porté* (sic) *en guise de momon*, 1628, in-8.

Estoient toujours remplies de mets delicieux,
De vins clairets, vins blancs, vins nouveaux et vins vieux;
Pleurez, broches et landiers[1]; pleurez, vous, lechefrites;
Pleurez, casse[2] et chaudron ; pleurez, grasses marmites,
Pleurez, pleurez la mort de celuy qui faisoit
Que servant tous les jours chacun vous cherissoit ;
Pleurez, pleurez aussi, vous, gentille lardoire,
Et ayez comme nous de ce prince memoire ;
Disons-luy tous adieu, et tous ensemblement
Faisons-luy de l'honneur à son enterrement ;
Pleurons à qui mieux mieux, jusqu'à ce qu'il revienne.
Cul qui ne pleurera, que la foire le prenne,
Et, ne le laschant point, aille tousjours foirant
Jusqu'au nouveau retour de Caresme prenant !

   Puisse l'amour qui vous enserre
   Vous convier d'aimer un Pierre,
     Serviteur du roy des Melons,
   Et que l'astre qui vous void naistre
   Vous puisse, Charles et mon maistre,
     Unir de cœur comme de noms !

1. Gros chenet de fer. Le vrai mot est *andier ;* mais, ainsi qu'il arrive souvent, l'article se fondit avec le mot, et l'on dit *landier,* de même que des deux mots *li hardit,* le *hardit* (monnoie valant trois deniers), on a fait le seul mot *liard ,* et de *l'hierre* on a fait *lierre.*

2. Mot qui s'emploie encore à Orléans pour une sorte de marmite à anse et sans pieds. *Casserole* n'en est que le diminutif.

FIN DU TOME TROISIÈME.

TABLE DES MATIÈRES

CONTENUES DANS CE VOLUME.

1 Placet des amans au roy contre les voleurs de nuit et les filoux. Pages 5
2 Reponse des filoux (par Mlle de Scudery). 9
3 Recit veritable de l'attentat fait sur le precieux corps de N.-S. Jesus-Christ entre les mains du prestre disant la messe, le 24 mai 1649, en l'église de Sannois. 11
4 Histoire prodigieuse du fantome cavalier Solliciteur qui s'est battu en duel le 27 janvier 1615, près Paris. 17
5 La Chasse au vieil grognard de l'antiquité. 1622. 27
6 L'Onophage, ou le mangeur d'asne, histoire veritable d'un procureur qui a mangé un asne. 67
7 Les Regrets des filles de joie de Paris sur le subject de leur bannissement. 77
8 Histoire joyeuse et plaisante de M. de Basseville et d'une jeune demoiselle, fille du ministre de S.-Lo, laquelle fut prise et emportée subtilement de la maison de son père. 83
9 L'Ordre du combat de deux gentilshommes faict en la ville de Moulins, accordé par le roy nostre sire. 93
10 La Response des servantes aux langues calomnieuses qui ont frollé sur l'ance du panier ce caresme; avec l'advertissement des servantes bien mariées et mal pour-

veues à celles qui sont à marier, et prendre bien garde à eux avant que de leur mettre en mesnage. 101

11 Nouveau reglement general sur toutes sortes de marchandises et manufactures qui sont utiles et necessaires dans ce royaume, par de la Gomberdière. 109

12 Le Trebuchement de l'ivrongne, par G. Colletet. 125

13 Lettres nouvelles contenant le privilege et l'auctorité d'avoir deux femmes. 141

14 Règles, Statuts et Ordonnances de la caballe des filous reformez depuis huict jours dans Paris, ensemble leur police, estat, gouvernement, et le moyen de les cognoistre d'une lieue loing sans lunettes. 147

15 Priviléges des Enfans Sans-Souci, qui donne lettre patente à madame la comtesse de Gosier Sallé.... pour aller et venir par tous les vignobles de France. 159

16 La Rencontre merveilleuse de Piedaigrette avec maistre Guillaume revenant des Champs-Elizée, avec la genealogique des coquilberts. 165

17 Le Ballieux des ordures du monde. 185

18 Discours veritable des visions advenues au premier et second jour d'aoust 1589 à la personne de l'empereur des Turcs, sultan Amurat, en la ville de Constantinople, avec les protestations qu'il a fait pour la manutention du christianisme. 203

19 Le Pasquil du rencontre des cocus à Fontainebleau. 217

20 Exemplaire punition du violement et assassinat commis par François de La Motte, lieutenant du sieur de Montestruc, en la garnison de Metz en Lorraine, à la fille d'un bourgeois de ladite ville, et executé à Paris le 5 décembre 1607. 229

21 Le Satyrique de la court, 1624. 241

22 Les Estranges Tromperies de quelques charlatans nouvellement arrivez à Paris, descouvertes aux despens d'un plaideur, par C. F. Duppé. 273

23 La Pièce de cabinet, dediée aux poètes du temps (par E. Carneau). 283

24 Privileges et reglemens de l'Archiconfrerie vulgairement dite des Cervelles emouquées ou des Ratiers. 297
25 Advis de Guillaume de la Porte, hotteux ès halles de la ville de Paris. 311
26 Les Misères de la femme mariée, où se peuvent voir les peines et tourmens qu'elle reçoit durant sa vie, mis en forme de stances par Mme Liebault. 321
27 Les Privileges et fidelitez des Chastrez, ensemble la responce aux griefs proposez en l'arrest donné contre eux au profit des femmes. 333
28 Le Pont-Neuf frondé. 337
29 La Tromperie faicte à un Marchand par son Apprenty, lequel coucha avec sa femme, qui avoit peur de nuict, et de ce qui en advint; avec le Testament du Martyr amoureux. 343
30 Legat testamentaire du Prince des Sots à M. C. d'Acreigne, Tullois, pour avoir descrit la defaite de deux mille hommes de pied, avec la prise de vingt-cinq enseignes, par Monseigneur le duc de Guyse. 353
31 Oraison funèbre de Caresme prenant, composée par le serviteur du roy des Melons andardois. 361

www.ingramcontent.com/pod-product-compliance
Lightning Source LLC
Chambersburg PA
CBHW050313170426
43202CB00011B/1880